"十二五" 高职高专精品课程规划教材 · 财经管理系列

管理学基础

（第 3 版）

主　编　柯清芳

副主编　黄美娇　陈静怡

清 华 大 学 出 版 社

北京交通大学出版社

· 北京 ·

内容简介

　　《管理学基础》是根据教育部高职高专管理课程教学基本要求，按照理论够用为度，知识注重应用性的原则而编写的一本教材。其主要内容包括：管理与管理者、管理思想的演进、管理环境与商业伦理、管理决策、计划工作、组织工作、领导工作和控制工作。

　　本教材系统全面地介绍了现代管理理论发展的最新成果和技术方法，其显著特色在于通过独具个性的体例设计和"一以贯之"的实践实训教学，注重培养和提高学生运用所学理论知识分析和解决实际问题的能力，突出应用性和操作性。

　　本教材适用于高等职业教育经济管理类、工程管理类专业学生学习使用，同时也可以用作企业管理人员培训的教材及参考书。

图书在版编目(CIP)数据

管理学基础/柯清芳主编 . —3 版 . —北京：北京交通大学出版社；清华大学出版社，2019.5
(2023.1 重印)

("十二五"高职高专精品课程规划教材·财经管理系列)

ISBN 978-7-5121-3875-9

Ⅰ.①管…　Ⅱ.①柯…　Ⅲ.①管理学-高等职业教育-教材　Ⅳ.①C93

中国版本图书馆 CIP 数据核字(2019)第 055533 号

管理学基础
GUANLIXUE JICHU

责任编辑：谭文芳
出版发行：清华大学出版社　　邮编：100084　　电话：010-62776969　　http://www.tup.com.cn
　　　　　北京交通大学出版社　邮编：100044　　电话：010-51686414　　http://www.bjtup.com.cn
印　刷　者：三河市华骏印务包装有限公司
经　　　销：全国新华书店
开　　　本：185 mm×230 mm　　印张：17　　字数：378 千字
版　　　次：2019 年 5 月第 3 版　　2023 年 1 月第 2 次印刷
书　　　号：ISBN 978-7-5121-3875-9/C·211
印　　　数：4 001～5 000 册　　定价：41.00 元

前　言

本教材在《管理学基础》第1版、第2版的基础上，根据编写者多年来高职高专的教学体会，结合在教材使用过程中发现的一些问题，以及兄弟院校同仁提出的一些宝贵意见修订而成。

第3版在保持第1版和第2版的体系和特色的基础上，在内容方面做了以下的调整和修订：

1. 根据多年的教学资料积累，以及对有关管理学理论知识理解的进一步深化，在第2版的基础上，对教材部分章节的内容进行了删减和修改。这些变动包括：在第2章第2节"行为科学理论"中删减了"管理方格理论"，在第3节"现代管理理论"里的"管理理论的新发展"部分，删减了"企业文化特征及功能"，删减了"全面质量管理理论""商业生态系统理论"等最新管理理论中的部分介绍；在第7章"领导行为理论"中增加了"管理方格理论"。

2. 为了便于学生更好地学习和教师教学，新版教材更新了每一章节的引导案例及大部分讨论案例；利用多年资料积累，针对书中某些知识点更新了一些短小案例供学生阅读理解，并对一些小案例进行了删减。在这里，我们希望所用案例能够更贴近教材内容。

3. 本次修订进行了认真的核对和改进，对第2版中存在的问题进行了修改；并修改了部分章节的同步练习习题。

本教材由福建商学院工商管理系柯清芳副教授担任主编，黄美娇、陈静怡两位老师担任副主编。陈静怡与黄美娇承担各章节内容的修订及案例更新，各章课后同步练习的修订由柯清芳承担。陈静怡与黄美娇参与本次修订工作最后稿件的核对，最后由柯清芳负责教材的总纂定稿。

在本教材的再版过程中，得到了北京交通大学出版社编辑谭文芳女士等人的大力支持，我校及部分兄弟院校老师诚恳地指出了本教材第2版中存在的一些问题，在此一并表示衷心的感谢！同时要感谢福建商学院经济贸易系洪伟老师，感谢原福建商业高等专科学校工商管理系周建群博士，感谢福建省博屹环保科技有限公司执行总裁、劳动部（现为人力资源和社会保障部）认证的企业培训师贺斌先生等在教材第1版中所做的工作。由于编写者的水平和精力所限，虽然经过了不懈努力，错误和遗漏在所难免，希望各位同仁不吝赐教，批评指正。

编　者
2018年7月

目　　录

第1章 管理与管理者

本章穿针引线

　　管理是伴随着组织的出现而产生的，并且随着社会经济的发展和组织规模的不断壮大而日益重要。本章主要介绍管理的基本概念、管理者和管理活动。管理的基本概念阐述了管理的定义、管理的载体——组织的概念，以及管理的性质。由此了解什么是管理及组织，领会管理的二重性原理，领会管理的科学与艺术。通过对管理者的阐述，使人们认识到管理者就是履行管理职能，对组织绩效负有贡献责任的人。管理者可能处于组织的不同层级，从事着不同领域的工作。为了能够有效地履行管理职能，管理者必须具备不同的管理技能，这些技能包括技术技能、人际关系技能和概念技能。对于不同层次的管理者来说，它们具有不同的重要性。对于管理活动，主要从管理职能和管理者角色两个不同的角度进行阐述，使人们领会管理者的工作内容。如果说管理的基本概念拉开了管理学的帷幕，那么管理者和管理活动则可让我们了解管理学的故事梗概。

学习目标规划

1. 基本了解管理的含义、作为管理载体组织的概念、管理的性质、管理者的概念及类型；
2. 重点掌握管理者的技能要求、管理活动的内容；
3. 熟练运用管理者技能理论塑造培养自己的管理者素质；
4. 熟练运用管理职能和管理角色理论分析评价管理者的工作成效。

课前热身随笔

　　1. 如果以我们学校为例，你认为哪些人应该是管理者？哪些人是被管理者？为什么他们会成为管理者？你能想象作为管理者每天都在从事什么活动吗？

　　2. 你的问题

引导案例

什么样的员工才是优秀的员工？

一位女下属冲进办公室："老板，请给我一个解释……"她到公司工作快三年了，比她后来的同事陆续得到了升职的机会，她却原地不动，心里颇不是滋味。终于有一天，她冒着被解聘的危险，找老板理论。"老板，我有过迟到、早退或乱章违纪的现象吗？"老板干脆地回答"没有"。"那是公司对我有偏见吗？"老板先是一怔，继而说"当然没有。""为什么比我资历浅的人都可以得到重用，而我却一直在微不足道的岗位上？"老板一时语塞，然后笑笑说："你的事咱们等会再说，我手头上有个急事，要不你先帮我处理一下？""一家客户准备到公司来考察产品状况，你联系一下他们，问问何时过来。"老板说。"这真是个重要的任务。"临出门前，她还不忘调侃一句。一刻钟后，她回到老板办公室。"联系到了吗？"老板问。"联系到了，他们说可能下周过来。""具体是下周几？"老板问。"这个我没细问。""他们一行多少人？""啊！您没问我这个啊！""那他们是坐火车还是飞机？""这个您也没叫我问呀！"老板不再说什么了，他打电话叫张怡过来。张怡比她晚到公司一年，现在已是一个部门的负责人了，张怡接到了与她刚才相同的任务。一会儿工夫，张怡回来了。"哦，是这样的……"张怡答道，"他们是乘下周五下午 3 点的飞机，大约晚上 6 点钟到，他们一行 5 人，由采购部王经理带队，我跟他们说了，我公司会派人到机场迎接。""另外，他们计划考察两天时间，具体行程到以后双方再商榷。为了方便工作，我建议把他们安置在附近的国际酒店，如果您同意，房间明天我就提前预订。""还有，下周天气预报有雨，我会随时和他们保持联系，一旦情况有变，我将随时向您汇报。"张怡出去后，老板拍了女下属一下说："现在我们来谈谈你提的问题。""不用了，我已经知道原因，打搅您了。"她突然间明白，没有谁生来就能担当大任，都是从简单、平凡的小事做起，今天你为自己贴上什么样的标签，或许就决定了明天你是否会被委以重任。操心的程度直接影响到办事的效率，任何一个公司都迫切需要那些工作积极、主动、负责、考虑周全的员工。优秀的员工往往不是被动地等待别人安排工作，而是主动去了解自己应该做什么，然后全力以赴地去完成。

▶▶ 1.1 管理的基本概念

目标导引

1. 基本了解管理的社会经济价值；
2. 重点掌握管理的定义及特征、管理二重性理论及管理的科学性与艺术性；
3. 熟练运用管理二重性理论分析、鉴别不同社会制度下特别是社会主义制度下不同所有制性质的企业管理活动的共性和特殊性；

　　4. 熟练运用管理的科学性与艺术性理论分析管理者的管理活动。

1.1.1　为什么需要管理

　　人类社会自从开始群居群猎时起，就知道"合群"抵御风险、征服自然，这种"合群"的目的就是为了集结个人的力量，以发挥集体的更大作用。"合群"实际上就是人类社会中普遍存在的"组织"现象。可以说，有人类就有组织。所谓组织，是由两个或两个以上的个人为了实现共同的目标组合而成的有机整体。组织是一群人的集合，但是组织的成员必须按照一定的方式相互合作，共同努力去实现既定的组织目标。这样，组织才能形成一种整体的力量，以完成单独个人力量简单相加所不能完成的各项活动，实现不同于个人目标的组织总体目标。

　　两个或两个以上的个人构成的组织，其活动需要合作、协作，这样管理就应运而生了。管理是伴随着组织的出现而产生的，是协作劳动的必然产物，是实现组织目标的重要手段。凡是一个由两个人以上组成的、有一定活动目的的集体，就都离不开管理，管理是一切有组织的活动必不可少的要素。正如马克思所指出的那样：一切规模较大的直接社会劳动或共同劳动，都或多或少地需要指挥，以协调个人的活动，并执行生产总体的活动所产生的各种一般职能。一个单独的小提琴手是自己指挥自己，一支乐队就需要一个指挥。指挥之于乐队，就像经理人员之于企业，他们的存在是确保组织各项活动实现预定目标的条件。无法想象，如果没有管理人员及其管理活动，人类能够修筑万里长城、建造金字塔、组织一场奥运会比赛。同样无法想象，没有管理，工厂如何能够生产出汽车、轮船等产品来，如何组织产品的运输、储存和销售来满足人们的需求。管理是人类活动中最基本的活动之一，是组织活动的一个极为重要的组成部分。

　　人类对于管理的需要是随着社会经济的发展和组织规模的不断壮大而日益明显的。今天，社会和经济已获得高度发展，组织的规模越来越大，组织面临的环境越来越不确定，业务或作业活动越来越现代化，管理就越来越成为影响组织生死存亡和社会经济发展的关键因素。在当今世界，各国经济水平的高低，很大程度上取决于其管理水平的高低。国外一些学者的调查统计证实了这一点。第二次世界大战后，一些英国专家小组去美国学习工业方面的经验，他们很快就发现，英国在工艺和技术方面并不比美国落后很多，然而英国的生产率水平同美国相比却差距悬殊。进一步的调查发现，英国工业在生产率水平方面比较低的主要原因在于英国的组织管理水平远远落后于美国，而美国经济发展速度比英国快，其最主要的原因就是依靠较高的管理水平。美国前国防部长麦克纳马拉说过，美国经济的领先地位三分靠技术，七分靠管理。美国经济上的强大竞争力与美国在管理科学上的突飞猛进显然是具有内在联系的。美国的邓思和布兹特里斯信用分析公司在研究管理作用方面也做了大量工作。多

3

年来，他们对破产企业进行了大量调查。结果表明，在破产企业中，几乎有90%的企业是由于管理不善所致。

世界上许多著名的管理学家和经济学家也都非常强调管理的重要性。他们把管理看成工业化的催化剂和经济发展的原动力，同土地、劳动和资本并列成为社会的"四种经济资源"，或者同人力、物力、财力和信息一起构成组织的"五大生产要素"。还有的人把管理、技术和人才的关系比喻为"两个轮子一根轴"。总之，管理的一个重要作用，就是能使现有的资源获得最为有效的利用。日本是一个自然资源非常匮乏的国家，但由于极度重视管理，并在管理上不断创新，从而使自己从资源匮乏国发展成为世界经济强国。良好的管理可以使一国的经济获得迅速发展，不良的管理只会造成资源利用上的极大浪费。有人认为，发展中国家之所以经济不发达，根本原因就是管理不善，其中的道理已是不言自明。

1.1.2 管理的定义

管理活动自古有之，但什么是"管理"，从不同角度可以有不同的理解。从字面上看，"管理"一词有两层含义。一个是"管"的层面，另一个是"理"的层面。管理有"管辖""管人""理事"等含义，即对一定范围的人员及事务进行安排和处理。但是这种字面的解释还不能准确表达出管理本身所具有的完整含义。

关于管理的定义，至今仍未得到公认和统一。长期以来，中外学者从不同的角度出发，对管理做出了不同的解释。其中较具代表性的有以下几种。

赫伯特·A. 西蒙：管理就是决策。

亨利·法约尔：管理是所有人类组织都存在的一种活动，是计划、组织、指挥、协调和控制等职能的运用和体现。

玛丽·帕克·福莱特：管理就是"通过其他人完成工作的艺术"。

彼得·德鲁克：管理就是一种以绩效责任为基础的专业职能。

唐纳利：管理是由一个或更多的人来协调他人活动，以便收到个人单独活动所不能收到的效果。

泰勒：管理就是确切地知道你要别人去做什么，并使他用最好的方法去做。

霍德盖茨：管理就是经由他人去完成一定的工作。

加雷斯·琼斯、珍妮弗·乔治：管理就是要既有效率又有效益地对实现组织目标所需要的人力资源和其他资源进行计划、组织、领导和控制。

斯蒂芬·P. 罗宾斯、玛丽·库尔特：管理就是一个协调工作的过程，以便能够有效率和有效果地同别人一起或通过别人实现组织的目标。

哈罗德·孔茨：管理就是设计和维持一种良好的环境，使人们在群体里高效率地完成组织的既定目标。

上述定义从不同的侧面、不同的角度揭示了管理的含义，或者是揭示了管理的某一方面

4

的属性。我们认为，所谓管理，就是在特定的环境下，对组织所拥有的资源进行计划、组织、领导和控制，以便有效地实现组织目标的过程。

这个定义包含着以下四层含义。

① 管理是为实现组织目标服务的，是一个有意识、有目的地进行的过程。管理是任何有组织活动所不可或缺的，但管理也不是可以独立存在的，其本身不是目的，只是手段而已。管理的目的性取决于社会对组织的要求，其本身不是目的，不能为管理而管理，只能使管理服务于组织目标的实现。

② 管理工作要通过综合运用组织中的各种资源来实现组织的目标。

③ 管理工作过程是由一系列相互关联、连续进行的活动所构成的。这些活动包括计划、组织、领导和控制等，它们构成管理的基本职能。

④ 管理工作是在一定的环境下进行，有效的管理必须充分考虑组织内外的各种条件。

此外，管理定义中还包含了有效率和有效果地完成组织工作的含义，至少对管理者来说也应该这样做。

所谓效率，指的是以尽可能少的投入获得尽可能多的产出。因为管理者能够支配处理的组织资源是稀缺的、有价的，包括像人员、资金和时间等都是稀缺资源，因此，他们必须有效地利用这些资源。比如企业通过降低库存水平、缩短单位产品的生产时间、降低产品的材料消耗、提高生产过程的合格品率等来实行有效率的生产制造技术。因此，效率通常指的是"正确地做事"，即不浪费资源。诸如设备利用率、工时利用率、劳动生产率、资金周转率以及单位产品成本等都是对组织效率的具体衡量。效果通常指的是"做正确的事"，即所从事的工作和活动有助于组织实现其目标。比如，企业努力降低成本、生产适销对路的产品、建设组织内部开放式的沟通文化等就是在"做正确的事"，因为降低成本等活动有助于企业目标的实现。效果的具体衡量指标有销售收入、利润额、销售利润率、资金利润率、成本利润率等。

可见，效率是关于做事的方式方法，而效果涉及的是活动的结果，或者说达到组织的目标。两者之间可以说是手段（方式或方法）与目的的关系。对于一个组织来说，首先必须确切地知道什么是"正确的事情"，然后选择"正确的方法"来完成"正确的事情"。同时，我们应认识到，两者的关系是相对的。如果降低成本是组织应该做的正确的事情，那么，降低库存水平与单位产品材料消耗等就是组织找到的做事的正确方式或途径。在这里，降低库存水平等是降低产品成本的手段或途径。同时，降低库存水平、降低单位产品材料消耗等也是组织认为应该做的"正确的事"，而如何降低库存水平等又是组织必须去寻找的做事的正确方式或途径。总的来说，管理者不仅要关注达到和实现组织的目标，也就是关注效果，还要尽可能有效率地完成各项工作。在一个成功的组织中高效果和高效率是相辅相成的，而不良的管理往往既是低效率的，也是低效果的，或者有效果但缺乏效率，或者有效率却没有效果。

1.1.3　组织的概念

管理是伴随着组织的出现而产生的，组织是管理的载体。如果没有组织的话，恐怕也就没有协作劳动的必要，也就不需要管理者了。但是，你知道什么是组织吗？组织是对完成特定使命的人员的系统性安排。一所大学、一家医院、一家公司、一个连队、一家研究机构及某个政府机构等都是组织的典型例子，因为它们都具有三个共同的特征：明确的目的、人员和精心设计的结构。

首先，每个组织都有一个明确的目的，这个目的通常是以一个目标或者一组目标来表示，它反映了管理者所期望的组织未来要达到的状态。

其次，每一个组织都是由两个或两个以上的人员组成的，独自一个人的活动是不需要建立组织的，组织借助人员来完成独自一个人不能有效完成的工作，组织目标是否能实现有赖于管理者是否能够有效地借助别人的力量。

最后，所有的组织都会演化出一些精心设计的结构，以便组织中的人员能够明确自身的职责，从事他们各自的工作。组织的结构可以是开放的或灵活的，没有清晰的或精确的岗位职责描述，也不用严格地遵循某些明确的职位安排，它可以采用简单的线性结构或松散的网络结构；另外，组织也可能具有清晰定义的规则、规章制度和职位描述，这是一种具有传统色彩的组织结构，其中有些人是不同层次的管理者，他们具有凌驾于其他成员之上的影响力。但是，不管组织结构安排采用哪种类型，都要求具有某些精心设计的特征，以便使组织成员的工作关系得到明确并能够实现有效的协作。

1.1.4　管理的性质

1.1.4.1　管理的二重性

管理具有二重性，即管理的自然属性和社会属性。管理的自然属性，是指管理与社会化大生产相联系的、通过"指挥劳动"表现出来的属性。它是由生产力的发展引起和决定的，是有效组织共同劳动所需要的。管理的社会属性，是指管理与生产关系、社会制度相联系的、通过"监督劳动"表现出来的属性。

管理的自然属性表明，管理是由于有许多人进行协作劳动而产生的，是由生产社会化引起的，是有效组织共同劳动所必需的，因此，管理活动的主要任务就在于处理人与自然的关系，合理组织生产力。管理的自然属性只受社会化程度、生产力水平和人的一般属性的制约，而不以社会制度、生产关系性质和人的阶级属性为转移。也就是说，管理的自然属性在任何社会制度下都是一样的，管理是进行社会化生产所必需的、共有的，这是管理的共性。因此又称管理的一般性。例如，管理中使用合理组织生产力的一些技术和方法，所有社会化大生产都可以应用，与社会制度和意识形态没有关系。

管理的社会属性表明，管理都是在一定的生产关系条件下进行的，必然要受到一定生产关系、政治制度和意识形态的影响和制约。这就要求管理活动不仅要组织和发展生产力，而且还要调整生产关系、处理人与人的关系。管理的社会属性是由生产关系、社会制度所决定的。不同的社会制度、不同的历史阶段、不同的社会文化，都会使管理呈现出一定的差别，从而使管理具有特殊性和个性。也就是说，管理必然体现着生产资料所有者指挥劳动、监督劳动的意志，谁占有生产资料，谁就掌握着劳动指挥权和监督权，并按照自己的利益和意志进行管理。管理的社会属性代表着一定阶级的意志，并为一定的阶级利益服务，带有明显的阶级性。因此，管理的社会属性又称生产关系属性或管理的特殊性。社会主义企业管理与资本主义企业管理的区别也主要反映在管理的社会属性上。

【案例】 一面镜子解决电梯拥挤问题

国外有一家公司新搬入一幢摩天大楼，不久就遇到了一个难题。由于当初楼内安装的电梯过少，员工上下班时经常要等很长时间，为此怨声不断。

于是公司老总把各部门负责人召集到一起，请大家出谋划策，解决电梯不足的问题。经过一番讨论，大家提出了四种解决方案。

第一种：提高电梯上下的速度，或者在上下班高峰时段，让电梯只在人多的楼层停。

第二种：各部门上下班时间错开，减少电梯同时使用的概率。

第三种：装一部新电梯。

第四种：在所有的电梯门口装上一面大镜子。

如果是你，会想到哪种方案？

经过慎重考虑，该公司选择了第四种方案。该方案付诸实施后，员工乘电梯上上下下，再没有了抱怨声。

为什么会这样呢？这是因为等着乘电梯的人一看到镜子，免不了开始端详自己在镜中的形象，或者偷偷打量别人的打扮，烦人的等待时间就在镜前顾盼之间悄悄过去了。

☞ 启示：管理中最重要的要素是什么？有的时候，看似很棘手的问题，最有效的解决方法往往也是最简单的。其中最关键的在于是否找到了管理中最重要的要素。这件事情如果发生在中国会是一种什么情景呢？这种解决方法会有效吗？

认识管理的自然属性和社会属性，对于我们正确地认识管理的地位和作用，全面把握管理的性质和要求具有十分重要的现实意义。

1.1.4.2 管理的科学性与艺术性

管理究竟是一门科学，还是一门艺术，这是多年来理论界和实业界都在争论的问题。目前大家基本上有一个统一的认识，认为"管理不仅具有科学性，也具有艺术性"。作为科学的管理知识和作为艺术的管理工作是应当而且是可能得到统一的。

管理的科学性表现在，管理经过近一个世纪以来的研究、探索和总结，已经逐步形成了一套比较完整的、反映管理过程客观规律的理论知识体系，为指导管理实践提供了基本的原理、原则和方法。这种指导管理实践的科学，称为管理学。管理作为一门科学，指的就是管理学所具有的系统化、条理性的知识。管理学之于管理人员，就犹如医学之于医生，没有系统化的医学知识的指导，这样的医生跟巫医没有两样，同样，缺乏系统化的管理学知识的指导，这样的管理人员只能凭借有限的经验进行管理，很难成为一个有效的管理者。管理科学可以给不同能力的管理者提供一视同仁的帮助和指导。

但是，就像阅读有关医学书籍，并不意味着就一定会成为医生一样，掌握了大量的管理理论、原理或知识，并不能表明就是一个出色的管理人员，就能保证管理活动就是有效的、成功的。理论并不是万能的，管理者如果只凭书本知识来开展管理工作，无视实践经验的积累，无视对理论知识灵活运用能力的培养，那么其管理工作注定要失败。从这种意义上说，管理不仅是一种知识，更是一种实践；不仅是一门科学，更是一门艺术。管理的艺术性，强调的是管理的实践性。管理的艺术性就是管理者运用管理学的理论知识解决管理实践中遇到的问题时所形成的解决问题的方法或诀窍。管理工作就像其他各种艺术一样，都要利用经过整理的基本知识，并根据实际情况加以创造性地、灵活地运用，这样才能取得预期的成效。一句话，管理工作是科学性与艺术性的有机统一。

【案例】 小男孩的裤子

有一个小男孩，在他十岁生日那一天，他得到了一条梦寐以求的新裤子，那是父亲送给他的生日礼物。小男孩很高兴地把它穿上，但他却发现裤脚长了一截。他找到正在房间纳鞋的奶奶，央求奶奶帮他剪掉一截，奶奶却说先等她把鞋纳好再说，让他先把裤子放在衣柜里。小男孩急着要穿，等不及，于是又跑去找正在洗碗的妈妈，又央求妈妈帮他把裤脚改短一点，妈妈说先等一下，让她洗完碗再说。小男孩又跑去找正在房间做作业的姐姐，姐姐说她还有一大堆功课没做完，等她做完再说。

小男孩连遭三次拒绝，带着失望的心情去睡觉。

奶奶纳完鞋后想起小孙子的央求，于是走到衣柜旁拿起剪刀对准裤脚"咔嚓"一刀，又放回原处。妈妈洗完碗后想起乖儿子的央求也跑到衣柜旁拿起剪刀对准裤脚"咔嚓"一刀，再放回原处。姐姐做完作业后又走过去拿起剪刀对准裤脚"咔嚓"一刀，又放回原处。

结果可想而知，裤子当然是穿不上了。

☞ **启示**：管理无处不在，无时不有。这个故事说出了一个管理的过程中，常犯的一个错误：有些事情，要么大家都不管，要么大家都来管，最终的结果就是让事情变得一团糟！

▶▶ 1.2　管理者与管理活动

目标导引

1. 基本了解管理者的概念、分类；
2. 重点掌握管理者的技能要求、管理职能和管理角色理论；
3. 熟练运用管理技能、管理职能和管理角色等理论分析评价管理者的工作。

1.2.1　管理者

　　管理是一个动态的过程，管理者在这个过程中肩负着独特的任务和职能，他不但要制定组织的目标、筹划工作的开展，而且还要控制管理过程的运行，激发组织成员的潜能，以便达到组织的预期目标。可以说，管理者是组织的心脏，其工作绩效的好坏直接关系着组织的兴衰成败。所以，美国管理大师彼得·德鲁克曾这样说："如果一个企业运转不动了，我们当然是要去找一个新的总经理，而不是另外雇用一批工人。"可见，管理者对组织的生存发展起着至关重要的作用。

1.2.1.1　管理者的含义

　　传统的观点认为管理者是运用职权、权力，对人进行统驭和指挥的人，他们的职责在于敦促员工按照管理者的意图行事。这种观点强调的是组织中的正式职位和职权，强调管理者必须有下属。

　　现代的关于什么是管理者的观点，主要源于美国管理学家彼得·德鲁克对管理者的阐释。德鲁克认为：在一个现代的组织里，每一个知识工作者只要能够由于他们的职位和知识，对组织负有贡献的责任，因而能够实质性地影响该组织经营及成果的，即为管理者。这一定义强调作为管理者首要的标志是必须对组织的目标负有贡献责任，而不是职位和权力；只要共同承担职能责任，对组织的成果有贡献，他就是管理者，而不在于他是否有下属人员。依据这一定义，拥有知识并负有贡献责任的工程师、经济师（即使他们可能没有管理者的头衔）等都是管理者。

　　综合以上分析，我们可以给管理者如下定义：管理者是指履行管理职能，对实现组织目标负有贡献责任的人。管理者可以是各种不同性别、不同肤色的知识工作者、经理人员和专业管理人员。管理者不仅可以经营大公司，也可以经营小公司，还可以经营政府机构、医院、博物馆、学校及其他类型的组织。有些管理者身居组织的最高领导岗位，而另一些管理者则可能承担基层的管理职务。总之，他们在各类组织中履行着自己的职责。

9

1.2.1.2 管理者的分类

究竟以什么标准来划分管理者与非管理者？管理者的职责与作业人员（工人）有什么不同？我们可以从组织的横切面和纵切面来分辨各种类型的管理者。

1. 从组织的横切面来划分

从横切面上的组织层次划分来看，组织的工作人员可以分为以下四类，如图1-1所示。

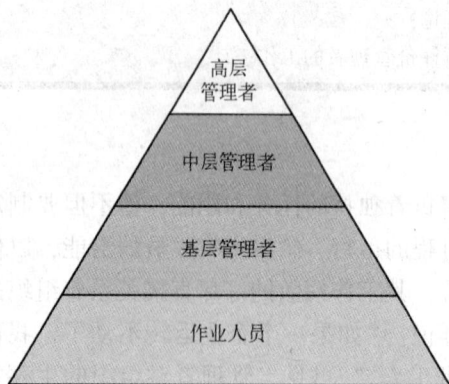

图1-1　组织层次

（1）作业人员。作业人员指的是组织中直接从事具体实施和操作工作的人。例如工厂生产线上的工人、超市（百货商店）里的营业人员、酒店里的厨师、医院里的医生和护士、学校里的老师、政府机关里的办事员，等等。这些人处于组织的最底层（作业层），不具有监督其他人工作的职责。

（2）基层管理者。基层管理者是组织第一线管理者，他们处于作业人员之上的组织层次中，负责管理作业人员及其工作。他们的职责是对从事具体的产品生产或服务活动的作业人员进行日常监督管理。在一个工厂中，基层管理者可能被称为领班、工头或者段长；在百货商场中，基层管理者是柜台的组长、商品部的负责人；医院产科的护士长及大学里的专业教研室主任等都是基层管理者。对于小企业来说，基层管理人员可能只有一个层次，而对于大型企业来说，基层管理者可能包含几个层次，比如一个公司下面分厂的车间主任、工段长等都属于基层管理人员。

（3）中层管理者。中层管理者是监督基层管理者、负责寻求运用人力及其他资源以实现组织目标的最佳办法，处于组织职级中间层次的管理人员。中层管理者通常拥有职能部门或科室主任，地区经理、产品事业部经理或分公司经理、分厂厂长等职衔。为了提高效率，中层管理者要设法帮助基层管理者和非管理人员更好地利用资源，以降低生产经营成本或改善服务质量。为了提高效益，中层管理者要评估组织正在追求的目标是否适宜，并向高层管理者提出修订建议。中层管理者的一个重要工作内容是开发和改进有助于提高组织效率和效益的技能和诀窍，如制造技术和营销策略等。

（4）高层管理者。高层管理者主要负责组织的战略管理，并在对外交往中代表组织的"官方"身份出面，处于组织的最高层。这些管理者的头衔有如公司董事会主席、首席执行官、总裁（包括副总裁）或总经理（包括副总经理）、董事及其他高级资深经理人员，高校里的校长、副校长和其他处在或接近组织最高层位置的管理人员。高层管理者对所有部门的业绩负责，他们负有跨部门的管理职责。高层管理者负责确立组织目标，例如，公司应该生产或提供哪些产品或服务；高层管理者对部门之间应如何协作也要做出决策，还要定期检查每个部门的中层管理者利用资源实现目标的情况。总之，高层管理者对组织的成败负有根本的责任，他们的工作绩效随时都要受到组织内外（如投资者、员工）的监督检查。

管理者所处的具体组织层次不一样，他们的头衔也各式各样，但他们的工作有一个共同的特征，即都是同别人一起并通过别人使组织目标得以有效地完成。

作业者与管理者尤其是基层管理者之间的界限有时并不是那么截然分明的。比如，在工厂生产线上生产小组组长，他可能既担任了监督检查工人劳动的职责，同时自己也与工人一起从事着某项具体的生产操作；百货商场及超市里的商品部负责人、小组长，也与一般销售人员共同承担商品的销售工作；大学里的校长、系主任及专业教研室主任也都承担具体课程的教学以及科研工作；医院里的院长可能要亲自动手做一些危急病人的难度较大的外科手术；等等。但是，作为管理人员，一定要记住自己的主要职责是促进他人做好工作而不是事必躬亲地去做工作，哪怕是自己最擅长的工作也要交给下属去完成，自己则将主要精力集中在"管理"这些人及其工作上，并对工作好坏负最终的责任。管理人员与作业人员的区别就是在这一点上。

作为管理者，无论他在组织哪一层次上承担管理职责，其工作性质和内容应该基本上是一样的，都包括计划、组织、领导和控制等几个方面。不同层次管理者工作上的差别，不是职能本身有什么不同，而是各项管理职能履行的程度和重点不同。管理者在管理层级中所处的位置越高，花在计划和组织资源以保持并提高组织绩效上的时间就越多。高层管理者把他们的大量时间用于计划和组织，这两个职能对组织的长远绩效起着至关重要的决定作用。管理者在管理层级中所处的位置越低，花在领导和控制基层管理者或非管理人员上面的时间就越多。

2. 从组织的纵切面来划分

从纵切面上的组织活动领域，可以将管理者划分为以下两类。

（1）综合管理者。综合管理者指的是负责管理整个组织或组织中某个分部活动的管理者。对于小型组织（如一个小公司）来说，可能只有一个综合管理者，那就是总经理，他要统管该组织中包括生产、销售、人事、财务等在内的全部活动。而对于大型组织（如跨国公司）来说，可能会按产品类别设立几个产品分部，或按地区设立若干个地区分部，此时，该公司的综合管理人员就包括公司总经理和每个产品或地区分部的总经理，每个分部经理都要统管该分部包括生产、销售、人事、财务等在内的全部活动，因此也是全面的管理者。

（2）专业管理者。专业管理者是仅仅负责组织中某一类活动或业务管理的管理者。根据这些管理者所管理的专业领域性质的不同，可以具体划分为生产部门管理者、营销部门管理者、人事部门管理者、财务部门管理者及研究开发部门管理者等。这些部门的管理者，可以泛称为生产经理、营销经理、人事经理、财务经理和研究开发经理等。对于现代组织来说，随着其规模的不断扩大和环境的日益复杂多变，管理工作的专业分工也变得日益重要。

11

如图 1-2 所示，不同专业领域的管理者，他们在履行管理职能中可能会产生具体工作内容侧重点上的差别。例如，对于营销部门来说，计划工作做的是产品定价、推销方式、销售渠道等的计划安排，人事部门做的是人员招聘、培训、晋升等的计划安排，生产部门做的是生产方式、产品投产的顺序、投入与出产时间等的计划安排，财务部门做的则是筹资规划和收支预算，他们在各自的目标及其实现途径的规定上都表现出很不一样的特点。

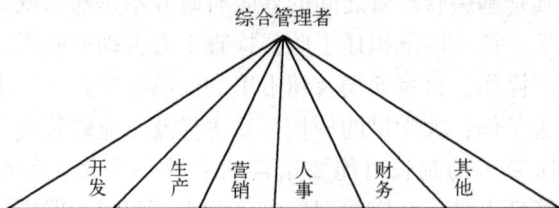

图 1-2　专业管理者与综合管理者

1. 2. 1. 3　管理技能

每位管理者都在自己的组织中从事某一方面的管理工作，都要力争使自己主管的工作达到一定的标准和要求。管理是否有效，在很大程度上取决于管理者是否具备了作为一个管理者应该具备的管理技能。

1. 技术技能

所谓技术技能，就是指在组织中发挥某一角色作用的、与特定工作岗位有关的专业知识和技术。如果是生产车间主任，就必须熟悉各种机器设备的性能、操作程序和方法，熟悉各种材料的用途、加工工序，熟悉各种成品或半成品的质量要求等。如果是办公室管理人员，就要熟悉组织中的有关规章、制度及相关法规，熟悉公文收发程序、公文种类及写作要求等。如果是财务科长，就必须熟悉相应的财务制度、记账方法、预算和决算的编制方法等。技术技能对基层管理者来说尤其重要，因为他们大部分时间在从事训练下属人员的工作或回答下属人员有关具体工作方面的问题，因而必须知道如何去做下属人员所做的各种工作。具备技术技能，基层管理者才能更好地指导下属工作，更好地培养下属，由此才能成为受下属尊重的有效管理者。对中上层管理者来说，掌握技术技能的必要性可能稍少些。

2. 人际技能

人际技能就是与组织内部上下左右的人打交道的能力，包括联络、处理和协调组织内外人际关系的能力，激励和诱导组织内部员工积极性和创造性的能力，正确地指导和指挥组织成员开展工作的能力。人际关系技能首先要求管理者了解别人的信念、思考方式、感情、个性，以及每个人对自己、对工作、对集体的态度，并且认识到别人的信念、态度、观点与自己的不一样是很正常的，承认和接受不同的观点和信念，这样才能与别人更好地交换意见。其次，要求管理者能够敏锐地察觉别人的需要和动机，并判断组织成员的可能行为及其可能后果，以便采取有效措施，使组织成员的个人目标与组织目标最大程度地一致起来。最后，要求管理者掌握评价奖励员工的一些技术和方法，最大限度地调动员工的积极性和创造性。许多研究表明，人际关系技能是一种重要技能，对各层管理者都具有同等重要的意义。在同等条件下，人际关系技能可以极为有效地帮助管理者在管理工作中取得更大的成效。

3. 概念技能

概念技能是指分析和诊断情况、辨别原因和结果的能力。管理者应看到组织的全貌和整体，了解组织与环境是怎样互动的，了解组织内部各部分是怎样相互作用的，能预见组织在社区中所起的社会的、政治的和经济的作用，知道自己所负责的部门在组织中的地位和作用。分析概括问题的能力是概念技能的重要表现之一。管理者能够快速、敏锐地从混乱而复杂的动态情况中辨别出各种因素的相互作用，抓住问题的起因和实质，预测问题发展下去会产生什么影响，需要采取什么措施来解决问题，这种措施实施后会出现什么后果。形势判定能力是概念技能的又一表现。管理者通过对外部和内部形势的分析判定，预见形势将朝什么方向发展，是对自己有利，还是对自己不利，以便充分利用好形势发展组织的事业，同时采取措施对付不利形势，使组织获利最多或损失最少。各种研究表明，出色的概念技能，可以使管理者做出更好的决策。概念技能对于高层管理者来说尤其重要。

上述三种管理技能是各层管理者都需要掌握的，区别仅在于各层管理者所需掌握的三种管理技能的比例会有所不同，如图 1-3 所示。

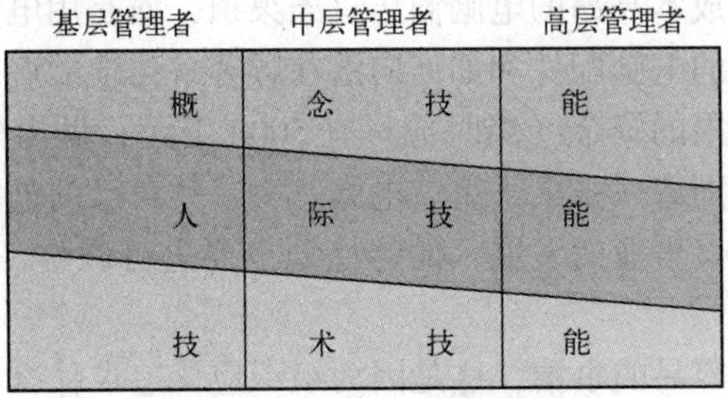

图 1-3　管理技能与管理层次

1.2.2　管理活动

1.2.2.1　管理职能

管理工作就是帮助组织充分利用其资源以实现组织目标。管理者如何实现这个目标呢？他们是通过履行计划、组织、领导和控制这四个基本职能来实现的。管理的基本职能是描述管理者工作内容的一个基本框架。20 世纪早期，法国管理学家亨利·法约尔就曾提出所有的管理者都在履行五种管理职能，即计划、组织、指挥、协调和控制。到了 20 世纪 50 年代中期，西方管理教科书中使用了计划、组织、人员配备、指导和控制五项职能作为框架。今天，大多数管理教科书将管理基本职能进一步压缩为计划、组织、领导和控制。图 1-4 定义了每一个管理职能所包含的内容。

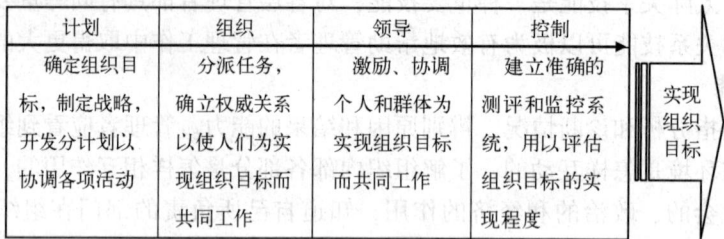

计划	组织	领导	控制	
确定组织目标，制定战略，开发分计划以协调各项活动	分派任务，确立权威关系以使人们为实现组织目标而共同工作	激励、协调个人和群体为实现组织目标而共同工作	建立准确的测评和监控系统，用以评估组织目标的实现程度	实现组织目标

图 1-4　管理职能

1. 计划

计划是管理者用以识别并选择适当目标和行动方案的过程。计划工作过程可以简要地概括为三大步骤：（1）决定组织要实现的目标；（2）决定实现目标的行动方案；（3）决定如何配置组织资源以实现目标。我们下面以戴尔电脑公司的创始人迈克尔·戴尔的创业为例来说明。1984 年，19 岁的戴尔通过组装个人电脑并把它们直销给顾客，发现了进入个人电脑市场的机会。戴尔由此开始计划如何落实他的想法。首先，他给自己确定的目标是销售价格便宜的个人电脑，与定价较高的 IBM、苹果等公司竞争，其次，他要确定能够实现这个目标的行动方案。他决定避开成本高昂的电脑商店这条渠道，而是用电话直接向顾客销售；他还需要决定如何得到低成本的电脑配件和如何向潜在顾客宣传他的产品。最后，他必须就购买劳动力和其他资源而对有限的资金（当时他只有 5000 美元）做出分配决定。他选择性地雇用了三个人，与他们一起围着一张桌子组装电脑。为了使自己的创业梦想能够变成现实，戴尔必须制定计划，而且随着事业的发展，他的计划也要进行调整，计划工作会越来越复杂，计划的内容越来越丰富。

计划工作并不是一件容易的事情，这是因为组织应该追求什么目标，如何才能最佳地实现目标不是轻而易举地能够弄清楚的。当管理者决定将组织资源配置于一个特定战略的实施时，是要冒风险的。计划过程的结果可能成功，也可能失败。在第 4、5 两章里，我们将集中讨论决策和计划的工作过程。

2. 组织

组织是管理者用以建立工作关系结构，从而使组织成员相互影响和协作，由此实现组织目标的过程。组织工作涉及的是，根据组织要达到的目标确定需要完成的工作任务，然后依据特定工作任务对员工进行分工并将他们分配到有关部门。在组织过程中，管理者还要在个人或群体之间设定权力和责任，决定如何最佳地协调组织的资源，尤其是人力资源。

组织过程的结果是产生组织结构，即一个正式的任务系统和汇报关系系统，借助这样的系统可以协调和激励组织成员共同去实现组织目标。组织结构决定了组织能在多大程度上用好组织资源去生产产品和提供服务。戴尔电脑公司在创业早期，由于员工数量较少，其组织结构较为简单，采用灵活的简单结构形态。随着公司的发展，戴尔及公司的其他管理者要逐步创建更复杂的组织结构，以便更有效地实现他们的新目标。我们将在第 6 章里详细讨论组织工作的有关问题。

3. 领导

在领导工作中，管理者要给追随他们的组织成员精心描绘出一个清晰的愿景，调动他们的积极性，使他们明白在实现组织目标的过程中他们应发挥的作用。在领导过程中，管理者要运用权力、影响力、愿景、说服、沟通和激励的技巧，才能进行有效的领导，才能协调个人和群体的行为，才能确保他们之间的行动和努力协调一致。鼓励员工高水平地工作是管理者的重要职责。领导工作所希望达成的效果是使组织成员具有高度的工作热情，对组织高度忠诚。戴尔电脑公司的员工对迈克尔·戴尔本人的领导风格评价很高，他的领导风格吸引了一支忠心热诚的员工队伍。在第 7 章里，我们将学习涉及如何进行有效的领导、激励和沟通的问题。

4. 控制

在控制工作中，管理者要评价组织实现目标的情况，以及为保持和提高绩效水平所采取的行动。在实际工作中，管理者要定期检查个人、部门和整个组织的绩效，了解他们是否达到预定的绩效标准。如果没有达到绩效标准，管理者就要采取改进绩效的具体措施。控制工作的结果是要提高准确衡量和监控组织效率与效益的能力。实施控制时，管理者必须决定哪些目标要加以衡量，如生产率、质量或对顾客要求的回应，他们必须设计出信息和控制系统，以获得绩效评估所需的数据。控制工作也能使管理者对他们自己行使的其他三项管理职能进行评估，这有助于正确地进行管理。

迈克尔·戴尔在建立有效的控制系统时曾遇到困难，这是因为当时其公司发展迅速，并且缺少有经验的管理者。1988 年，戴尔公司的成本猛增，就是因为存货管理上的控制措施不够得力；1993 年，财务上出现的问题是因为外汇交易欠谨慎；1994 年，戴尔的便携式电脑生产线中断，则是由于质量控制不到位导致产品存在缺陷，下线的一些产品在消费者使用时引起了火灾。为了解决这些或其他控制上的问题，戴尔雇用了有经验的管理者从事控制及其他管理工作。到了 1998 年，戴尔制造的电脑成本比竞争对手的低约 10%；到 2002 年，戴尔公司更显示出成本上的优势，成本比竞争对手的要低 15%~20%，从而占据了更大的市场份额。与其他管理职能一样，控制是一个持续进行的动态过程，需要持之以恒的关注并辅之以相应的举措。在第 8 章里，我们将对控制职能的一些重要问题进行讨论。

以上管理的各项职能，构成了管理者要发挥作用的四项基本工作。这些工作或职能，从理论上说，是按一定的顺序发生的。简而言之，对管理人员来说，合乎常理的第一步工作是制定计划，然后是建立组织结构、配备人员，接着是指导员工付诸行动，最后是控制整个局面，使之朝着既定的目标前进。这四个步骤构成了管理工作的不断反复进行的循环过程。

15

但是，管理的实际情况并不像我们上面所描述的管理职能那么简单，现实中不存在简单的、界限清晰的、纯粹的计划、组织、领导和控制的起点和终点。当管理者履行职责时，通常会发现自己同时也在做着一些计划工作，一些组织工作，一些领导工作，以及一些控制工作，而且这些管理工作并非严格按照上述顺序机械地进行。例如，企业需要确定新财年的计划，这件工作不仅仅只是计划工作，它必然涉及由谁来制订这个计划，涉及指导、激励及沟通活动，最后需要监控计划是不是在规定的时间里编制完成。对于其他职能，其道理也是一样的。所以，将管理者所履行的职能描述为一种过程的观点更为符合实际情况。管理过程是一组进行中的决策和工作活动，在这个过程中管理者从事计划、组织、领导和控制。其含义在于，当管理者进行管理时，他们的工作通常以连续的方式，也就是以过程的方式体现出来。

对于某一特定的管理者而言，计划、组织、领导和控制这四项职能的相对重要性取决于他在管理层级中的位置。管理者在管理层级中所处的位置越高，花在计划和组织资源以保持并提高组织绩效上面的时间就越多，如图 1-5 所示。高层管理者把他们大量的时间用于计划和组织，这两个职能对组织长远绩效起着至关重要的决定作用。管理者在管理层级中所处的位置越低，花在领导和控制基层管理者或非管理者人员上面的时间就越多。

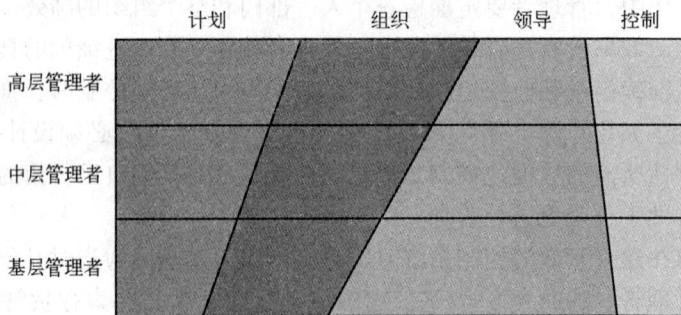

图 1-5　管理者在四种管理职能上所花的相对时间

1. 2. 2. 2　管理者角色

描述管理者工作的另一种方法是管理者角色理论。亨利·明茨伯格认为，管理者做什么可以通过考察管理者在工作中所扮演的角色来加以描述。通过对管理者所从事工作的多年研究，明茨伯格提出了一个定义管理者在做什么的框架。他认为，管理者在工作中扮演了 10 种不同的但高度相关的角色。所谓角色，是指特定的管理行为类型，或者是期望管理者去执行的与其职位有关的一系列特定任务。设想一下你所扮演的不同角色及你所期望的不同行为，这些角色诸如学生、父母、子女、兄弟姐妹、雇员、志愿者及其他，等等。如表 1-1 所示，明茨伯格的 10 种管理行为又被进一步组合为三个主要的方面，即人际关系、信息传递和决策制定。

表 1-1　明茨伯格所界定的管理角色

角色			角色活动例子
人际关系	1	挂名首脑	在公司大会上给全体员工描绘组织的长远目标，主持公司新的总部大楼落成仪式，阐述组织伦理的总体指导思想，以及员工与顾客、供应商来往中应遵循的行为准则
	2	领导者	为员工提供效仿的榜样，对下属直接做指示和下达命令，负责激励下属，负责人员配备、培训及有关的职责，动员员工拥护特定的组织目标
	3	联络者	协调不同层次管理者的工作，在不同组织之间建立联盟，以实现资源共享并产生或提供新的产品和服务，从事其他有外部人员参加的活动
信息传递	4	监听者	从不同的职能角度评价管理者的工作业绩，采取正确的措施提高他们的工作业绩，监视发生于组织内外并可能对组织未来产生影响的那些变化
	5	传播者	告知员工发生于组织内外环境中的、将会影响到他们和组织的变化，与员工就组织的愿景和目标进行沟通
	6	发言人	就推出新的产品和服务在国内发起一场广告攻势，在当地社区宣传组织的未来目标、计划、政策、行动等
决策制定	7	企业家	调配组织资源开发创新产品和服务，决定国际化扩张，开拓企业产品的新市场
	8	混乱驾驭者	快速推出正确的解决组织内外突发事件（如石油泄漏危机、生产了有缺陷的产品、服务做得不周到）的措施
	9	资源分配者	在组织的不同职能、部门之间分配资源；为中层和基层管理者制定预算和报酬方案
	10	谈判者	与供应商、分销商和工会一起就投入、技术及人力等资源质量和价格达成协议，与其他组织一起就合作项目的资源筹集达成协议

17

　　大量的后续研究在不同的组织和不同的管理层次上检验了明茨伯格角色分类的有效性。无论是在何种类型的组织中或者组织的哪一个层次上，管理者都在履行着类似的角色。不过研究也表明，管理者角色的强调重点随组织的层次不同而呈现出较为明显的差异，特别是像信息传播者、挂名首脑、谈判者、联络者和发言人的角色更多地表现在组织的高层管理者身上，而领导者角色在底层管理者身上表现得更加突出。这一点与职能论有相同之处。

　　上述对管理者角色的讨论似乎表明了管理者的工作是高度协调的，管理是一个合乎逻辑且有条不紊的过程。在这一过程中，管理者理性地思考着用最佳的办法以利用资源并实现目标。实际上，管理者的行动往往是感性的，且要依靠胆识来做出各种不同的选择。管理者在行动中的一个重要表现就是快速地做出反应，而不是审慎地思考与谋划。因为管理者面对的问题是庞杂的（极具多样性），经常要同时处理大量问题（琐碎繁杂的），他们的负担往往很重，许多时候，时间上也不允许就一件事情详加分析，经常要在不确定的条件下、在不能肯定哪些结果将是最佳的情况下，凭借自己多年职业生涯积累的经验做出决策。而且，尤其是对高层管理者而言，目前的情况总是不断变化的，今天看起来正确的决策在明天就可能是错误的。

【案例】利用信息技术提高小企业的业绩

　　特里·帕特索斯·斯坦利女士是波士顿短期租赁公司的总裁，这家公司首创了为商务人士出差提供寓所租赁的服务，以此来替代较贵且不方便的宾馆。自 1995 年开办以来，该公司发展速度很快。2001 年，她管理的公寓有 200 多套。为降低成本和让顾客满意，帕特索斯·斯坦利一直在努力探索如何胜任不同的管理角色。

作为一家迅速成长的公司的总裁，帕特索斯·斯坦利要做的决策很多。作为**企业家**，她通过扩增她所管理的公寓套数来增加提高收益的机会。她使用互联网，通过一个很有影响力的互联网网址吸引顾客。作为**混乱驾驭者**，她需要处理一些突发事件，如夜间水管破裂。因而，公司的所有成员都必须能够相互联系，对顾客的问题及突发事件迅速予以回应。作为一个**资源分配者**，她要决定在公寓装修和档次的提高上花多少钱。她通过互联网与寓主保持密切的联系，例如，在网上给寓主发送寓所装修效果图。作为一个**谈判者**，她要与其他组织（如从事清洁和粉刷服务的企业）签订合同，争取以最适合的价格获得公司所需的服务。

由于有 200 多套公寓要照看，波士顿短期租赁公司的信息管理就必不可少，帕特索斯·斯坦利作为**监控者**的角色因而也就十分重要。她开发的先进的计算机系统有助于她了解入住率、顾客意见和其他关于服务质量方面的指标，并据以评估公司的业绩。该系统提升了她对出现的问题予以迅速回应的能力。在帕特索斯·斯坦利担当的**传播者**角色当中，她运用信息技术给员工提供客人到达和离开的动态信息。作为一个**发言人**，她经常给那些不了解公寓情况且有可能成为顾客的人打电话，打消他们的疑虑，建议他们选择公寓而不是住在某家有名的连锁宾馆里。

帕特索斯·斯坦利深知管理公司亲力亲为的重要性。她和员工一起欢迎新客人，像一般宾馆里的行李搬运员、门卫和前台服务人员一样为客人做事。帕特索斯·斯坦利也是提供客人所期望的人际接触的**挂名首脑**，客人那里有问题总能与她联系上。她的员工不多，包括木工、电工、室内装饰员、维修工等。作为他们的**领导者**，她鼓励员工为客人提供快速的服务。她也是一个**联络者**，在客人与为客人提供诸如干洗、餐饮、美容美发等服务的组织之间建立联系通道。她热爱自己多样性的工作，乐于接触住在公寓里的资深管理者、演员和海外来客。

像波士顿短期租赁公司这样的小企业业主或管理者始终都要担任上面提及的所有管理者角色。帕特索斯·斯坦利将信息技术与人性关怀很好地结合起来，能够胜任各种管理角色的工作；她的公司规模在不断扩大，营业收入也不断增多。

☞ **启示**：作为一个小企业的总裁在管理工作中要完成几乎所有的管理角色，这是因为小企业的管理层级少，高层领导能够做到事无巨细地给予关注。但它并不意味着大型企业的管理者能够同时承担这么多管理角色。

▶ **本章小结**

管理就是在特定的环境下，对组织所拥有的资源进行计划、组织、领导和控制，以便有效地实现组织目标的过程。这是管理学者们对人类管理实践的高度概括和抽象。理论往往是纯洁和简单的，但人类的生产管理实践却是复杂的，并且也不那么纯洁和高尚。正如我们在前述的一些案例中所看到的，管理者在日常的工作中往往要去处理很多琐碎的、单调的，甚至烦人的事务，尤其是基层管理者的工作，比如，与上司的紧张关系、下属的满腹牢骚、客户投诉，与同事的矛盾、一次突发的断电事故、拟定常规性的计划文书等都是管理者每天需要去处理的事情。管理者在完成这些工作的过程中需要运用多种的专业技能，这些技能不是通过书本的学习就能获得的，而是必须在丰富的管理实践中才能逐步培养起来的，并且形成自己特有的管理技巧和方法。

▶ 同步测试

一、单项选择

1. 在人际关系方面，管理者扮演的角色是（　　）。
   A. 领导者　　　　　B. 传播者　　　　　C. 谈判者　　　　　D. 监听者
2. 管理的自然属性是与（　　）相联系的。
   A. 生产关系　　　　B. 社会制度　　　　C. 生产力　　　　　D. 指挥职能
3. 一般来说，决定组织管理有效性的要素是（　　）。
   A. 时间　　　　　　B. 人　　　　　　　C. 信息　　　　　　D. 资金
4. 监督组织各项计划的落实与执行情况，发现计划与实际之间的差距，这一管理环节是（　　）。
   A. 计划　　　　　　B. 组织　　　　　　C. 领导　　　　　　D. 控制
5. 人们常说"管理是一门艺术"，其强调的是（　　）。
   A. 管理的科学性　　B. 管理的实践性　　C. 管理的自然属性　　D. 管理的社会属性
6. 管理人员一般要具备多种技能，如概念技能、人际技能、技术技能等，高层管理者对这些技能的需要，按迫切性排序是（　　）。
   A. 概念技能、技术技能、人际技能　　　　B. 概念技能、人际技能、技术技能
   C. 技术技能、人际技能、概念技能　　　　D. 无关紧要
7. 对于管理者来说，当他在组织中的职位越高，花费在（　　）等管理职能上的时间就越多。
   A. 计划与组织　　　B. 计划与控制　　　C. 组织与领导　　　D. 组织与控制
8. 在信息传播方面，管理者扮演了（　　）角色。
   A. 领导者　　　　　B. 联络者　　　　　C. 谈判者　　　　　D. 监听者
9. 当组织的领导应邀出席合作企业举办的周年庆典活动，并代表组织宣读了贺词，那么他在此活动中扮演了（　　）角色。

19

A. 领导者　　　　　B. 监控者　　　　　C. 谈判者　　　　　D. 挂名首脑

10. 管理效率涉及的是"正确地做事"，意味着（　　）。

A. 管理活动实现了组织的目标　　　　　B. 以尽可能少的投入带来更多的产出

C. 企业的产品更好地满足消费者的需求　　　　　D. 员工满意度得到提高

二、多项选择

1. 按管理层次划分，管理人员一般可以分为（　　）。

A. 高层管理者　　　B. 中层管理者　　　C. 基层管理者　　　D. 专业管理者

E. 综合管理者

2. 管理的基本职能有（　　）。

A. 计划　　　　　B. 组织　　　　　C. 领导　　　　　D. 创新

E. 控制

3. 计划工作主要内容有（　　）。

A. 研究活动条件　　　B. 确定目标　　　C. 进行组织结构设计

D. 编制行动计划　　　E. 配置组织资源实施行动计划

4. 管理者要使自己主管的工作达到一定的标准和要求，必须具备的管理技能包括（　　）。

A. 领导技能　　　B. 技术技能　　　C. 计划技能　　　D. 人际技能

E. 概念技能

5. 传统的观点认为，某个人之所以被认为是管理者，是因为他（　　）。

A. 履行了管理职能　　　B. 对组织绩效负有贡献的责任　　　C. 占据管理职位

D. 有下属供他使唤　　　E. 拥有职权

6. 管理者是指（　　）。

A. 组织的高层管理者　　　B. 组织的中层管理者　　　C. 组织的基层管理者

D. 履行管理职能的人　　　E. 组织的优秀员工

7. 管理两重性是指（　　）。

A. 管理的科学性　　　B. 管理的艺术性　　　C. 管理的社会性

D. 管理的自然性　　　E. 管理的人本性

8. 管理效率要求管理者（　　）。

A. 以尽可能少的投入实现组织目标　　　　　B. 以正确的方法来做事

C. 无论付出多大代价也要实现组织目标　　　　　D. 做正确的事情

E. 以较低的成本为顾客提供产品和服务

9. 管理者在决策制定方面主要扮演了（　　）等角色。

A. 资源分配者　　　B. 信息传播者　　　C. 混乱驾驭者　　　D. 谈判者

E. 监听者

10. 组织有（　　）等三个基本特征。
　　A. 明确的目的　　　　B. 人员　　　　　　C. 精心设计的组织结构
　　D. 经营场所　　　　　E. 资本

三、思考题

1. 你的课程授课老师是管理者吗？请你运用管理职能、管理者角色、管理技能等理论进行分析。

2. 有人说，管理者最基本的职责是关注员工的工作绩效，以实现组织的目标。你同意这个观点吗？说说你的观点。

3. 你认为企业老板在招聘某个职位的工作人员时，应该更加看重候选人的道德品质，还是技能？它对管理者和你个人意味着什么？

4. 你认为管理对于一个企业的成败很重要吗？有人说机遇比管理更重要，你同意吗？请阐述你的理由。

▶ 实践与训练

本章内容是管理学基础的起步部分，在本章学习后，为能让同学们对管理有一个相对完整而贴切的概念，实训部分采用模拟公司方式进行，具体方案如下：

1. 学生分组建立"模拟公司"，此"模拟公司"成立后，相对保持稳定，今后的实训练原则上均以"公司"为单位。

2. 假设某成功企业为目标企业，并从网络等多渠道收集相应的企业资料。

3. 通过收集的资料分组进行讨论：

（1）目标企业的成功经营与管理的关系？

（2）企业管理与企业所有者的关系？

（3）该企业管理的特色？

（4）该企业管理者的特色？

4. 写出完整的报告，并分目标企业管理的优点与缺点。

5. 模拟公司的管理方向设想。

评分标准：

1. 资料收集的完整性与深度；

2. 分析报告的完整性与深度；

3. 模拟公司管理方向的设想与方向。

▶ 讨论案例

项目团队的狂人们

"我们走的方向就是不正确！"史密斯嚷嚷着摔门而去。在 A 项目的团队研究工作中，史密斯强硬地坚持己见，并与其他人时常发生矛盾冲突，这样的消息不断地灌进 A 项目实验室负责人琼的耳朵里。"其实，他非常的聪明和优秀。"这是琼对史密斯的评价，但史密斯与团队其他人不和又的确是事实。

"没有必要谈什么团队合作，走出实验室的每一分钟都是在浪费时间。"维克多也是一位出色的科学家，但同样对团队合作不屑一顾，让其他人感觉"伤了自尊"。

鲍尔和迈克这两个人本是琼的得力干将，自从被分到 A 项目组后，居然水火不容起来。两人在一个重大问题上意见相左，而且看起来似乎没有协商的可能。

与实验室的科学家和工程师相比，琼的学历和资历远远不够，但她却是一个杰出的管理者，很有责任心和自信心，非常善于与人沟通，在关键时刻总能把握住方向。在她的领导下，实验室做出了许多不凡的成绩。目前，琼管理着安捷伦全球三间实验室，作为实验室的负责人，琼知道在 A 项目组中，很多人在自己的专长领域内可以称雄，也有很好的合作精神，能够顾全大局，但总有一些让琼很头痛的"牛"人。

他们很优秀，他们很行，因此，他们也很"牛"，并且开始对团队表现出杀伤力，如何让项目组的所有成员，尤其是那些有着强烈的自我愿望，自视清高的"牛"人安安分分地步入项目组既定的目标轨道？

关于这个问题，琼有自己的一套做法。

（1）认识这个群体。人们需要得到尊重，需要得到倾听，对科学家和工程师而言尤其重要，因为他们需要自己的贡献被世人认可。

（2）准确衡量杀伤力。总体而言，那些注重团队合作的人，他们的贡献比游离于团队边界的人要大得多。但总有一些不安分的个人，他们的能力是可圈可点，但也可能有一些越界行为。

（3）对于问题员工，采取不同的方式。

① 换环境法。如果那个人不适应目前所在的研究环境，那么大可尝试将他用在其他地方，比如将他调到另外一个能让他尽情发挥的项目上去。

② 提示法。对合作表现出不屑一顾的人也许并非出自本意，那么就需要在适当的时候以适当的方式让他们意识到自己存在的问题。很多时候必须与员工进行及时的沟通，以达到相互理解的目的。

③ 求同存异。对有意见分歧的员工分别进行谈话，帮助他们找到相同点。

　　琼按照这种方法成功地使 A 项目研究工作顺利进行着，琼常说："别指望靠管理的条条框框能约束这些科学狂人，和他们打交道，就像在厨房里做牛排，仅看菜谱是远远不够的，你得掌握好火候，这些都得凭感觉。"

　　根据以上资料分析：

　　1. A 项目组的内部管理是否有效？作为管理者应具备怎样的条件和素质？

　　2. 管理者应如何对待具有不同特征的管理对象？

　　3. 案例中涉及了哪些管理职能？

第2章 管理思想的演进

本章穿针引线

人类的管理实践已经有6000多年的历史，但管理理论的形成并逐步发展成为一门较为完整的科学至今也就100年多一点的时间。本章主要介绍自19世纪末20世纪初古典管理理论提出后管理理论的演化过程。管理理论的发展先后经历了古典管理理论、行为科学理论、现代管理理论等几个阶段。古典管理理论主要由泰勒的科学管理、法约尔的一般管理和韦伯的理想行政组织体系等三个部分构成。20世纪二三十年代，管理理论的发展进入了行为科学理论阶段，包括由霍桑试验提出的人际关系理论和后行为科学理论两个部分。第二次世界大战后，管理理论的发展进入了现代管理理论阶段。这个时期管理理论呈现纷繁多样、各种理论林立的局面，即"管理理论丛林"；进入20世纪七八十年代后，管理理论出现了一些新的发展趋势，形成了组织文化理论、战略管理思想、企业再造理论、学习型组织理论、全面质量管理理论、商业生态系统理论、模糊经营理论等新的管理思想。

学习目标规划

1. 基本了解管理理论的发展过程及每个阶段的主要理论和代表人物。

2. 基本了解后期行为科学的主要研究成果、多样化的现代管理理论及管理理论发展的新趋势。

3. 重点掌握泰勒的科学管理理论、法约尔的一般管理理论、韦伯的理想行政组织理论、人际关系理论、X-Y理论、需要层次理论、双因素理论、ERG理论、管理方格理论等内容。

4. 能够根据我国当前的社会经济环境，熟练运用古典管理理论、行为科学理论等解决在团队活动或学习工作中遇到的管理问题。

课前热身随笔

1. 有人认为，泰勒的科学管理理论把企业员工当作机器来看待，你同意这个观点吗？现代管理理论产生于发达的资本主义国家，由于社会经济环境的巨大差异，因而这些理论对我国没有什么指导意义，你同意这个观点吗？

2. 你的问题

_____

_____

引导案例

富士康的管理

台湾富士康集团于 1988 年起在大陆投资，是专业生产 6C 产品及半导体设备的高新科技集团。集团在大陆、台湾，以及美洲、欧洲和日本等地拥有数十家子公司。在华南、华东、华北等地创建了八大科技工业园区，是全球最大的计算机连接器和计算机准系统生产商，连续九年入选美国《商业周刊》发布的全球信息技术公司 100 大排行榜（2005 年、2006 年排名第二），连续四年稳居大陆企业出口 200 强第一名，多年来集团杰出的营运成绩和扎根大陆、深耕科技的投资策略，甚为国家与地方领导肯定。

富士康管理的突出特点在于：军事化（层级制）及泰勒制。

（1）严格的层级制，强调对组织规则的遵守。

（2）沿用泰勒制模式，即作业标准化、规范化，可以提高生产效率。

但 2010 年富士康发生的连续跳楼事件，引起了人们对富士康严格管理的广泛质疑。

▶▶ 2.1　古典管理理论

目标导引

25

> 1. 基本了解古典管理理论产生的历史背景。
> 2. 重点掌握泰勒的科学管理理论、法约尔的一般管理理论和韦伯的理想行政组织理论的主要内容。
> 3. 能够结合实际条件，熟练运用泰勒等人的管理理论指导处理学习工作中遇到的管理问题。

管理是人类走向文明的伴生物。在管理作为一门科学产生之前，先人们的实践及许多思想中其实已经拥有了诸多朴素而实用的管理思想，可以说，早期管理思想是管理理论的基础。但管理理论比较系统地建立是在 19 世纪末 20 世纪初。

在这个时期，经过产业革命后，科学技术有了较大的发展，许多新发明开始出现，但工厂的生产依然采用师傅带徒弟的方式，管理上经验和主观臆断盛行，缺乏科学的依据。这种传统的经验管理越来越不能适应经济发展的需要。为了适应生产力发展的需要，改善管理的粗放和低水平状态，当时在美国、法国、德国等国家都掀起了科学管理运动，从而形成了各具特点的管理理论，被称为"古典管理理论"。尽管这些管理理论的表现形式各不相同，但其实质都是采用当时所掌握的科学方法和科学手段对生产过程的管理手段和方法进行探讨和试验，奠定了古典管理理论的基础，形成了一些以科学方法为依据的原理和方法。

2.1.1 泰勒的科学管理理论

科学管理理论由美国的弗雷德里克·泰勒（1856—1915）首先提出，并在他和他的追随者的不断努力下形成的一个理论体系。因此，在很多管理学著作中，泰勒都被称为"科学管理之父"。泰勒出生于美国费城的一个律师家庭，中学阶段以优异的成绩考取哈佛大学法学院，但因高度近视而不得不放弃学业。此后他在米德维尔钢铁厂依次做过学徒工、车间管理员、技师、工长，直至总工程师。1890 年泰勒离开这家公司，从事管理顾问工作。1898 年进入伯利恒钢铁公司继续从事管理方面的研究，后来他取得了发明高速工具钢的专利。1895 年、1903 年他先后发表了《计件工资制》和《车间管理》等论文，1911 年，他出版了现在被认为是管理学经典著作的《科学管理原理》（其中包括 1912 年在美国国会举行的听证会上的证词）。

泰勒认为，科学管理的根本目的是谋求提高劳动生产率。泰勒认为，最高的劳动生产率是工厂主和工人共同达到富裕的基础。它能使较高的工资与较低的劳动成本统一起来，从而使工厂主得到较多的利润，使工人得到较高的工资。这样，便可以提高他们扩大再生产的兴趣，促进生产的发展。所以，提高劳动生产率是泰勒创立科学管理理论的基本出发点，是泰勒提出科学管理原理和方法的基础。

2.1.1.1 科学管理的基本原则

① 对工人操作的每个动作进行科学研究，用科学的工作方法替代原先的单凭经验的工作方法。

② 科学地挑选工人，并对他们进行专门的培训和教育，使他们能按照规定的标准工作方法进行操作，提高生产劳动的效率。而在过去，则是由工人任意挑选自己的工作，并根据其各自的可能进行自我培训。

③ 与工人亲密协作，以保证一切工作都按已发展起来的科学原则去办。

④ 明确管理者和工人各自的工作职责，实行管理工作与操作工作的分工。双方在工作和职责上几乎是均分的，管理者把自己比工人更胜任的那部分工作（如制定各种制度、准则，通过工作和时间研究寻找标准工作程序，制定作业计划等）承揽下来；而在过去，几乎所有的工作和大部分的职责都推到了工人们身上。

泰勒认为，实施科学管理的核心问题，是要求管理人员和工人双方在精神上和思想上进行一场彻底的革命。1912 年，泰勒在美国众议院特别委员会举行的听证会上所做的证词中强调指出：科学管理是一场重大的精神革命。他认为，工人应树立对工作、对伙伴、对雇主负责任的观念；管理人员——领班、监工、企业主、董事会也应改变对同事、对工人及对一切日常问题的态度，增强责任观念。通过这种重大的精神革命，可使管理人员和工人双方把注意力从盈利的分配上转到增加盈利数量上来。当他们用友好合作和互相帮助代替对抗和斗争时，他们就能够创造出比过去更多的盈利，从而使工人的工资大大增加，使企业主的利润也大大增加。这样，双方之间便没有必要再为盈利的分配而争吵了。

2.1.1.2 科学管理理论的主要内容

1. 工作定额原理

在当时美国企业中，由于普遍实行经验管理，造成了一个突出的矛盾，就是资本家不知道工人一天到底能完成多少工作量，但总嫌工人做得少，拿的工资多，于是往往通过延长工作时间、增加劳动强度或降低工资率来加重对工人的盘剥。而工人也不能确切知道自己一天到底能完成多少工作量，但总认为自己活干得多，工资拿得少。当资本家加重对工人的剥削时，工人就用"磨洋工"消极对抗，最终的结果是企业的劳动生产率维持在低水平上。

在制定工作定额时，泰勒是以"第一流的工人在不损害其健康的情况下，维持较长年限的速度"为标准，这种速度不是以突击活动或持续紧张为基础，而是以工人能长时间维持的正常速度为基础。通过对个人作业的详细检查，在确定做某件事的每一步操作之后，泰勒能够确定出完成某项工作的最佳时间。有了这些信息，就可以确定一个工人"合理的日工作量"，这就是所谓工作定额原理。

2. 标准化原理

泰勒认为，要使工人掌握标准化的操作方法，使用标准化的工具、机器和材料，并使作业环境标准化，这就是所谓的标准化原理。泰勒认为，必须用科学的方法对工人的操作方法、工具、劳动和休息时间的搭配，机器的安排和作业环境的布置等进行分析，消除各种不合理的因素，把各种最好的因素结合起来，形成一种最好的方法，这是管理当局的首要职责。

为了标准化的主张，泰勒进行大量的试验。在搬运生铁的试验中，泰勒得出一个适合做搬运工作的工人，在正常情况下，一天至少可搬 47.5 吨铁块的结论；在铁锹试验中，他得出铁锹每次铲物的重量为 21 磅时，劳动效率是最高的结论；在长达 26 年的金属切削试验中，他找到了影响切割速度的 12 个变量及反映它们之间相关关系的数学公式等；以上这些试验为工作标准化、工具标准化和操作标准化的制定提供了科学的依据。泰勒认为标准化对于劳资双方都是有利的，不仅每个工人的产量大大增加，工作质量大为提高，工人得到更高的工资，资方也因为劳动生产率的提高而获得更多的利润。

3. 实行刺激性的计件工资报酬制度

为了鼓励工人努力工作，完成工作定额，泰勒提出了这一管理制度。这种计件工资报酬制度包含三点内容：通过工时研究和分析，制定出一个有科学依据的工作定额；采用一种叫作"差别计件制"的刺激性付酬制度，即计件工资率按完成定额的程度而浮动，例如，如果工人只完成定额的 80%，就按 80% 工资率付酬；如果超过了定额的 120%，则按 120% 工资率付酬；工资支付的对象是工人而不是职位，即根据工人的实际工作表现而不是根据工作类别来支付工资，泰勒认为这样做，既能克服消极怠工的现象，更重要的是能调动工人的劳动积极性，从而促使工人大大提高劳动生产率。

4. 把计划职能同执行职能分开，变原来的经验工作法为科学工作法

所谓经验工作法是指每个工人用什么方法操作，使用什么工具等，都由他根据自己的或师傅等人的经验获得。泰勒主张明确划分计划职能和执行职能，由专门的计划部门来从事调查研究，为工作定额和操作方法提供科学依据；制定科学的工作定额和标准化的操作方法及工具；拟定计划并发布指示和命令；比较"标准"和"实际情况"，进行有效的控制等工作。至于现场的工人，则从事执行职能，即按照计划部门制定的操作方法和指示，使用规定的标准工具，从事实际的操作。

5. 实行"职能工长制"

泰勒主张实行"职能工长制"，即将管理的工作予以细分，使所有的管理者只承担一种管理职能。泰勒设计了八个职能工长以代替原来的一个工长，其中四个在计划部门，四个在车间。每个职能工长负责某一方面的工作。每个职能工长在其职能范围内，可以直接向工人发出命令。泰勒认为这种"职能工长制"有三个优点：对管理者的培训所花费的时间少；管理者的职责明确，因而可以提高效率；由于作业计划已由计划部门拟定，工具与操作方法也已标准化，车间现场的职能工长只需进行指挥监督，非熟练技术工人也可以从事较复杂的工作，从而降低整个企业的生产费用。但后来的事实证明，一个工人同时接受几个职能工长的多头领导，容易引起混乱。所以，"职能工长制"没有得到推广。但泰勒的这种职能管理思想为以后职能部门的建立和管理的专业化提供了参考。

6. 管理控制上实行例外原则

泰勒等人认为，规模较大的企业组织和管理，必须应用例外原则，即企业的高级管理人员把例行的一般日常事务授权给下级管理人员去处理，自己只保留对例外事项的决定和监督权，如企业发展战略问题和重要的人员更替问题等。泰勒在《车间管理》这篇论文中指出："经理只接受有关超常规或非标准的、特别好和特别坏的例外情况、概括性的、压缩性的报告，以便使他得以有时间考虑大政方针并研究他手下的重要人员的性格和合适性。"这种以例外原则为依据的管理控制原理，以后发展成为管理上的分权化原则和实行事业部管理体制。

以上这些内容，构成了科学管理理论的基本组成部分。这些现在看似平常的早已为人们所熟悉的理论知识，在当时却是重大的变革。泰勒通过对自己几十年试验研究成果和管理经验的总结，概括出一些管理原理和方法，经过系统化整理，形成了"科学管理"理论，为现代管理理论的形成和发展奠定了基础。当然，泰勒也由于自身的条件、背景及当时所处的社会条件，不可避免地会影响到其进行"科学管理"研究的方法和思路，使得其对企业整体管理的研究相对较少。而"科学管理"也并非泰勒一个人的贡献，正如英国管理学家林德尔·厄威克所指出的："泰勒所做的工作并不是发明某种全新的东西，而是把整个19世纪在英美两国产生、发展起来的东西加以综合而成的一整套思想。他使一系列无条理的首创事物和实验有了一个哲学体系，称之为'科学管理'。"

2.1.2　法约尔的一般管理理论

亨利·法约尔（1841—1925）出生于法国，1860 年以优异的成绩毕业于法国国立采矿学校，并以采矿工程师的身份进入康门塔里-福尔香包采矿冶金公司。由于其出色的组织管理才能很快被提升为公司经理、总经理和矿业集团总经理。法约尔不仅有长期管理大企业的经验，而且还担任过法国陆军大学和海军学校的管理学教授，晚年又创立了研究机构，为推广自己和泰勒的管理思想而不懈地努力。法约尔的经历决定了他的管理思想要比泰勒视野开阔。1916 年出版的《工业管理和一般管理》一书，是他一生管理经验和管理思想的总结。

法约尔认为他的管理理论虽然是以大企业为研究对象，但除了可以应用于工商企业之外，还适用于政府、教会、慈善团体、军事组织及其他各种事业机构。所以，人们一般认为法约尔是第一个概括和阐述一般管理理论的管理学家。他的理论概括起来大致包括以下内容。

2.1.2.1　企业的六大基本活动

法约尔将"经营"和"管理"的概念区分开来，他认为经营是指导或引导一个整体趋向一个目标，而管理则是经营的一部分。经营包含以下六种活动：

① 技术活动，包括生产、制造和加工；
② 营业活动，包括购买、销售和交换；
③ 财务活动，包括资金的筹集、控制和运用；
④ 安全活动，包括设备和人员的安全；
⑤ 会计活动，包括编制财产目录、制作资产负债表、成本核算和统计表；
⑥ 管理活动，包括计划、组织、指挥、协调和控制等要素。

法约尔认为，与六种活动相适应，要胜任企业的六种活动，必须具备两种能力，一是完成某项具体业务活动的能力，即技术能力，二是完成管理工作的能力，即管理能力。不同的人，由于其工作性质不同，对其能力要求有不同的侧重。一般来说，对基层工人主要要求其具有技术能力；对管理人员，随着其在组织层次中职位的提高，技术能力的相对重要性就降低，而管理能力的要求则逐步提高，并且随着企业规模的扩大，管理能力显得更加重要，而技术能力的重要性则降低。

2.1.2.2　管理的五大职能

法约尔将管理活动分为计划、组织、指挥、协调和控制等五大管理职能，并进行了相应的分析和讨论。

计划是指预测未来并制定行动方案。

组织是指确定企业在物质资源和人力资源方面的结构。

指挥是指保证企业各级成员能履行组织赋予他的职责，增强责任感，最终使企业的活动富有成效性。

协调是指让企业员工团结一致，使企业中所有活动和努力得到统一协调，并使企业取得经营成功。

控制是指保证企业中所进行的一切活动符合既定的计划、既定的原则和发布的命令。控制是为了检查其他四要素在实际运作中是否得当，并发现、改正和防止重犯错误。

法约尔对于管理职能的分类及部分管理职能的分析，为现代管理理论奠定了基础，直到现在还对管理理论产生着重要的影响，现代管理理论仍然沿袭着法约尔的管理理论框架在不断向前发展。

2.1.2.3　一般管理的 14 条原则

法约尔在他的《工业管理与一般管理》一书中，提出了一般管理的 14 条原则。

1. 劳动分工

实行劳动专业化分工可以提高效率。这种分工不仅适用于技术工作，也适用于管理工作。

2. 权力与责任

权力与责任是互为依存、互为因果的。权力是指"指挥他人服从的力量"。而责任则是随着权力而来的奖罚。法约尔将管理人员职位权力和个人权力划出明确的界限。一个优秀的领导人必须兼有职位权力及个人权力，以个人权力补充职位权力。

3. 纪律

法约尔认为，纪律是企业领导人同下属人员之间在服从、勤勉、积极、举止和尊敬方面所达成的一种协议。纪律是领导人创造的。无论哪种社会组织，其纪律状况取决于领导人的道德状况。高层领导人和下属一样，必须接受纪律的约束。

4. 统一指挥

无论什么时候，在任何活动中，一个人只能接受一个上级的命令。

5. 统一领导

凡是具有同一目标的全部活动，只能在一个领导和一个计划下进行。

6. 个人利益服从集体利益

集体的目标必须包含员工个人的目标。如何协调个人与集体之间的关系在管理上是个难题。

7. 合理的报酬

薪金制度应当公平，对工作成绩与工作效率优良者应有奖励。奖励应以能激起职工的热情为限，否则将会出现副作用。

8. 集权和分权

提高下属重要性的做法就是分权，降低这种重要性的做法就是集权。一个组织机构，必须有某种程度的集权，其程度需要根据组织的规模、条件和管理者的个性、道德、品质及下属的素质来决定。

9. 等级链与跳板原则

企业管理中的等级制度是从最高管理人员直到最基层管理人员的职权系列，它显示出执行权力的路线和信息传递的渠道。从理论上说，为了保证命令的统一，各种沟通都应按层次逐级进行，但这样可能产生信息延误现象。为了解决这一问题，法约尔提出了"跳板"原则，如图 2-1 所示。

法约尔跳板是指在一个企业里，并行的相邻部门发生必须两者协商才能解决的问题时，可先由这两个部门直接协商解决；只有在两者不能达成协议时，才各自向双方上一级报告，由双方上级再协商解决。跳板原则既能维护命令的统一，又能迅速及时地处理一般事务，是组织理论上的一个重要原则。

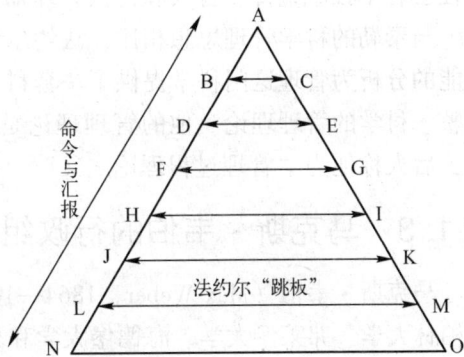

图 2-1　法约尔"跳板"

10. 秩序

法约尔认为秩序就是"凡事各有其位"，如设备、工具要排列有序，人员要有自己确定的位置。

11. 公平

法约尔认为公平和公道是有区别的，公道是执行已订立的协定。公平就是由善意和公道产生的。公平对待下属是领导者特别要注意的基本原则。

12. 保持人员稳定

一个人要有效、熟练地从事某项工作，需要相当长的时间。人员不必要的流动是管理不善的原因和结果。鼓励和保持各级员工相对稳定地为企业工作是极为重要的。

13. 创新精神

创新精神是创立和推行一项计划的动力。全体成员发挥创新精神，对整个组织来说是一种巨大的动力。

14. 人员的团结

法约尔认为，全体成员的和谐与团结是这一企业发展的巨大力量。

法约尔强调指出，以上 14 条原则在管理工作中不是死板和绝对的东西，这里全部是尺度问题。在同样的条件下，几乎从不两次使用同一原则来处理事情，应当注意各种可变因素的影响。因此，这些原则是灵活的，是可以适应于一切需要的，但其真正的本质在于懂得如何运用它们。这是一门很难掌握的艺术，它要求智慧、经验、判断和注意尺度或分寸。

以上的 14 条管理原则是法约尔一生管理实践经验的结晶，后来的很多管理文献都不同程度地采用了他的思想和有关术语。因此，它被认为是管理思想发展过程中的一个里程碑。

法约尔认为，人的管理能力可以通过教育获得，可以也应该像技术能力一样，首先在学校里，然后在车间里得到。为此，他提出了一套比较全面的管理理论，首次指出管理理论具有普遍性，可用于各类组织之中，并把管理视为一门科学。他提出在学校设置这门课程，并在社会各个领域宣传、普及和传授管理知识。

与泰勒的科学管理思想相比，法约尔管理思想的系统性和理论性更强，他对管理的五大职能的分析为管理这门科学提供了一套科学的理论架构。后人根据这种架构，建立了系统、完整、科学的管理理论。他的管理理论是以企业为研究对象建立起来的，强调管理的一般性，后人称他为"管理过程理论之父"。

2.1.3　马克斯·韦伯的行政组织理论

马克斯·韦伯（Max Weber，1864—1920）出生于德国一个家境殷实的家庭。他曾先后在柏林大学、弗莱堡大学、海德堡大学和慕尼黑大学担任教授，还做过政府的顾问。他在社会学、经济学、政治学、法律学和宗教学方面都有一定的研究，并成为德国当时一位很有影响力的学者。他的代表作是《新教伦理和资本主义精神》。在《社会经济组织的理论》这本著作中，他对经济组织和社会组织的关系提出了许多新的观点和独特的思想。他认为等级制度、权力形态和行政制度是一切社会组织的基础，并从此着手进行分析，最终将其发展为一个完整的理论体系——"理想的"行政组织理论。

韦伯的理想行政组织理论的主要内容有以下几方面。

2.1.3.1　权力形态

韦伯认为任何组织的存在都必须以某种形态的权力为基础，缺少某种权力形态的组织不但会混乱不堪，而且也难以达到组织目标。他将权力归纳为三种基本形态：合理-合法的权力、传统的权力、"神授"的权力。

1. 合理-合法的权力

这种形态的权力是以"合法性"为依据、以规则为基础的，其前提是在已经存在了一套等级制度的情况下，人们对确认的职务和职位所带来的权力的服从。

2. 传统的权力

这种形态的权力是以古老传统的不可侵犯性和执行这种权力的人的地位的正统性为依据，以传统的信念为基础的。对这种权力的服从实际上是对这种不可侵犯的权力地位的服从。

3. "神授"的权力

这种形态的权力是以对个别人的特殊的、神圣的、英雄主义或模范品德等的崇拜为依据，以对个人尊严、典范品格的信仰为基础的，对这种权力的服从是源于追随者对被崇拜者的威信或信仰的服从。

韦伯认为在"理想的"行政组织体系中应以"合理-合法"的权力作为基础，因为，这是一种理性的权力，管理者是在能胜任其职责的基础上被挑选出来的；这是一种合法的权力，管理者具有行使权力的合法地位；这是一种明确的权力，所有的权力都有明确的规定并限制在完成组织的任务所必需的范围内。

2.1.3.2　理想的行政组织的特征

韦伯指出高效率的组织在行政制度的管理上应具备下列几个主要特征。

（1）劳动分工。把实现组织目标所需的全部活动划分为各项基本的工作，并分配给每个组织成员。同时，明确规定每个职位的权力和责任，并使之合法化、制度化。

（2）职权等级。组织中各种职务和职位按照职权的等级原则严格划分，并形成一个自上而下的指挥体系。

（3）正式选拔。组织成员的任用应根据职务的要求，通过公开的考试或培训及严格的选择标准择优录用。

（4）正式规则和制度。管理者必须倚重正式的规则和制度进行管理，必须严格执行组织规定的规则和纪律。

（5）非个人化。规则和控制的实施具有一致性，而不能受个人感情和偏好的影响。

（6）职业化。管理人员是"专职"的职业人员，从组织领取固定的薪金，而不是他所管理的组织的所有者。

韦伯认为，这种高度结构化的、正式的、非人格化的理想行政组织体系是对人们进行强制控制的合理手段，是达到目标、提高效率的最有效形式。这种组织形式在精确性、稳定性、纪律性和可靠性等方面都优于其他组织形式，能适用于所有的各种管理工作及当时日益增多的各种大型组织，如教会、国家机构、军队、政党、企业和各种团体。韦伯的这一理论，对泰勒、法约尔的理论是一种补充，对后来的管理学家们，尤其是组织理论学家有很大的影响，他因此被称为"组织理论之父"。

33

【案例】福特的标准化生产

近代标准化的大规模生产始于汽车大王福特（Henry Ford, 1863—1947）。在20世纪初的美国，汽车是一种划时代的运输工具，每一辆汽车都是全手工打造的，是专属于有钱人的奢侈品。年轻的福特就在当时推出获利丰厚的福特T型车，他雄心勃勃地对股东说："工人、农民才是真正需要汽车的人。我主张多生产低档车，特别是标准化的大批量生产，把便宜实用的汽车卖给这些人。这才是我们公司的长期战略！"

然而，当时工厂的组装技术原始，根本无法进行标准化量产作业。偶然间，福特路过一个屠宰场，他看到牛被送进屠宰场后，人员会先用电击使牛昏厥，然后将牛放血，之后将放完血的牛吊起来，用电锯开膛剖腹，最后才是各个部位的分割，这个过程分别由不同的人来完成。福特发现，这种流水化的作业流程具有高度的工作效率，能应用于汽车制造。1913年，世界第一条汽车流水装配线在福特的工厂诞生。这种生产技术的革命，使福特公司在当时连续创下汽车工业的世界纪录：1920年2月7日，福特公司在1分钟（流水线的生产节拍）内生产1辆汽车；1925年10月30日，福特公司更进步到10秒钟（流水线的生产节拍）生产1辆汽车。这样的速度让世界为之惊叹，更让同业感到震惊。

1914年，福特公司生产了308 162辆车，超过美国其他299家汽车制造厂生产的总和。同年，为了提升生产效率，T型车不再有红、蓝、绿、灰等颜色的选择。福特高傲地说："顾客要选任何车色皆可，只要是黑色的。"（也就是说，顾客对车子的颜色毫无选择权。）到了1921年，T型车的产量已占世界汽车总产量的56.6%。由福特发扬光大的标准化制造流程，为后来的汽车工业发展树立了楷模，掀起了追求规模经济效益的"大量生产"（mass production）革命。福特的生产革命让T型车售价由1908年的850美元降至1916年的345美元；福特公司的获利也由1908年的110万美元，上升到1916年的5700万美元，让福特成为当时的世界首富。然而，单纯化、标准化、大量生产的信仰，后来也成为福特公司的致命伤。

☞ 启示：这个案例说明了古典管理理论在近现代企业生产活动中的应用。虽然今天的管理理论经过100多年的发展，其内容已极大地丰富了，各种管理理论争奇斗艳，但这并不意味着过去的理论就不再适用了。今天，我们还能在其他类型的组织中找到运用古典管理理论的例子吗？

▶▶ 2.2 行为科学理论

目标导引

1. 基本了解行为科学理论产生的历史背景。
2. 基本了解后期行为科学研究的主要成果。

3. 重点掌握人际关系理论、X-Y 理论、需要层次理论、双因素理论、ERG 理论、管理方格理论的主要内容。

4. 熟练运用人际关系理论、需要层次理论等行为科学理论处理团队活动或学习工作中的人际关系问题。

20 世纪初，西方资本主义社会发展进入了一个新的时期，生产规模扩大，社会化大生产水平进一步提高，新技术成果广泛应用于生产部门，新兴工业不断出现。同时，社会经济中劳资矛盾进一步加剧，员工的觉悟不断提高，不仅要求改善经济状况，而且也要求获得政治上的民主权利。工人开始由不自觉的罢工，发展成为有组织地进行斗争。为了改善劳资关系，缓和劳资矛盾，推动社会生产力的进一步发展，从 20 世纪 20 年代开始，一些西方学者从进一步提高劳动生产率的角度，把人类学、心理学、社会学等学科的理论和方法运用到企业管理中去，有力地推动了对"人的因素"的深入研究和试验，逐渐形成了行为科学理论。

行为科学是指运用心理学、社会学、人类学及其他相关学科的成果，来研究生产活动中人的行为和人与人之间关系的一门综合学科。行为科学的发展，基本上可以分为两个时期。前期以人际关系学说（或人群关系学说）为主要内容，从 20 世纪 30 年代梅奥主持的霍桑试验开始，到 1949 年在美国芝加哥讨论会上第一次提出行为科学的概念为止。1953 年在美国福特基金会召开的各大学科学家参加的会议上，正式将人际关系学及相关理论命名为行为科学，标志着后期行为科学理论的开始。

2.2.1　霍桑试验与人际关系学说

霍桑试验是 1924 年到 1932 年之间，在美国芝加哥郊外的西方电器公司下属的霍桑工厂中进行的。1924 年 11 月，美国国家研究委员会组织了一个由多方面专家组成的研究小组进驻霍桑工厂，进行试验。试验由四个阶段构成，包括照明试验、继电器装配工人小组试验（福利试验）、大规模访问交谈（谈话试验）和对接线板接线工作室的研究（群体试验）。

试验的最初目的，是根据科学管理理论中关于工作环境影响工人的劳动生产率的假设，进行照明度与劳动生产率关系的研究，试图通过对照明强弱变化与产量变化之间关系的研究来为合理设定工作条件提供依据。试验过程却发现，工作环境条件的好坏与劳动生产率的高低并没有必然的联系，因为无论照明度是升是降还是维持不变，参与试验的人员的劳动生产率都获得明显的提高，这是已有的管理理论所无法解释的。梅奥基于这种结果，进行了一系列后续的调查、试验和访谈工作，结果表明，人的心理因素和社会因素对劳动生产率有极大的影响。梅奥在 1933 年出版的《工业文明中的人的问题》一书对霍桑试验的结果进行了系统总结。其主要观点如下。

2.2.1.1 工人是"社会人"而不是"经济人"

科学管理把人当成"经济人",认为金钱是刺激人们工作积极性的唯一动力。梅奥则认为,人是"社会人",影响人们工作积极性的因素除了物质以外,还有社会和心理方面的,人们需要友情、需要受人尊敬、需要安全,等等。比如照明度试验,参加试验的人员就是因为感到自己受到了特别的关注,所以表现出更高的生产效率。因此,企业管理者不能仅着眼于技术经济因素的管理,而要从社会心理方面去鼓励工人提高劳动生产率。

2.2.1.2 企业中除了正式组织外还存在非正式组织

梅奥认为,人是社会人,在工厂的共同劳动中,人们必然相互发生关系,由此就形成了一种非正式团体。在该团体中,人们形成共同的感情,进而凝聚成一个关系紧密的群体,这就是非正式组织。非正式组织在某种程度上左右着其成员的行为。在正式组织中,以效率逻辑为其行动依据,为提高效率,企业各成员之间保持着形式上的协作。在非正式组织中,以感情逻辑为其行动的依据,这是基于某种感情而采取行动的一种逻辑。一般说来,管理人员的逻辑多为效率逻辑,而感情逻辑可以认为是工人的逻辑。

梅奥还认为,非正式组织对企业来说有利有弊。它的缺点是,集体可能抵制上级的政策或目标,强迫小群体内部的一致性,从而限制部分人的自由和产量等。它的优点是,使个人有表达观点的机会,能提高士气,可以促进人员的稳定,有利于沟通,有利于提高工人的自信心,缓解工作上的压力,在工作中能够使人感到温暖,扩大协作程度,减少厌烦感等。

作为管理者,要充分认识非正式组织的作用,注意在正式组织的效率逻辑与非正式组织的感情逻辑之间搞好平衡,以便使管理人员之间、工人与工人之间、管理人员与工人之间搞好协作,充分发挥每个人的作用,提高劳动生产率。

2.2.1.3 生产效率主要取决于职工的工作态度及其与周围人的关系

梅奥认为,提高生产效率的主要途径是提高工人的满足度,即要力争使职工在安全方面、归属感方面、友谊方面等社会性需求得到满足,职工的满足度越高,士气就越高,从而生产效率也就越高。作为管理人员应该深刻认识到这一点,不但要考虑职工的物质需求,还应该考虑职工的精神需求。新型的领导通过增加职工"满足度",来提高工人的士气,从而达到提高效率的目的。领导的职责在于提高士气,善于沟通和倾听下属职工的意见,使正式组织的经济需求和工人的非正式组织的社会需求之间保持平衡。这样才可以解决劳资之间乃至整个"工业文明社会"的矛盾和冲突,提高生产效率。

梅奥等人的人际关系学说的问世,开辟了管理和管理理论的一个新领域,并且弥补了古典管理理论的不足,更为以后行为科学的发展奠定了基础。

【案例】赏识

某晚,韩国一家大型公司保险箱遭窃,与盗贼展开殊死搏斗的竟是一名清洁工。

作为公司最没地位、最不起眼的角色，作为可以置身事外或者可以采取其他更为安全措施的人，为了维护公司的利益，愿意拿生命去冒险，这让这家公司的凝聚力成为其他大公司羡慕和猜测的谜。

在给清洁工举办的庆功宴上，当然有人问他动机何在，他回答说："总经理每次走过我身边的时候，总会说'你的地扫得真干净'。"

☞ 启示：答案没有想象中那么复杂，但是就是这"俘获"人心的一句话，有多少日理万机、位高权重的管理者想不到去说，不屑于去说？惯常的思维是：我付给你钱，你是公司这架大机器上的一颗螺丝钉，就该好好打扫卫生，这是你的职责。我做我该做的，你做你该做的。从交易和管理的逻辑角度来讲，这无懈可击，可是，总让人觉得少了点什么。

2.2.2 行为科学发展的主要方向

在梅奥提出的人际关系理论的基础上，西方管理学界涌现了一大批关注行为科学发展的学者，并在梅奥研究的基础上进行了更为深入而广泛的研究。这些研究成果主要体现在以下几个方面。

2.2.2.1 关于人的需求、动机和激励问题的研究

在这方面问题最突出的、最有代表性的研究成果有：马斯洛的"人类需求层次理论"，赫茨伯格的"激励因素—保健因素理论"，斯金纳的"强化理论"，弗鲁姆的"期望理论"及麦克莱兰的"成就需要、权力需要和归属需要"理论。下面着重介绍马斯洛的"人类需求层次理论"、克莱顿·爱尔德弗的"ERG 理论"和赫茨伯格的"激励因素—保健因素理论"。

1. 需求层次理论

关于人类需求的讨论至今众说纷纭，其中最为广泛引用和讨论的激励理论当属美国心理学家马斯洛（Abraham Maslow）的需求层次理论。

马斯洛认为，人类有五种基本需求，即生理需求、安全需求、社会需求、尊重需求和自我实现需求。这五种需求按照先后次序由低到高排列成如图 2-2 所示的层次。马斯洛认为一般情况下，人们按照上述层次逐级追求自身需求的满足，并从中受到激励。但已经得到满足的需求不再具有激励行为的作用。同时，占主导地位的优势需求会随着人们经济状况的变化而改变。

马斯洛需求层次论的要点归纳起来有以下几方面。

① 已经肯定了人是有需求的。

② 把人的基本生理需求置于需求层次结构的最低层，生理需求的满足是其他需求发展的基础。

③ 不同的需求可以顺序分为不同的层次，在不同时期各种需求对行为的支配力量不同。当最重要的需求得到满足后，这个需求便不再是激励因素，失去了对行为的刺激作用，人们

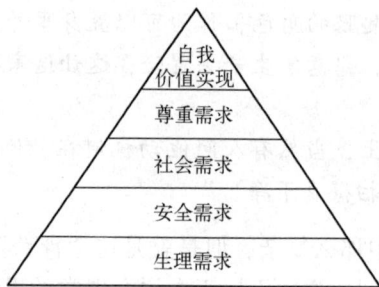

图 2-2　马斯洛的需求层次

会转而追求其下一个更重要的需求。

④ 需求层次越高，可塑性、变异性越大，越长久。

⑤ 高层次需求的具体表现形式更丰富，与他人和社会的关系更密切。

需求层次论的应用价值在于领导者可以根据五种基本需求对下属的多种需求加以归类和确认；然后针对未满足的或正在追求的需求提供诱因，进行激励；同时更加注重高层次需求的激励作用。

2. ERG 理论

耶鲁大学的克莱顿·爱尔德弗重组了马斯洛的需求层次使之和实证研究更加一致。经他修改的需求层次称为 ERG 理论。爱尔德弗认为一个人的基本需求只有三种，而不是马斯洛的五种。这三种需求为：生存（existence）、相互关系（relatedness）和成长（growth），所以称之为 ERG 理论。

第一种生存需求涉及满足人们基本的物质生存需求，包括马斯洛称为生理需求和安全需求这两项。

第二种需求是相互关系，即维持重要的人际关系的需求。要满足社会的和地位的需求就要和其他人交往，这类需求和马斯洛的社会需求和尊重需求中的外在部分相对应。

最后，爱尔德弗提出了成长需求——个人发展的内部需求。包括马斯洛的尊重需求的内在部分和自我实现需求的一些特征。

除了以三种需求代替五种需求以外，爱尔德弗的 ERG 理论还证实了以下两个方面。

（1）多种需求可以同时存在。马斯洛的需求层次是一个严格的阶梯式序列；ERG 理论却不认为必须在低层次需求获得满足后才能进入高层次的需求。例如，在生存和相互关系需求没有得到满足的情况下，一个人也可以为成长而工作，或者三种需求同时起作用。

（2）如果高层次需求不能得到满足，那么满足低层次需求的愿望会更强烈。ERG 理论还包括挫折——倒退维度。马斯洛认为，一个人会滞留在某一特定的需求层次直到这一需求得到满足。ERG 理论却认为，当一个人较高层次的需求不能得到满足时，较低层次的需求强度会增加。例如，无法满足社会交往的需求可能会带来对更多的工资或更好的工作条件的需求，所以受挫可以导致倒退到较低层次的需求。

总之，ERG 理论与马斯洛的需求层次理论一样，认为较低层次需求的满足会带来满足较高层次需求的愿望；但是同时也认为多种需求作为激励因素可以同时存在，并且，满足较高层次需求的努力受挫会导致倒退到较低层次的需求。

尽管 ERG 理论几乎还没有被实践检验过，但确实也有一些研究支持 ERG 理论中的这三种需求，而不是马斯洛理论中的五类需求。

【案例】后来老板成了总统

20 世纪 80 年代，印度一家研究所刚刚上马一项重要的工程。大约 70 名科学家为此没日没夜地工作着，他们的压力非常大，老板又总是很苛刻。奇怪的是，在这个研究所，所有的人都累到快要崩溃了，却没有一个人提出过辞职。

有一天，科学家桑巴走进老板的办公室，怯生生地说："先生，我答应了我的孩子们，要带他们去镇上的博览会参观，所以我想在下午 5 点 30 分请假回家。"让他感到意外的是，老板痛快地回答："行，你今天可以提前离开办公室。"

桑巴回到办公室，像往常一样全身心地投入到工作中。他是那么全神贯注，等他觉得快要完成这一天的工作时，已经是晚上 8 点 30 分了。他这才猛然想起答应过孩子们的事，懊悔莫及地向家里冲去。想到让孩子们失望了，桑巴的内心充满了歉疚。

进了家门，桑巴发现孩子们都不在家，只有妻子一个人在客厅里看杂志，她温柔地问："想来杯咖啡吗？要是饿了，我马上给你做饭去。"

桑巴忐忑地问："孩子们呢？"

妻子回答："你不知道吗？你的老板在下午 5 点 15 分来了，他带着孩子们去博览会了。"

桑巴听了心里一阵感动。原来，老板知道他在完成工作之前是不会离开办公室的，为了不耽误科研项目的进行，又不让他的孩子们失望，他亲自开车来到他的家里，带他的孩子们去博览会参观。

这位老板就是后来的印度第十二任总统阿卜杜尔·卡拉姆。卡拉姆大部分时候都是一个严厉的上司，但他偶然的一次关怀，就赢得了下属的全力以赴和忠心耿耿。

☞ **启示**：员工的需求总是多方面的，包括经济方面的、成就方面的及家庭亲情方面的等。作为管理者在员工为组织努力工作的时候，应主动去关注并在适当的时机去满足员工的需求，这样才能抓住员工的心，促使他们心甘情愿地为实现组织目标而努力。

3. 双因素理论

弗雷德里克·赫茨伯格（Frederick Herzberg），美国心理学家，1959 年通过对美国匹兹堡地区 200 多名工程技术人员和会计人员的访问调查而在《工作中的激励因素》一书中提出双因素理论。

　　他在调查中发现，使职工感到满意的因素与使职工感到不满意的因素是大不相同的。使职工感到不满意的因素往往是由外界环境或工作关系方面的东西引起的；使职工感到满意的因素通常是由工作本身产生的。

　　赫兹伯格发现造成职工非常不满的原因有：公司政策、行为管理和监督方式、工作条件、人际关系、地位、安全和生活条件。而这些因素的改善，只能消除职工的不满、怠工与对抗，但不能激发他们的工作积极性，促使生产效率提高。赫兹伯格把这一类因素称为保健因素，即就像卫生保健对身体的作用一样，只能防止疾病，治疗创伤，但不能提高体质。所以保健因素可以使满足保持在合理的水平上。

　　而使职工感到满意的原因有：工作富有成就感、工作成绩得到认可、工作本身具有挑战性、承担较大的责任、在职业上能得到发展，等等。这类因素的改善，能够激励职工的工作热情，从而提高生产效率。他把这类因素称为激励因素。

　　同时，赫兹伯格认为，传统的满意与不满意的观点是不正确的。满意的对立面应当是没有满意，不满意的对立面应该是没有不满意。当保健因素低于职工可以接受的限度时，就会引起职工的不满，当改善时，职工的不满情绪就会消除，但不会导致积极的后果，即不满意的对立面是没有不满意，而不是满意。只有激励因素才能产生使职工满意的积极效果，即起到激励的作用。而如果这些因素没有处理好，只是起不到激励的作用，即不会产生使职工满意的效果，而不是不满意。

　　另外一个重要的发现是，当雇员受到很大的激励时，他们对外部因素引起的不满足感有很大的耐性；然而，反之是不可能的。因此，他认为，作为管理者，首先必须保证职工在保健因素方面得到满足。要给职工提供适当的工资和安全，要改善他们的各种环境和条件；对职工的监督要能为他们所接受，否则就会引起职工的不满。但是即使满足了上述条件，也并不能产生激励的效果，因此，管理者必须充分利用激励因素，为职工创造做出贡献与成绩的工作条件和机会，丰富工作内容，加强职工的责任心，使其不断地在工作中取得成就，得到上级和人们的赏识，这样才能使其不断进步和发展。

　　早期激励理论虽然广为人知，但与当代的内容激励理论、过程激励理论、行为改造理论相比，最为遗憾的是经不起严密的推敲。不过它们也不是没有任何可取之处。许多当代理论有一个共同点：每个理论都有相当确凿的支持性材料。当然这并不表明我们将要介绍的理论是无可辩驳的。我们称其为当代理论不是由于它们近期才建立，而是由于它们代表了当前对员工激励艺术的解释状况。

【案例】对员工短缺的反应：日产汽车公司和美国卡车公司

　　日产汽车公司面临一个问题：它在日本的工厂招不到足够的工人。

　　日本的年轻人抵制装配线工作。他们认为这种工作单调乏味、节奏太快、令人厌倦。他们宁愿从事工作环境清洁和安全的服务工作，甚至在那些尝试在汽车业工作的年轻人中，也有 30% 在第一年辞职的。

劳工短缺意味着现有员工必须超时工作，许多员工每天工作 12 小时，周六也工作。不仅员工不喜欢太长的工作时间，管理层也因为工作时间太长带来的高成本和雇用临时工而受到挫折。

日产汽车公司的管理层能做什么呢？不论提出什么解决方法，他们都认识到这不是一个短期问题。日本人口日趋老龄化，低人口出生率意味着 18 岁以下的年轻人会急剧减少。而且汽车制造商被日本政府强迫缩短平均工作时间，以便和其他工业化国家一致。

美国卡车公司（USA Truck）面临着与日产公司相似的问题。阿肯色州的长途货运公司为固特异、通用汽车等公司运输轮胎纤维和汽车部件。由于高流动率也使公司面临卡车司机短缺的问题。当新的管理层在 1989 年接管公司时，他们决定勇敢地面对这个问题。他们直接去找他们的 600 名司机，征求他们对降低流动率的建议。这已成为公司管理层和资深司机之间固定的季度性会议。

美国卡车公司的新管理层从司机那儿得到大量信息。当工资高时（通常是每年 50 000 美元或更多），司机抱怨工作时间长——每周 70 个小时是很正常的，每次都要在路上花 2～4 周。司机要求安装反锁刹车和气动装置时，公司安装了。当公司在阿肯色州的西孟菲斯市终点站建造了司机住宅区时，员工建议每家配置私人浴室而不是公共浴池，公司也照办了。

美国卡车公司的这些变革极大地提高了员工的士气，也降低了司机的流动率。但工作依旧是艰苦的。管理层要求按时送货，因为不像大多数运输公司，美国卡车公司对送货时间的承诺是准确到小时而不是到天。所以在管理层表现出对员工的尊重日益增加的同时，并没有减少对司机的期望。例如，一年内迟到两次的司机会失去工作。

☞ 启示：美国卡车公司对员工短缺采取保健性的措施，消除了员工对企业管理层、对工作的不满意因素，稳定了员工队伍。但如果想调动员工的积极性，提升生产率水平，需要采取激励性的措施。

2.2.2.2　关于人性问题的研究

在这方面具有代表性的理论有以下几种。

1. "X-Y 理论"

"X-Y 理论" 是美国麻省理工学院教授道格拉斯·麦格雷戈提出的。麦格雷戈发现，管理者关于人性的观点建立在一些假设的基础上，而管理者根据他们的假设来实施管理。他把传统管理对人的观点和管理方式称为 "X 理论"，它代表的是 "关于指挥与控制的传统观念"。X 理论的假设如下：

① 人一般生来厌恶工作，只要有可能，就会逃避工作；

② 由于厌恶工作是人类本性，因此，对大多数人必须运用惩罚措施进行强迫、控制、

指挥与威胁，以鞭策他们努力去实现组织的目标。

③ 人一般愿意受人指挥，希望逃避责任，没什么进取心，把安全感看得重于一切。

④ 人本性不诚实，容易被愚弄。

麦格雷戈认为，X 理论曾经是企业领导人中非常流行的一种信念，对美国社会有过重大影响。以 X 理论为指导思想，管理人员把人看作经济人，忽视人的个性特点和多种需求，只注意人的生理需求和安全需求，常常以金钱作为管理工具，对不符合要求的行为则采取惩罚手段。显然，麦格雷戈认为基于这种人性假设基础上的管理方法对本属于"社会人"的人们来说，是难以激发其工作热情的。因此，他提出了作为"与人力资源管理相关的最为现代的新理论起点"的 Y 理论。

Y 理论对人性的假设如下。

① 工作中所消耗的体力和脑力实质上与玩或者休息时所消耗的体力和脑力是一样的，一般人并非天生不喜欢工作。

② 外界的控制与惩罚并非是导致向组织目标努力的唯一手段。人只要做出承诺去完成一项工作，他就会自我指挥、自我控制。

③ 对任务所做的承诺与完成任务后所得的回报成正比。这类回报中最为显著的就是自我价值实现的需要，这一回报的直接作用就是产生献身于组织目标的努力。

④ 人一般都明白，在适当条件下，不仅是要接受责任，而且要寻求责任。逃避责任、丧失进取心、强调安全感，通常是后天经验的结果，并非人的天性。

⑤ 解决组织问题时，相对而言员工具有一定的想象力和创造力。

⑥ 在现代工业社会中，一般人的智力潜能只是部分得到了利用。

Y 理论给管理人员提供了一种对于人的乐观主义看法，而这种乐观主义的看法是争取员工协作和支持所必需的。有人指出，Y 理论有些过于理想化了。所谓自我指导和自我控制，并非人人都能做到。人固然不能说生来就是懒惰且不负责任的，但是，在实际生活中也确有些人是这样的，而且坚决不愿改变。对于这一些人，采用 Y 理论进行管理，难免会失败。

2. 阿吉里斯的"不成熟—成熟理论"

"不成熟—成熟理论"是由美国学者克里斯·阿吉里斯提出的，其目的是探索领导方式对个人行为及其在环境中成长的影响。阿吉里斯认为，一个人由不成熟转为成熟，主要表现在以下七个方面，即：由被动转为主动、由依赖转为独立、由有限的行为方式转为多种多样的行为方式、由短暂而肤浅的兴趣转为持久而专一的兴趣、由目光短浅转为目光远大、由从属地位转为自主地位、由不明白自我转为明白自我。阿吉里斯认为，每个人随着年龄的增长，会逐渐从不成熟转为成熟，但成熟的进程不尽相同。管理者必须通过其工作使下属由不成熟走向成熟。

2.2.2.3　关于组织中非正式组织和人与人的关系问题的研究

在这方面具有代表性的理论有以下几种。

（1）卢因的团体力学理论。在这个理论中，卢因论述了非正式组织的要求、目标、凝聚力、规范、结构、领导方式、参与者、行为分类、规模，以及对变动的反应等问题。

（2）美国行为科学家布雷德福等人首创的敏感性训练方法。这种训练方法的目的是通过受训者在共同学习环境中的相互影响，提高受训者对自己的感情和情绪、自己在组织中所扮演的角色、自己同别人的相互影响关系的敏感性，进而改变个人和团队的行为，达到提高工作效率和满足个人需求的目标。敏感性训练通常是在模拟实际环境的实验室中进行的，其做法一般分为三个阶段：旧态度解冻阶段，加强敏感性阶段，新态度巩固阶段。

2.2.2.4　关于企业中的领导方式问题的研究

在这方面有代表性的理论有以下几种。

（1）美国的施密特和坦南鲍姆提出了"领导方式连续统一理论"。他们认为，在企业领导方式中，从专制式到民主式，存在多种领导方式，它们构成一个连续统一体。采用哪一种领导方式，不能一概而论，应具体情况具体对待，在这个"连续统一体"中，选择恰当的方式。

（2）美国密歇根大学的利克特提出了"支持关系理论"。这一理论认为"支持关系"是职工感觉到的对他们有价值和重要性的东西；领导应较多地关心员工，以民主、合理的方式进行领导，以此来提高劳动效率。

（3）美国俄亥俄大学的斯托格第和沙特尔提出"双因素模式理论"。他们认为领导行为包括两个因素：以工作为中心的"主动结构"和"以人际关系为中心"的"体谅"。这两者不可分离，只有将其有机结合，才能提高效率。

（4）美国的布莱克和莫顿提出"管理方格理论"。他们用一条纵轴表示对人的关心程度，用横轴表示对工作（生产）的关心程度，并将纵轴和横轴各划分成 1 至 9 格，作为关心人和关心工作的尺度，共 81 个小方格。用这种平面方格图表示 81 种具体的领导方式，其中有 5 种典型的领导方式，称为"管理方格"。

随着领导行为研究的不断深入，人们越来越关心领导行为风格和被领导者的特征、管理情境等特征的关系，研究者们提出了若干领导行为权变理论。

从霍桑试验开始的"人际关系"研究到行为科学理论的研究，乃至管理社会学（及工效学）等方面的研究，这不仅为管理理论的发展提供了许多有益的东西，而且在实际的管理中也产生了深刻的影响，同时在发展中其自身也得到不断的补充和完善，从而也扩展了管理作为一门科学的广阔领域。

▶▶ 2.3 现代管理理论

目标导引

1. 基本了解现代管理理论产生的社会经济条件、管理理论丛林的内涵及管理理论发展的新趋势。
2. 重点掌握决策理论、社会合作系统理论、经验理论和权变理论的主要内容。
3. 熟练运用决策理论指导学习工作中遇到的决策问题。
4. 熟练运用社会合作系统理论处理团队活动的组织管理问题。

第二次世界大战以后，世界逐渐趋于稳定，大多数国家都致力于大力发展本国经济，生产力水平得到了飞速提高，经济发展对管理水平及管理理论提出了更高、更新的要求。现代管理理论和思想由此得到了迅速发展，各种新思想、新理论层出不穷，学派林立，管理理论空前多样化，这种形势被美国管理学家哈罗德·孔茨称为"管理理论丛林"。由于这些学派都是从各自的背景出发，以不同的理论为依据来阐述各自的学说，因此必然带来一些管理概念、原理和方法上的不同。进入 20 世纪 80 年代以后，管理理论的发展呈现出一些新的趋势。

2.3.1 管理理论丛林

现代西方管理理论中比较有影响的有管理过程学派、行为科学学派、决策理论学派、社会合作系统学派、管理科学学派、经验主义学派、权变理论学派。所谓学派也就是一种看法，并在这种看法的基础上建立起一套理论。管理理论中的各个学派虽然都有自己的独到之处，但他们所研究的对象基本是一致的，并都在接受着实践的检验。

2.3.1.1 管理过程学派

管理过程学派是在法约尔管理思想的基础上发展起来的。当代最著名的代表人物有美国的哈罗德·孔茨，期间还有很多管理学家从事这方面的研究。管理过程学派一直致力于研究和说明"管理人员做些什么和如何做好这些工作"，侧重说明管理工作实务。该学派认为，不论组织的性质如何，所处环境有什么不同，管理人员的职能都是相同的。因此，该学派首先研究的是管理职能，并将这些职能作为框架来研究管理理论。该学派认为，不仅要吸收其他管理学家的思想和主张，还要吸收社会学、经济学、生理学、心理学、物理学及其他学科的技术和知识，不断丰富各项管理职能的内容。管理过程学派在今天具有非常广泛的影响。

2.3.1.2 行为科学学派

行为科学学派是在人群关系理论的基础上发展起来的。代表人物有：美国的马斯洛，其代表作是《激励与个人》；赫茨伯格，其代表作是《工作中的激励因素》；等等。行为科学学派认为管理就是经由他人达到组织的目标，管理中最重要的因素是对人的管理，所以要研究人、尊重人、关心人，满足人的需要以调动人的积极性，并创造一种能使下属充分发挥潜能的工作环境，在此基础上指导他们的工作。行为科学学派和人群关系理论的共同点都是重视组织中人的因素。

2.3.1.3　决策理论学派

决策理论学派是从社会系统学派发展而来的。代表人物是美国的卡内基梅隆大学的教授赫伯特·西蒙、马奇等人。其代表作是《管理决策新科学》《经济学和行为科学中的决策理论》等。西蒙由于在决策理论方面的贡献，曾荣获 1978 年诺贝尔经济学奖。该学派的理论要点如下。

① 管理就是决策，决策贯穿于管理的全过程。

② 决策是一个复杂的过程，包括收集情报、拟定备选方案、选定方案及对已选定方案进行评价等四个阶段。每一个阶段都含有丰富的内容，并且各个阶段有可能相互交错。因此，决策是一个反复的过程。

③ 程序化决策和非程序化决策。西蒙认为，根据决策的性质可以把它们分为程序化决策和非程序化决策。前者是指反复出现和例行的决策。后者是指那种从未出现过的，或者其确切的性质和结构还不很清楚或相当复杂的决策。此外，根据决策条件，决策还可以分为确定型决策、风险型决策和非确定型决策，每一种决策所采用的方法和技术都是不同的。

④ 满意的决策准则。西蒙认为，由于组织处于不断变化的外界环境的影响之下，收集到决策所需要的全部资料是困难的，人的知识和能力也是有限的，制定决策时，很难求得最佳方案。因此，他们认为管理者都是有限理性的人，在进行决策时不考虑一切可能的复杂情况，只考虑与问题有关的一些重要信息，采用"令人满意"的决策准则，做出令人满意的决策。

⑤ 组织设计的任务就是建立一种制定决策的人—机系统。西蒙认为，组织是一个由决策者个人所组成的系统，可以分成三层结构：基层机构，从事直接生产过程，获取原材料，制造和储存产品等活动；中层机构，一般从事程序化决策，管理生产和分配的日常工作决策；上层机构，从事非程序化决策，包括组织的设计与再设计，确定组织目标并监督其实施。西蒙认为，计算机的广泛应用对管理工作和组织结构产生了重大影响。这使得程序化决策的自动化程度越来越高，许多非程序化决策已逐步进入了程序化决策领域，使得组织变成了一个由人与计算机所共同组成的结合体。组织设计的任务就是要建立制定决策的人—机系统。

2.3.1.4　社会合作系统学派

社会合作系统学派的代表人物切斯特·巴纳德 1886 年出生于美国，1906 年进入哈佛大学经济系学习，3 年内他以优异的成绩学完全部课程，但因缺少实验科学学分未获学士学位。1909 年进入美国电报公司统计部服务。1927 年担任美国新泽西贝尔公司的总经理直到退休。巴纳德将社会学概念用于管理上，在组织的性质和理论方面做出了杰出贡献。他的代表作是 1938 年出版的《经理的职能》，在该书中他详细论述了组织理论。

① 组织是一个社会协作系统。这个系统能否继续生存，取决于：协作效果，即能否顺利完成协作目标；协作效率，即在达到目标的过程中，是否使协作成员损失最小而心里满足较高；协作目标能否适应协作环境的需要。

② 正式组织作为一个协作系统，需要具备三个要素：有一个共同目标；组织中的每个成员都能够自觉自愿地为组织目标的实现做出贡献，即协作意愿；组织内部有一个能够彼此沟通的信息联系系统。此外，在正式组织内部还存在着非正式组织。

③ 对经理人员的职能提出三点要求：建立和维持一个信息联系的系统，善于使组织成员为实现组织目标做出贡献，确定组织目标。

这一学派主要以组织理论为研究重点，虽然组织理论并非全部的管理理论，但它对管理理论所做的贡献是巨大的，并对其他学派理论产生了很大的影响。

2.3.1.5　管理科学学派

管理科学学派又称数理学派，是在第二次世界大战期间用于解决军事问题的数学和统计方法基础上发展起来的，是泰勒科学管理理论的继续和发展。战后，原来被用于解决军事问题的许多技术，开始转向解决经济问题。该学派代表人物有美国的伯法等人。伯法的代表作是《现代生产管理》。管理科学学派的特点如下。

① 力求减少决策的个人艺术成分，依靠建立起来的一套决策程序和数学模型来增加决策的科学性。他们将众多方案中的各种变量或因素加以数量化，利用数学工具建立数学模型来描述各变量和因素之间的相互关系，寻求一个用数量表示的最优化方案。决策过程就是建立和运用数学模型的过程。

② 各种可行方案均以经济效果作为评价依据，如成本、总收入、投资回报率等。

③ 广泛使用计算机。建立模型后依靠计算机完成极为繁重、复杂的统计和运算，得出最佳方案。

管理科学学派重点研究作业方面的管理问题，对计划和控制领域中的管理决策有着直接的贡献。在管理应用方面，这种方法包含了统计学、最优化方法、信息模型和计算机模拟。比如线性规划就是其中的一种技术，管理者用它来改进资源的分配决策；关键路线进度分析技术可以使作业计划更有效；经济订货模型对决定企业的最优库存水平有重要的影响。当管理者编制预算、安排进度、实施质量控制和制定类似的决策时，他们通常借助于数学方法。

2.3.1.6　经验主义学派

经验主义学派的代表人物主要有：戴尔，代表作是《伟大的组织者》《管理：理论和实践》；德鲁克，代表作是《管理的实践》《有效的管理者》《管理：使命·责任·实务》。

这一学派主要从管理者的实际管理经验方面来研究管理，他们认为成功管理者的经验是最值得借鉴的。因此，他们重点分析了许多成功管理人员的经验，然后加以概括，找出他们成功经验中具有共性的东西，然后使其系统化、理论化，并据此向管理人员提供实际建议。这一学派的主要观点如下。

① 作为企业主要领导的经理，其工作任务着重于两个方面：形成一个"生产统一体"，有效发挥企业中的各种资源，尤其是人力资源的作用；经理做出每一项决策或采取某一行动时，一定要把眼前利益与长远利益协调起来。

② 管理的三项基本任务：管理一个组织，求得组织的生存和发展；管理管理者；管理工作和工人。

③ 对建立合理的组织结构问题很重视。德鲁克认为，社会中各种类型组织的组织结构模式可以概括为五种：集权的职能制结构，分权的联邦制结构，矩阵结构，模拟的分权制结构，系统结构。他强调，各类组织要根据自己的工作性质、特殊条件及管理人员的特点，来确定本组织的组织结构，切忌照搬别人的模式。

④ 对科学管理和行为科学理论进行重新评价。他们认为，科学管理和行为科学都不能完全适应企业实际需要，只有将两种学说结合起来才真正有用。在此基础上，他们提出了目标管理的思想。德鲁克首先提出了目标管理的思想，随后许多学者共同参与了对目标管理的研究。

总之，经验学派并未形成完整的理论体系，其内容也比较庞杂，但他们的一些研究反映了当时社会化大生产的客观要求，是值得注意的。

2.3.1.7　权变理论学派

权变理论是 20 世纪 70 年代在美国形成的一种管理理论。权变理论认为，组织和组织成员的行为是复杂的、不断变化的，这是一种固有的性质。而环境的复杂性又给有效的管理带来困难，从而以前的各种管理理论所适用的范围就十分有限，例外的情况越来越多。所以说，没有任何一种理论和方法适用于所有的情况，管理方式或方法应该随着情况的不同而改变。为了使问题得到很好的解决，要进行大量的调查和研究，然后把组织的情况进行分类、建立模式，据此选择适当的管理方法。

美国尼布拉加斯大学教授卢桑斯在 1976 年出版的《管理导论：一种权变学》一书中系统地概括了权变管理理论。

（1）权变学说认为，过去的管理理论可分为四种，即过程学说、计量学说、行为学说和系统学说，这些学说由于没有把管理和环境妥善地联系起来，其管理观念和技术在理论与实践上相脱节，所以都不能使管理有效地进行。而权变理论就是要把环境对管理的作用具体化，并使管理理论与管理实践紧密地联系起来。

（2）权变管理理论就是考虑到有关环境的变数同相应的管理观念和技术之间的关系，使采用的管理观念和技术能有效地达到目标。在通常情况下，环境是自变量，而管理的观念和技术是因变量。这就是说，如果在某种环境条件下，对于更有效地达到目标来说，就要采用某种管理模式、方法和技术。比如，如果在经济不景气时期，企业生产能力过剩，产品供过于求，这时采用集权的组织结构可能可以更有效地实现组织目标；如果经济处于高度景气阶段，生产能力利用率高，产品需求持续旺盛，这个时候采用分权的组织结构可能会取得更好的效果。

（3）环境变量与管理变量之间的函数关系就是权变关系。环境可以分为外部环境和内部环境。外部环境又可以分为两种：一种是由社会、技术、经济和政治、法律等组成的宏观环境；另一种是由供应商、顾客、竞争者、雇员、股东、分销商等构成任务环境。管理变量包括上述所列的四种学说所主张的管理理论、方法和技术。

总之，权变管理理论的最大特点是：它强调根据不同的环境条件，采取相应的组织结构、领导方式、管理机制；它把一个组织看作是社会系统中的分系统，要求组织各方面的活动都要适应外部环境的要求。

2.3.2 管理理论的新发展

进入20世纪80年代后，随着社会、经济、文化的迅速发展，面对信息化、全球化、经济一体化等新的形势，管理出现了深刻的变化与全新的发展趋势。

2.3.2.1 企业文化理论

第二次世界大战后，日本作为战败国之一，经过短短的二三十年的发展，迅速成为世界经济强国之一。20世纪80年代初，在对日本成功企业的管理进行研究的基础上，美国管理学者创立了一种新的管理理论，即组织文化理论。其主要著作有：《Z理论——美国企业界怎样迎接日本的挑战》《日本的管理艺术》《追求卓越——美国管理最佳公司的经验》《企业文化——企业生存的习俗和礼仪》《基业长青》等。这些理论贯穿了一种"非理性倾向"，对过去一切管理理论中的"理性主义"提出了挑战。他们认为，长期以来，许多管理学者都过分依赖解析的、定量的方法，只相信复杂的结构、周密的计划、严格的规章、明确的分工、自上而下的控制、大规模生产的经济性等"理性的"手段，把人引上了歧途。他们认为，管理不仅涉及物，也涉及人，非理性的、情感的因素不能忽视。他们主张管理活动应以人为中心，注重人的感情，强调灵活多变与创新；倡导对管理实务的研究，采用松散的结构，总结生动、实用的管理"经验之谈"；重视对企业成功经验的总结，在总结中提出以"软管理"为中心的管理模式，高度重视企业文化的作用。

企业文化，也称组织文化，是企业在生产经营和管理过程中所创造的，被全体员工普遍认可和共同遵循的价值观念和行为规范的总称。它是企业最有特色的精神财富和物质形态，是企业长期文化建设的反映。它主要包括：价值观念、企业精神、道德规范、行为准则、管理制度、道德风尚等，其中，价值观念是企业文化的核心。优秀的企业文化具有强大的凝聚力，为员工提供充分的发展空间，吸引人才，稳定军心，不断提升企业竞争优势，使企业充满活力，保持领先。

【案例】 强生公司的网络营销

美国强生公司是世界上最大的、综合性的医药保健公司，也是世界上产品最多元化的公司之一，产品畅销全球 175 个国家，为世界 500 强企业。长期以来，强生公司在各个领域获得一系列殊荣：自 1986 年起，强生公司被《职业母亲》杂志连年评为职业母亲的最佳公司；被《商业周刊》评为 2001 年度全美最佳经营业绩的上市公司，2002 年度全美 50 家表现最杰出公司榜首，2002 年度全美最佳声誉公司，2003 年被《财富》杂志评为全美最受赞赏公司之第 5 位。

管理学者们素来对强生公司"受欢迎的文化"推崇备至。该企业文化的内涵在公司信条中有所体现，这也是自其成立之初就奉行的一种将商业活动与社会责任相结合的经营理念：第一，公司需对使用其产品和服务的用户负责；第二，对公司员工负责；第三，对所在社区和环境负责；第四，对公司股东负责。该公司的历任领导者们坚信，只要做到信条的前三条，第四条就会自然做到，企业也会受到公众的欢迎。强生的百年成功历史，就是其执着地实践这些信条的过程。

强生（中国）有限公司 1992 年注册成立于上海，是美国强生公司在中国大陆投资的第一家独资企业，也是目前美国强生公司在海外最大的个人护理和消费品公司之一。该公司在中国推广强生婴儿这一全球知名婴儿护理品牌时，不仅为中国的消费者带来值得信赖的护肤产品系列，而且还致力于推广专业的婴儿护理理念、知识及婴儿护理产品。

经验告诉强生，企业网站的成功应与其奉为宗旨的"受欢迎"和"文化"相联系，结合互联网媒体特性及企业现有产品，关注于满足百万网民的实际需求。公司应该在网上开设具有特色的、别人难以模仿的新颖服务项目，并且这种服务对于消费者和企业都必须是可持续、可交流的，能够增进亲和力与品牌感召力的项目。于是，强生选择其婴儿护理品为公司网站的形象产品，选择"您的宝宝"为站点主题，将年轻网民的"宝宝成长日记"变为站点内容的一部分，沿着这本日记展开所有的营销流程。

将一家拥有百年历史且身居 500 强之一的企业站点建成"您的宝宝"网站，变成一部"个人化的、记录孩子出生与成长历程的电子手册"，这一创意的实施证明是成功的。公司网站的确是个"受欢迎"和充满"育儿文化"气息的地方。在这里，强生就像一位呵前护后、絮絮叨叨的老保姆，不时提醒年轻父母们该关注宝宝的睡眠、饮食、哭闹、体温……随着孩子的成长，这位老保姆会时时递来"强生沐浴露""强生安全棉""强生尿片""强生围嘴""强生 2 合 1 爽身粉"等孩子所需的公司产品。年轻父母们会突然发现，身边这位老保姆和育儿宝典很重要。

进入强生网站，左上角的公司名标下是显眼的"您的宝宝"站名，每页可见的是各种肤色婴儿们的盈盈笑脸和其乐融融的年轻父母。首页上"如您的宝宝××时，应怎样处理?""如何使您的宝宝××?"两项下拉菜单是帮助人们解答育儿疑问的地方。整个网页色调清新淡雅，明亮简洁，设有"宝宝的书""宝宝与您及小儿科研究院""强生婴儿用品""咨询与帮助中心""母亲交流圈""本站导航""意见反馈"等栏目。其中，"宝宝的书"由电子版的"婴儿成长日记"和"育儿文献"交织组成，前者是强生在网上开设的日记式育儿宝典，各项操作指导可谓细致周全，如教人如何为婴儿量体温，如何为孩子洗澡……

此外，网站还为年轻父母提供了心理指导，这对于某些婴儿的父母来说具有特别重要的意义。如"我的宝宝学得有多快?"栏目开导人们不要将自己的孩子与别人的孩子作比较，"将一个婴儿与其兄弟姐妹或其他婴儿比较是很困难的，只能将他的现在和他的过去作比较;而且你们的爱对婴儿来说是至关重要的。因此，无条件地接受他，爱他，就会培养出一个幸福、自信的孩子来。"

强生网站在提供服务时，将客户输入的数据也导入其网站服务器。这些客户登记及回答的信息到了公司营销专家、心理学家、市场分析家等手中，能成为一笔巨大的资产，可以形成一份份产品促销专案，至少对企业与顾客保持联系起到了相当重要的作用。

一个网站认真到了这份地步，不由你不叹服其"对服务负责"信条的威力，相信其进入世界 500 强企业绝非偶然。

☞ 启示：一个企业如果没有文化就是卖产品，有文化就是卖品牌。组织文化对一个企业的影响是深远的，它会影响企业如何做产品，如何做服务，如何正确处理顾客、员工、股东、社区等利益相关方之间的关系。

2.3.2.2　战略管理思想

战略管理思想萌芽于第二次世界大战后，成熟于20世纪70年代末，当世界进入以国际竞争为主题的80年代后，战略管理被世界各主要跨国集团首先采用。

企业实践的不断发展，使战略管理理论体系不断丰富和发展。1965年，伊戈尔·安索夫出版的《企业战略化》一书，开创了战略规划研究的先河。1976年，安索夫的另一著作《从战略规划到战略管理》出版，标志着现代战略管理理论体系的形成。他认为，战略管理注重的是动态的管理，是决策与实施并重的管理。

1969年，劳伦斯与罗斯奇合著的《组织与环境》系统地介绍了企业与外部环境的关系，提出公司要制订应变计划，以求在变化及不确定的环境中得以生存。1979年，弗里蒙特·卡斯特与詹姆斯·罗森茨韦克合著的《组织与管理——系统权变的观点》主张在企业管理中要根据企业所处的内外条件随机应变，组织应在稳定性、持续性、适应性、革新性之间保持动态的平衡。

1980 年，美国哈佛大学商学院教授迈克尔·波特出版《竞争战略》一书，把战略管理理论推向了顶峰。该书被美国《幸福》杂志评出的全美 500 强企业的经理、咨询顾问及证券分析家奉为必读的"圣经"。波特在该书中提出许多关于战略管理的重要理论、分析方法与决策技术，成为战略管理理论的经典之作。波特教授的贡献如下。

① 提出对产业结构和竞争对手进行分析的一般模型，即五种竞争力（新进入者的威胁、替代品威胁、买方砍价能力、供方砍价能力和现有竞争对手的竞争）分析模型。

② 提出企业构建竞争优势的三种基本战略，即成本领先战略、差异化战略和集中化战略。

③ 价值链分析。波特认为企业的生产是一个创造价值的过程，企业的价值链就是企业所从事的各种活动——设计、生产、销售及支持性活动的集合体。价值链能为顾客提供价值，同时能为企业创造利润。

2.3.2.3　企业再造理论

1993 年，企业再造理论的创始人，原美国麻省理工学院教授迈克尔·哈默博士与詹姆斯·昌佩合著了《再造企业——管理革命的宣言书》一书，正式提出企业再造理论。1995 年，昌佩又出版了《再造管理》。哈默与昌佩提出应在新的企业运行空间条件下，改造原来的工作流程，使企业更好地适应未来的生存发展环境。这一全新的思想震动了管理学界，企业再造的思潮迅速在美国兴起，并快速传到日本、欧洲，乃至全世界。

他们认为，企业再造是指"为了飞越地改善成本、质量、服务、速度等重大的现代企业的运营基准，对工作流程（business process）作根本的重新思考与彻底翻新"。即，为适应新的世界竞争环境，企业必须抛弃已成惯例的运营模式和工作方法，以工作流程为中心，重新设计企业的经营、管理及运营方式。

企业再造流程大致分为以下四个阶段。

一是诊断原有流程。企业再造的核心是企业流程的再造。传统的流程被划分为一系列简单的、标准化和专门化的动作或环节，可能造成巨大的资源浪费。企业可以通过画流程图等手段找出原有流程存在的问题。

二是选择需要再造的流程。查清原有流程存在的问题后，就要选择需要再造的流程。由于资源限制，企业只能选择一部分流程作为改造的对象。一般应按紧迫性、重要性、可行性的原则进行选择。

三是了解准备再造的流程。了解流程的目的不是为了改进流程，而是为了对流程进行彻底的再设计。要了解流程，首先要了解顾客，因为流程都是为了顾客而存在的。

四是重新设计企业流程。要抛弃现有流程的一切框框，利用头脑风暴法、逆向思维等方法，充分发挥想象力，将科学思维和艺术创造相结合，以创造出更加合理、科学的全新流程。

51

2.3.2.4 学习型组织理论

20世纪90年代以来，知识经济的到来，使信息与知识成为重要的战略资源，相应诞生了学习型组织理论。学习型组织理论是美国麻省理工学院教授彼得·圣吉在其著作《第五项修炼》中提出来的。彼得·圣吉认为，有两个加速的趋势在加速管理的变革：一是全球一体化的竞争加快了变化的速度，二是组织技术的根本变化促进了管理的变化。传统的组织设计是用来管理以机器为基础的技术的；而新的组织却是以知识为基础的，即组织设计的目的是用来处理思想和信息的。因此，传统的组织类型已经越来越不适应现代环境发展的要求，现代企业是一个系统，这个系统可以通过不断学习来提高生存和发展的能力。他在《第五项修炼》中指出："九十年代最成功的企业将会是'学习型组织'，因为未来唯一持久的优势，是有能力比你的竞争对手学习得更快。"他认为"未来真正出色的企业，将是能够设法使各阶层人员全心投入，并有能力不断学习的组织"。

彼得·圣吉提出学习型组织成员应具有的五项修炼如下。

一是追求自我超越。强调组织成员应能不断认识自己，认识外界的变化，不断给予自己新的奋斗目标，全心投入，不断创造，超越自我，达到一种真正的终身学习。

二是改善心智模式。心智是人们深植心中的，对周围世界如何看待和行为的认识方式。要求组织成员要善于改变传统的认识问题的方式和方法，要用新的眼光看世界。

三是建立共同愿景。共同愿景是指一个组织所形成的共同目标、共同价值观和使命感。进行这一项修炼的目的是强调把组织建成一个命运共同体，使全体成员为之共同奋斗。

四是开展团队学习。其目的是为了使组织成员学会集体思考，以激发群体的智慧，发挥出综合效率。倡导其成员要经常运用"深度会谈"和"讨论"两种不同的团体交流方式。

五是锻炼系统思考能力。这是整个五项修炼的基石。系统思考是"看见整体"的一项修炼。强调要把组织看成一个系统，促进组织发展必须学会系统思考，要培养人与组织进行系统观察、系统思考的能力。

2.3.2.5 全面质量管理理论

20世纪50年代末，随着生产力的高速发展，卖方市场逐步转向买方市场，推动了资本主义管理理论和质量管理科学的大发展。1951年，被誉为质量领域的"首席建筑师"约瑟夫·M. 朱兰博士提出"朱兰三部曲"，包括质量策划、质量控制和质量改进。1961年，美国通用电气公司的费根堡姆博士在其所著的《全面质量管理》一书中首次提出"全面质量管理"（total quality management，TQM）的概念，他认为"全面质量管理是为了能够在最经济的水平上，并考虑到充分满足客户要求的条件下进行研究、设计、生产和服务，把企业各部门的研制质量、维持质量和提高质量的活动构成为一体的一种有效体系"。它强调：全员参与质量管理，全过程执行质量管理，全面的质量管理，全社会推动质量管理。

而后，此概念逐步被世界许多国家所接受，并结合本国国情进一步发展，尤其是日本。

日本质量管理奠基人石川馨博士提出"广义的质量"及"因果图",并在工业企业中创新地开展质量管理小组活动,提出"质量改进七种工具",使全面质量管理在日本迅速发展起来。例如,日本本田汽车的愿景陈述为,"每一环都要求品质:学习、思考、分析、评估、改进。产品可靠:及时完成,品质优良、划一。更顺畅的沟通管道:倾听、询问、勇于发言。"

2.3.2.6 商业生态系统理论

商业生态系统理论最早是由哈佛大学教授詹姆士·穆尔(James F. Moore)在《竞争的衰亡:商业生态系统时代的领导与战略》一书中提出的,他主要从生态系统角度出发,描述当今市场中的企业活动,打破了传统的以行业划分为前提的竞争战略理论的限制,力求"共同进化",标志着竞争战略理论的指导思想发生了重大突破。

所谓商业生态系统,就是由相互联系的组织、个人及机构成员之间通过相互作用,形成一个相互交织、相互影响的动态关系网络系统。它强调,商业生态关系网络中的各节点企业都是有意识、自行自愿组织的,通过这些网络,可以提高企业的竞争力,实现共同发展。商业生态系统包括上下游产业间的垂直关系,同行业间的横向关系,以及一系列的中介关系,如政府、媒体等外部环境关系,政治、经济、社会等宏观因素。如图 2-3 所示。除此之外,它还包括物质的循环与流动,信息的共享与沟通,一切资源都在不断地更新与交替。

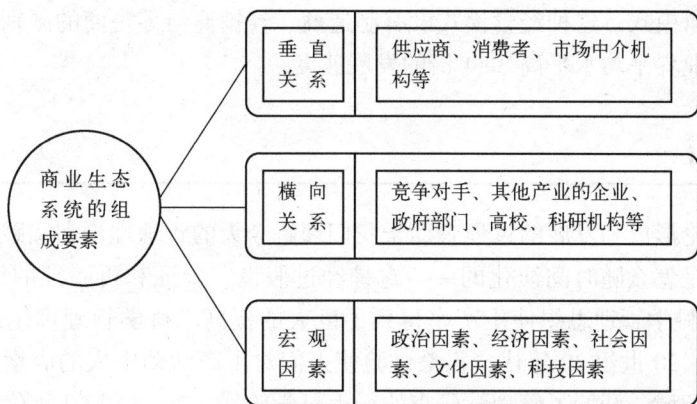

图 2-3 商业生态系统

一个商业生态系统的发展可分为开拓、扩展、领导和自我更新的四个阶段,在每个阶段成功的关键:开拓阶段旨在为客户提供具有价值的商业项目;扩展阶段重在关注和开发市场界限内的核心团队;领导阶段强调打造权威,把控商业生态系统发展方向;自我更新阶段要求企业持续改进商业性能,防止衰退。

2.3.2.7　模糊经营理论

从 20 世纪 70 年代开始，以信息技术为核心的高新技术在世界范围内迅速发展和扩散，一些建立在传统工业经济时代生产分工基础上的产业边界渐渐模糊，在原产业边界处开始融合、生成新的产业类型，这使几百年以来一直以亚当·斯密的分工思想为基础的产业理论受到极大挑战。尤其是在今天，随着经济的全球化、网络技术的发展和虚拟一体化的兴起，模糊经营的概念在计算机等行业中日趋流行。

知识经济与网络信息时代，技术创新与产业融合的速度不断加快，产业链和价值链不断变化，传统的行业间界限日趋模糊，生产与消费、产品与服务之间也日益一体化，相互之间变得你中有我，我中有你，一种新的生产与营销策略应运而生。

1. 外包式生产

外包式生产强调将组织解放出来更专注于核心业务，"利用别人的时间"增强企业的核心竞争力。例如，运用这种新兴的模糊经营思想，将产品开发商、制造商和经销商等通过数据网络紧密联系在一起，不断转移库存的负担，大大减少库存的必要性。同时，利用定制化大规模生产，实现消费者与生产者共同设计生产，实现产品的零缺陷。

2. 互动体验式营销

随着因特网的发展，制造商逐渐走到前台，直接面对用户。例如，美国戴尔计算机公司，通过电话和因特网得到客户的直接订货并在 7 个工作日之内交付产品的做法，开创了电脑业一种新的经营模式。这种经营模式没有制造商、经销商与零售商的区别，然而，该公司却表现出比电脑业界平均水平高 3~4 倍的发展速度。

▶ 本章小结

学习管理理论形成和发展的过程有助于我们理解今天的管理理论和实践，还有助于看到当前的管理概念是怎么随时间演化的——它是经过假设、验证和再验证的结果。19 世纪末 20 世纪初提出的科学管理思想使生产率得到了巨大的提高，科学管理理论的应用使管理从经验上升到科学。20 世纪 30 年代，霍桑试验使人们对生产活动中人的因素的重视，拓展了管理理论的研究领域，开始了管理学研究的行为科学阶段。20 世纪 50 年代，管理理论的研究空前繁荣，进入了"管理理论丛林"阶段，涌现了众多管理学派。进入 20 世纪 80 年代，面对信息化、全球化、经济一体化等新的形势，管理实践发生了深刻变化，出现了诸如组织文化理论、战略管理思想、企业再造理论、学习型组织理论、全面质量管理理论、商业生态系统理论、模糊经营理论等新的管理思想，这些思想把管理理论的发展推到了一个新的高度。西方管理理论发展所积淀下来的丰硕成果是人类共同的文化财富，我们应该持积极开放的心态，通过主动学习，吸收其丰富的科学精华；同时，也应该认识到我国的社会、政治、经济、文化等条件的特殊性，要根据具体的情况作具体分析，对西方社会所发展起来的管理理论加以灵活的创造性的运用。

➤ 同步测试

一、单项选择

1. 被誉为"科学管理之父"的是（　　）。
   A. 法约尔　　　　　B. 韦伯　　　　　　C. 泰勒　　　　　　D. 梅奥

2. 被誉为"管理过程理论之父"的是（　　）。
   A. 法约尔　　　　　B. 韦伯　　　　　　C. 泰勒　　　　　　D. 梅奥

3. 被誉为"行政组织理论之父"的是（　　）。
   A. 法约尔　　　　　B. 韦伯　　　　　　C. 泰勒　　　　　　D. 梅奥

4. 麦格雷戈提出的著名管理理论是（　　）。
   A. 领导行为连续分布理论　　　　　B. X—Y 理论
   C. 不成熟—成熟理论　　　　　　　D. Z 理论

5. 学习型组织理论是（　　）提出来的。
   A. 迈克尔·哈默　　B. 迈克尔·波特　　C. 威廉·大内　　D. 彼得·圣吉

6. 提出战略管理思想的管理学家是（　　）。
   A. 迈克尔·哈默　　B. 迈克尔·波特　　C. 威廉·大内　　D. 彼得·圣吉

7. 认为没有一成不变的、普遍适用的"最好的"管理理论和方法的是（　　）。
   A. 管理过程理论　　B. 权变理论　　　C. 系统理论　　　D. 行为科学理论

8. 提出全面质量管理思想的管理学家是（　　）。
   A. 约瑟夫·M. 朱兰博士　　　　　B. 费根堡姆博士
   C. 石川馨博士　　　　　　　　　D. 彼得·圣吉

9. （　　）在《竞争的衰亡：商业生态系统时代的领导与战略》一书中提出商业生态系统理论。
   A. 迈克尔·哈默　　B. 迈克尔·波特　　C. 詹姆士·穆尔　　D. 彼得·圣吉

10. 根据赫茨伯格的双因素理论，以下属于激励因素的是（　　）。
   A. 良好的人际关系　B. 企业制度健全　　C. 领导的认可　　D. 优厚的薪酬

二、多项选择

1. 古典管理理论的三个理论派别是（　　）。
   A. 科学管理理论　　　　　B. 一般管理理论　　　　　C. 行政组织理论
   D. 系统管理理论　　　　　E. 决策理论

2. 人际关系理论的内容有（　　）。

A. 人是经济人　　　　　B. 人是社会人　　　　　C. 组织中存在非正式组织

D. 员工的士气决定生产率水平　　　　　E. 人是复杂人

3. 秉承 X 理论的管理者一般会（　　　）。

A. 把员工看作社会人　　　B. 把员工看作经济人　　　C. 满足员工的安全需要

D. 满足员工的经济需要　　　E. 采用惩罚等管理手段

4. 正式组织必须具备的三个基本要素是（　　　）。

A. 共同目标　　　　　B. 信息联系系统　　　　　C. 协作意愿

D. 系统思考能力　　　　E. 心智模式

5. 管理的三项基本任务是（　　　）。

A. 形成一个生产统一体　　　B. 求得组织的生存和发展　　　C. 管理管理者

D. 管理工作和工人　　　E. 兼顾眼前和长远利益

6. 日本质量管理奠基人石川馨博士对全面质量管理的贡献主要有（　　　）。

A. 因果图　　　　　B. 质量管理的"质量改进七种工具"

C. PDCA 循环　　　　D. 广义质量的概念　　　　E. 开展质量管理小组

7. 一个商业生态系统的发展一般经历（　　　）等四个阶段。

A. 计划　　　　　B. 开拓　　　　　C. 扩展

D. 领导　　　　　E. 自我更新

8. 马斯洛需求层次理论包括（　　　）等需求。

A. 安全需求　　　　　B. 生理需求　　　　　C. 社会需求

D. 自我价值实现需求　　　　E. 精神需求

9. 泰勒对管理理论发展的贡献主要有（　　　）等。

A. 工作定额原理　　　B. 标准化原理　　　　C. 例外原则

D. 工人是经济人　　　　E. 劳动专业化分工理论

10. 模糊经营概念下一般采用的生产营销策略有（　　　）。

A. 准时生产　　　　　B. 外包式生产　　　　　C. 体验式营销

D. 全面质量控制　　　　E. 零库存生产

三、思考题

1. 请运用波特的竞争战略理论分析未来的职场竞争环境及能够采用的竞争策略。

2. 你认为泰勒的科学管理理论在现代企业经营管理实践中还有指导意义吗？体现在哪些方面？

3. 管理科学（数理方法）有助于解决管理中人的问题吗？比如调动员工的积极性及合理地分配任务。请解释。

4. 在你的学习生活经验中，有过学习型组织的经历吗？你认为哪个企业或组织是学习型组织？哪种组织使你感到更舒服，是学习型组织还是传统的组织？说明你的理由。

5. 根据商业生态系统理论，你认为今天的职场生态有什么特点？

▶ 实践与训练

根据本章内容进行深入分析以下问题：

1. 管理思想的起源？

2. 各种管理思想的特点？

3. 目标企业管理思想中哪些地方用到了本章内容？

4. 分组进行一个小型项目组织，可以是一次环保活动，也可以是一次绿化活动等，将整个活动当作是一项工作来进行管理与组织，活动结束后，讨论一下泰勒的科学管理理论、法约尔的一般管理理论、韦伯的理想行政组织理论、人际关系理论、X-Y 理论、需求层次理论、双因素理论、ERG 理论等这些理论性知识，在整个活动中是否能运用？

5. 写出模拟公司的管理方案。

讨论重点：

1. 深入地去感受"管理思想"，明确"管理中的平衡关系"；

2. 列举身边案例，如学生管理中，如何运用本章内容？

教师打分：

以模拟公司企业文化建设为完整性，实用性，可操作性为评分标准。

▶ 讨论案例

戴尔的成本节省之道

得克萨斯奥斯丁戴尔旗舰工厂的日班经理 Shayne Myhand 要做许多的陪护工作。他一天要接待四五拨公司的高层或者中层巡视官员，这些官员来此的目的是为了保证这家装配工厂更有效率的运转。

31 岁的 Myhand 每次都走同样的巡视道路，最后他会进入显示器车间，在这里，他会摸一摸墙上那枚已经不太光鲜的木制纪念章，那是为了纪念 1991 年最后三个月，戴尔的个人电脑产量突破 49 269 台而设立的。他说："供应高峰时，我们将超过这一数字。"说这话时，Myhand 脸上带着微笑。Myhand 对来访者说，即使在目前的圣诞节时期，一个上午 9 时到达工厂的订单，他们也能够保证在下午 1 时让它完成上路。

在戴尔这家世界最大的电脑生产公司之中，企业官员们用 Alfred Kinsey 劳动强度理论去研究自己的组装流水线。戴尔用视频设备将工作小组的每个组装步骤录像下来，然后看看有没有多余或者浪费的步骤。戴尔工作流程设计师甚至令一件产品不出现一颗多余的螺丝钉，因为，一颗螺丝钉的出现将浪费一台机器大约 4 秒钟的装配时间。

在戴尔公司，最能干的工人称为"熟练工"，他们的工作步骤将被摄像机录下来，然后供其他工人学习。

这套流程非常的严格，但在美国的经济学家、政客都在为美国的制造业前途，中国作为世界工厂地位崛起担忧的时候，戴尔的举动并不是多余的。这种流程有助于建立起一套标准。Needham & Company 公司的分析师 Charles R. Wolf 说："当每个人都在热衷于外包的时候，戴尔继续在美国进行生产工作，因为，过去的 20 年，戴尔已经积累了相当精细的经验，他们知道如何廉价、智能地进行生产。在制造方面，戴尔确实处于 21 世纪的先进水平。"

在美国，除了戴尔公司，没有其他电脑厂商进行生产。很久之前，戴尔的头号对手、惠普公司就已经将电脑组装工作外包至第三方，这些厂家多位于亚洲。随后，世界头号 PC 厂商 IBM 也这么干了。IBM 1981 年创造了 PC 市场，本月，IBM 宣布将自己的 PC 部门卖给中国计算机巨头联想公司。戴尔创始人兼主席 Michael Dell 说："我们的竞争对手已经很久没有亲自生产电脑了。"

戴尔公司正相反，他们在美国拥有三家组装工厂，其中两家位于奥斯丁，另外一家在纳什维尔。戴尔公司的每家组装厂的面积都足有 6 个足球场那么大。上个月，戴尔公司宣布，他们将开设第四家工厂，据悉，第四家工厂的规模比前三家大两倍。戴尔公司还在积极谋划第五家工厂。戴尔的首席执行官 Kevin Rollins 上周三表示，戴尔公司所有面向美国市场的电脑将在美国境内生产。戴尔笔记本电脑由海外进行组装。

戴尔公司加大美国的生产力度并不是出于爱国。其官员透露，他们此举是建立在理性分析的基础之上的。他们认为，让计算机设备更贴近用户将更有效率。

许多分析师对 IBM 出售个人电脑业务的一个疑问是，位于北京的联想如何在中国以外的地方同戴尔公司进行较量，这些分析师认为，戴尔公司可以将自己的产品成本控制得相当的低。

戴尔公司 1998 年已经在中国厦门开设了一家工厂，但这家工厂的产品主要销售给亚洲地区的用户。同样的，戴尔公司在爱尔兰工厂生产的产品也主要售往欧洲市场。本月，戴尔公司宣布，他们可能在欧洲开设第二家工厂。在另外一个方面，戴尔公司也是逆世界潮流而动。当越来越多的美国公司将呼叫中心外包给印度时，戴尔公司却宣布，将在美国的俄克拉荷马州开设新的客户服务机构。今年年初，戴尔公司在加拿大的埃德蒙顿开设了一家呼叫中心。

戴尔公司专门负责制造的官员 Dick Hunter 说："我总是对员工们说，我们在进行成本的赛跑，如果我们在和亚洲等地厂商的成本赛跑中落败的话，我们自己的安全就会有危险了。"

自从 Michael Dell 1984 年开设戴尔公司以来，这家公司就通过取消中间商，通过电话或者互联网直销等手段向顾客销售低廉的个人电脑。但戴尔公司能够继续保持低价电脑市场的一个最主要原因是，戴尔总是想方设法节省每一分钱。戴尔也许不是我们这个时代的亨利福特，但它一定是高科技行业的沃尔玛。

根据以上资料分析：

1. 戴尔公司的管理方法有哪些？
2. 这些管理方法与哪个管理学派的思想一致呢？

第3章 管理环境与商业伦理

本章穿针引线

　　每一个组织都是在与环境的相互作用中寻求生存和发展的。本章主要介绍管理环境和与之密切相关的商业伦理。组织的管理环境对组织绩效会产生潜在的影响，它由任务环境和一般环境两个部分构成。任务环境对一个组织的影响是直接和明显的，而一般环境对组织的影响往往不是那么直接，且必须经过分析后才能了解。由于不同组织的任务目标不同，其环境的复杂程度和动态特性也会有明显的不同。为了更好地生存和发展，组织应能动地去适应环境的变化。商业伦理指导着管理者处理组织与环境的关系，涉及经营活动中对与错的准则或信念。在这个过程中，人们遵循着功利主义、权利主义、公正主义及综合社会契约等四种伦理观。一个管理者的决策选择是否合乎伦理准则，是管理者的伦理发展阶段、个性特征、组织结构设计、组织文化和伦理问题强度之间复杂的相互作用的结果。管理者可以通过招聘高伦理素质的员工、确立伦理准则、高层管理者的表率作用、设定合理的目标和全面的绩效评估、提供伦理培训、实施社会独立审计，以及向那些面临伦理困境的员工提供伦理支持等途径来改善组织的伦理行为。

学习目标规划

　　1. 基本了解管理环境和商业伦理的含义；
　　2. 重点掌握管理环境的具体内容及其对管理活动的影响；
　　3. 重点掌握四种商业伦理观的含义及影响管理者伦理行为的因素；
　　4. 熟练运用管理环境知识分析某特定组织的环境特征及如何能动地适应环境的变化；
　　5. 熟练运用商业伦理知识分析制定改善某特定组织伦理行为的计划。

课前热身随笔

　　1. 作为个人，你的生存或学习环境的构成要素是什么？与一个组织的环境有什么不同？对于你来说，你的言行有什么伦理问题需要考虑的？你对于企业的商业伦理问题有什么认识？能举出一些例子来说明企业的不符合伦理的行为吗？

　　2. 你的问题

引导案例

青 蛙 实 验

19 世纪末，美国康奈尔大学做过一次有名的青蛙实验。他们把一只青蛙冷不防丢进煮沸的油锅里，在那千钧一发的生死关头，青蛙用尽全力，一下就跃出了那势必使它葬身的滚烫的油锅，跳到锅外的地面上，安全逃生！

半小时后，他们用同样的锅，在锅里放满冷水，然后把那只死里逃生的青蛙放到锅里，接着用炭火慢慢烘烤锅底。青蛙悠然地在水中享受"温暖"，等到它感觉到热度已经熬受不住，必须奋力逃命时，却发现为时已晚，欲跃乏力。青蛙全身瘫痪，终于葬身在热锅里。

▶▶ 3.1　管理环境

目标导引

1. 基本了解管理环境的含义；
2. 重点掌握管理环境的构成及其对组织的影响；
3. 熟练运用管理环境知识分析某特定组织的环境特征及如何能动地适应环境的变化。

任何管理都必须依托一定的组织，而组织则在一定的环境中存在，可以说环境是组织生存的土壤，它既为组织的活动提供条件与发展机会，同时也对组织的活动起到制约作用，甚至带来威胁。特别是随着世界各个国家、各个地区及企业之间的经济联系越来越紧密，供应链管理复杂性的增加，各种营利和非营利组织的管理者不得不关注环境因素。假如组织要适应他们所处的不断变化的环境，管理者就必须掌握那些在环境中起作用的因素，弄清那些因素是如何引发机会和威胁的。

3.1.1　组织环境的含义

组织环境指的是存在于组织之外、对组织的绩效可能构成影响的一系列因素和条件。这些因素与时俱变，给管理者带来机会与威胁。环境中的变化（如新技术的推广，全球市场的开放等）为管理者创造了获得资源、进入新市场及使企业发展壮大的机会。从另一方面讲，在新的竞争者出现、全球经济衰退或石油短缺的形势下，管理者如若不能获得资源，把产品或服务销售出去，就会威胁到组织的生存与发展。管理者对组织环境的这些因素的理解水平和恰当的反应能力，是影响组织绩效的关键因素。为了更清晰地辨识由组织环境中各种因素所带来的机会和威胁，我们一般把环境区分为任务环境和一般环境，如图 3-1 所示。

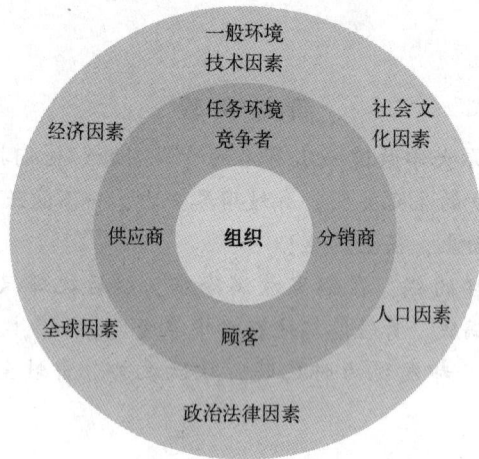

图 3-1 组织环境中的主要因素

任务环境也称具体环境，指的是一系列源于供应商、分销商、顾客和竞争者等方面的因素和条件，这些因素和条件影响着一个组织获取投入和产出的能力。任务环境包含的因素每天都会对组织施加压力、产生影响，对管理者产生直接而且立竿见影的作用。任务环境对每一个组织而言都是不同的，并随条件的改变而变化。例如，海尔集团与奥普卫浴公司同是家用电器供应商，但它们的具体环境却因为面对着明显不同的细分市场而不同；随着两家公司业务的变化，其任务环境的供应商、分销商、竞争者及目标顾客群等也会发生变化。

一般环境包括可能影响组织的、广泛的经济条件、政治条件、法律条件、社会文化条件、人口条件、技术条件和全球性因素。一般环境影响着组织及其任务环境。对于管理者而言，产生于一般环境变化中的机会和威胁比产生于任务环境中的机会和威胁更难辨识、更难做出适当的反应。但是，这些因素的变化对管理者和他们的组织有很大的冲击力。

3.1.2 组织环境分析

3.1.2.1 任务环境

任务环境源于供应商、分销商、顾客和竞争者的因素和条件（见图 3-1）。这四组力量影响着管理者每天、每周、每月获取资源和安排生产的能力，因而对他们的短期决策有重大的影响。

1. 供应商

供应商是为组织提供生产产品或提供服务所需的资源（包括原材料、零部件、劳动力、财政资源及产品等）的个人或公司。相应地，供应商要从他们所提供的产品或服务中得到经济上的回报。管理者工作的一个重要职责就是寻求以尽可能低的成本来保证组织所需投入品的持续稳定供应。因为这些投入品具有很大的不确定性，也就是说，如果不能获得或延误均能极大地降低组织的绩效，所以管理者通常要尽最大努力来保证输入品供应的持续稳定。

供应商的性质、数量或类型的变化，都会引发能够带来机会和威胁的因素。基于组织发展的考虑，管理者必须对这些机会和威胁做出适当的反应。例如，当供应商讨价还价能力很强并能够提高他们供应给组织的投入资源的价格时，管理者就会面临来自供应商的严重威胁。在下列两种情况下，供应商的讨价还价能力相当强：①组织所需的投入品只有这家供应商可以提供；②这种投入品对组织是至关重要的。例如，美国食品行业在长达 17 年的时间里，Searle 一直是 NutraSweet（一种大多数减肥节食软饮料生产都要用的人造甜味剂）的独家供应商。这种人造甜味剂不仅是减肥节食软饮料的重要原料，而且还没有替代物（糖精等其他人造甜味剂被认为对人体健康不利）。由于 Searle 拥有 NutraSweet 的发明专利，而这一专利规定其他组织 17 年之内不能生产同类产品，所以该公司赢得了一个享有特权的地位。1992 年，Searle 的这一专利到期，许多公司这才开始生产与 NutraSweet 类似的产品。1992 年前，Searle 在 NutraSweet 上能够索取高价，大约是等量食糖价格的两倍，包括可口可乐公司、百事可乐公司等在内的软饮料制造商都要支付这样的高价，成本必然是高的。这些制造商除了高价购买该公司的产品外，别无选择。今天，对 NutraSweet 仍有需求，但软饮料生产商买它所花费的代价要小得多。

与上面相反的情况是，当一个组织在某一特定的投入需求上拥有许多供应商，那就是说，这一组织对供应商讨价还价地位相对有利，能够从供应商那里要求得到价低质优的资源。经常有这种情况，一个组织可利用其对供应商的影响力迫使他们降价，戴尔公司就是这么做的。我们知道戴尔公司不断在全球范围内寻找要价较低的供应商，以保持其计算机价格的竞争力。

2. 分销商

分销商是帮助其他组织向客户推销产品或服务的组织。管理者制定的如何把产品分销给顾客的决策对组织绩效有很大的影响。例如，对于家用电器的生产商来说，苏宁电器股份有限公司、国美电器股份有限公司等就是他们在中国市场上最重要的分销商。

分销商和分销方式的变化也给管理者带来了机会和挑战。假如分销商相当大且很有影响力，能够控制顾客获得特定组织的商品或服务的渠道，它们就能够通过要求该组织降低其产品或服务的价格，从而对这个组织构成威胁。例如，巨型零售分销商沃尔玛控制着它的供应商与大量顾客之间的分销渠道，因此经常要求它的供应商降低价格。即使像宝洁这样的供应商如果拒绝了它的要求，作为回应，沃尔玛就可能只从宝洁公司的竞争对手（诸如联合利华公司）那里进货。

相反，假如一个组织拥有众多可选择的分销商，那么一家分销商对该组织的影响力就不大了。例如，进入 21 世纪后，中国市场上大大小小的第三方物流公司，特别是快递公司如雨后春笋般地出现并得到了快速的发展，如果其中某家公司试图抬高对网购公司的服务要价，网购公司也不会真正受到威胁，它们完全可以寻找其他快递公司来替代原有的公司。

【案例】北京平价药店低价卖药遭药厂封杀陷入断药困境

"我们的新康泰克马上要断货，向批发商要货，人家不给。原来生产厂家中美史克悄悄发文给批发商，要求停止向我们供货！"这几天，断货危机令保兴大药房总经理张树辉坐立不安。

作为本市一家"零差率"药店，民营的保兴大药房开业仅半年。

药厂暗下"封杀令"

新康泰克是非常畅销的感冒药。在保兴大药房新康泰克每盒售价9.7元，比其他药店便宜2.8元至3.8元。由于价格优惠，保兴大药房每天都能卖出30多盒新康泰克。前几天库房里存货所剩无几，采购人员依旧向药品批发公司——京新龙医药有限公司打电话要求送货，对方却表示"厂家不让给你们供货了"；采购人员又找到另一家大药品批发商——北京丰科城医药有限公司，对方也表示收到了中美史克的要求，不给保兴大药房供货。

保兴大药房约有10%的药品为"零差率"品种，这些品种只在进货价的基础上加价一两角钱就上柜销售。保兴大药房称进货价每盒9.5～9.6元的新康泰克在保兴的售价曾卖过每盒10元、9.8元或9.7元，中美史克先后数次派人与保兴交涉，要求调高售价，但一直未得到响应。这一次，中美史克下了"封杀令"。张树辉说，中美史克不仅要求批发商向保兴大药房停供新康泰克，而且其旗下所有药品均不再向保兴大药房供货。

低价药受消费者欢迎

记者从保兴大药房了解到，每天都有不少人大老远坐车来买药，图的就是价格实惠。从该药房日均千人的客流量、日均十多万元的销售额看，其低价策略的确赢得了消费者的认同。

让消费者受益匪浅的"零差率"药品却让保兴麻烦不断。张树辉介绍，从开业始，就不断有药厂的销售人员找上门来，客气的，说不希望自己的药品成为"零差率"品种；不客气的，直接要求保兴调高药价；直至出现这次停止供货。张树辉说："其实我们心里清楚，我们定价低抢了客源，同行会向药厂告状。药厂为安抚他们，拿我们开刀不奇怪。"对此，葛兰素史克中国投资公司公关部负责人徐筱旸称，之所以对保兴大药房停止供货，是因为发现其有些产品的零售价低于进货价，"这种情况不正常，我们要调查一下是什么原因。"对保兴方面宣称的新康泰克每盒进货价9.5元至9.6元，并不比9.7元的零售价高的说法，徐筱旸表示："我们比保兴更清楚它的进货价是多少。"

平价药店夹缝求生

近年来，天天好、老百姓等不少平价药店进京落户，它们在价格上优势明显。对平价药店，药厂心情复杂。有分析认为，一方面，平价药店受消费者欢迎，药厂希望借助其扩大销量；另一方面，平价药店不断挤出药价中的水分，与药厂及部分药店多赚利润的意愿不符。在这种情况下，平价药店要生存就需要高度的定价"技巧"：如果价格不够低，消费者就不会买账；定得过低，又可能得罪厂家及同行。北京市医药行业协会副秘书长杨爱民表示，封杀这事不仅反映了平价药店的生存困境，也表明当前的药品零售市场还是一个由药厂及传统药店共同主导的市场，而不是一个竞争充分的、由消费者说了算的市场。

☞ **启示**：任务环境对组织的影响往往不是直线简单的。药厂之所以不给保兴大药房供货，主要缘于其他药店（保兴大药房的竞争对手）对药厂所施加的压力。该案例说明传统药品销售商对药品供应商的影响，也说明药品供应商对药品销售商的影响。

3. 顾客

顾客是指购买组织的产品与服务的个人和群体。例如，联想公司的顾客可以细分为：购买家用计算机的个人、小公司、大公司、政府部门和教育机构这几种类型。顾客数量和类型的变化或顾客的兴趣和需要的变化，会给组织带来机会或威胁。组织的成功建立在对顾客需求及时、恰当的回应上。例如，在个人计算机行业里，既然顾客所要求的是低价和不断增强的多媒体功能，个人计算机公司就必须对不断变化的顾客需求予以积极回应。中国高等职业院校也必须适应中国经济发展对人才需求的变化，重视对学生职业能力的培养，及时调整理论和实践教学的时间构成，加强与企业的合作，共同培养技能型人才。如果一个院校能够尽早地适应这种需求并实现转变，就能得到优先的发展。因此，管理者辨别组织的主要顾客并为其提供他们需要的产品和服务的能力，对于组织和管理的成功是至关重要的。

世界经济发展到今天，曾经界限分明的国内市场正在融入巨大的全球性市场中，在这样的市场中可以把同样的产品销售给全世界的客户。市场的这种统一性，给管理者带来了巨大的挑战和机遇。可口可乐的饮料、麦当劳的汉堡、苹果的手机、戴尔的计算机、海尔的冰箱等，这些为全球所接受的产品表明不同国家消费者的趣味和偏好变得越来越接近。各类市场需求量可观的全球性产品市场（如汽车、计算机、电信设备、手表、服装、金融服务）也都现实地存在着，越来越多的公司在全球销售其产品或服务。

尽管同样的产品或服务在全世界范围内为顾客所接受，然而不应过分强调这种统一性。由于不同的民族文化之间在许多方面是不同的，不同国家（或地区）的消费者的趣味和偏好存在很大的差异，而这种差异往往要求管理者改进产品或服务来适应当地消费者的偏好。例如，在巴西，麦当劳在饮料中加入一种生长在亚马逊河流域的果实中提取的瓜胶。在马来西亚，麦当劳卖的奶昔里则加有气味很浓的被当地人认为有助于壮阳的榴莲果实。同样地，当 Mattel 决定在日本销售芭比娃娃玩具时，它就在玩具娃娃的外貌设计上做了一些改变，如头发的颜色、脸部特征等，以迎合日本人的审美情趣。

【案例】宝洁公司的尿布

宝洁公司生产的尿布历史悠久，很多美国人都是屁股上包着宝洁公司生产的尿布长大的。20世纪80年代，宝洁公司决定把婴儿尿布引出国界，打入中国香港和德国市场。在一般情况下，公司每进入一个新市场都要经过"实地试销售"，以发现可能存在的问题。但这一次宝洁公司却认为，不管是中国香港的婴儿也好，还是德国的婴儿也好，都是婴儿，都需要尿布，不会有什么问题。但就是在这个时候出了问题，中国香港的消费者反映，宝洁公司的尿布太厚，而德国的消费者却反映，宝洁公司的尿布太薄！同样的尿布，怎么会一个说太厚，一个却说太薄呢？

宝洁公司经过仔细调查才发现，尽管中国香港婴儿和德国婴儿尿量大体相同，但问题不是出在婴儿身上，而是出在母亲身上。原来中国香港的母亲把婴儿的舒适当作头等大事。孩子一尿就换尿布，而宝洁公司的尿布一片可以兜几泡尿，自然就显得太厚了。而德国的母亲就比较制度化，早上给孩子换一次尿布，到晚上再换一次，这中间孩子要尿好多次。宝洁公司的尿布兜不了那么多，自然就显得太薄了。

☞ **启示**：不同国家或地区的消费者的消费需求由于全球化而逐渐趋同，但由于不同国家或地区的文化传统、消费观念的差异，消费者的需求呈现出明显的差异。

4. 竞争者

在组织任务环境中，一个最主要的因素也许是竞争者。所谓竞争者是指那些生产或提供与某一特定组织的产品和服务类似的产品或服务的组织。换言之，争夺同一类客户的那些组织互为竞争者。例如，联想的竞争者包括国内外其他的个人计算机供应商（如惠普、苹果、戴尔、索尼等），海尔的竞争者有国内的海信、长虹、美的等，国外的竞争者有日本的索尼、松下、荷兰的飞利浦及美国的通用电气等。

竞争者之间的对抗是管理者必须应对的最具潜在性威胁的因素。高度对抗往往导致价格竞争，而降价减少了组织获取利润的机会。例如，进入21世纪后，个人计算机领域的竞争变得日益激烈，其主要原因有，一是世界经济不太景气；二是戴尔公司为提高市场占有率而大幅度降低成本和价格。2001年6月，迈克尔·戴尔声称要把戴尔公司的市场占有率从13%提高到40%。同年，IBM宣布正在从个人计算机业务中退出，其原因是在与戴尔等公司的低成本竞争中损失惨重。

与现有的竞争者之间的对抗虽然是一个重大威胁，但有可能进入任务环境的新竞争者则是另一个重大威胁。潜在竞争者是指目前虽没有在某个任务环境中出现，然而未来有可能成为竞争者的组织。例如，福耀玻璃目前的业务主要是汽车玻璃，它将来会不会将业务向平板玻璃、精细电子玻璃及太阳能多晶硅玻璃等领域拓展，取决于未来国内外汽车产业的发展空间及精细电子玻璃、太阳能多晶硅玻璃等产业的发展状况。如果福耀玻璃工业集团股份有限公司认为这两个业务具有良好的发展前景，它就可能开展这些方面的业务。一个行业里出现了新的竞争者，竞争就会加剧，价格就会降低。

一般来说，新竞争者进入任务环境的可能性与行业进入壁垒有关。进入壁垒是指使某组织进入一个特定的任务环境或行业有难度且代价高昂的因素。进入任务环境的难度大，成本越高，进入壁垒就越高；而进入壁垒越高，一个组织在任务环境中的竞争者就越少，从而所面对的竞争性威胁就越小。在竞争者不多的情况下，获得客户通常要容易些，也可保持较强的市场影响力。

进入壁垒主要来源于三个方面：规模经济、品牌忠诚和政府法规。规模经济是指与大规模运营相关的成本优势。假如某些组织在其任务环境中的规模本来就不小并拥有显著的规模经济，那么，这些组织的成本就会低于潜在进入者可能的成本，新进入者将会发现进入该行业代价太大了。品牌忠诚是指客户对任务环境中现有组织所提供产品的一种优先选择。假如组织拥有客户对其产品或服务的高度忠诚，新进入者将发现要获得一定的市场份额极其不易，且成本高昂。例如，新浪、搜狐、网易等都拥有网民对自己的高度忠诚，在所有的网站中它们的点击率居前（这也给它们带来了更多的广告收入）。新进入者必须花巨额广告费才能使客户对它们想要提供的产品或服务有更多的了解。在很多情况下，政府法规也是一种进入壁垒，特别是像我国这样的政府在经济活动中有着非常重要作用的社会。例如，我国政府多年来对私人资本进入基础设施建设、公用事业服务、航空铁路运输、能源勘探与生产等领域进行严格限制，在这些领域很少看到私人资本的影子，形成了国有资本一统天下的局面。

3.1.2.2　一般环境

组织所处一般环境中的经济、技术、社会文化、人口、政治、法律、全球性等因素，都会给组织的任务环境带来重大的影响，而这些影响对管理者可能并不是那么明显。在诸如世界金融危机的持续恶化、美元对人民币的持续贬值、国际大宗商品价格的上涨、发达国家经济的持续低迷等合力作用下，就可能给我国以出口为主的生产企业的环境带来突然而重大的变化。而这些变化会引发企业之间的激烈竞争，而这些竞争行为会进一步恶化该产业的形势。因此，管理者必须不断地研究分析一般环境中的各种因素，因为这些因素对随时要做出的决策和计划会产生影响。

1. 经济因素

经济因素会对一个国家或世界范围的经济发展产生影响作用。经济因素包括利率、通货膨胀、失业、可支配收入变动、股市波动和经济增长等。经济因素在给管理者带来许多机会的同时，也会造成威胁。失业率低、利率下降意味着人们在消费上有许多不同的变化。例如，更多的人手头宽裕了，企业就可以卖出更多的产品和服务。许多零售商，诸如国美、苏宁等电器卖场，可以准确地知道消费者可支配收入水平对其销售的影响。当消费者的收入增加或消费者对工作保障的信心增强，他们就会购买更多的非必需品。景气的经济也会影响供给，例如，容易获得资源，企业就有了繁荣发展的机会。相反，不好的宏观经济形势，限制了管理者获取组织所需资源的能力，对组织构成了威胁。在经济衰退时期，像零售商店和酒

67

店等企业的客户寥寥，人们对耐用品、奢侈品等非生活必需品的需求会急剧减少，而把并不宽裕的有限收入用于生活必需品的支出。不好的经济形势使环境变得更加复杂，管理者的工作难度更大，要求更高。管理者可能需要裁减部门的人员，组织需要寻求能够更有效地获取资源和利用资源的方法。有效的管理者能够认识到经济因素对组织具有重大的影响，他们十分关注所在国或地区经济上的变化，并予以恰当的回应。

2. 技术因素

技术是管理者在产品与服务的设计、生产和分销过程中所用的工具、机器、计算机、技能、信息及知识的统称。技术因素是管理者用于设计、生产和分销的产品与服务的技术变革的结果。在过去 30 年里，一般环境要素中变化最快的就是技术。我们生活在一个技术不断变化的时代，技术因素对于管理者和组织都具有深刻的意义。技术变化能使现有产品变得过时或无用，如打字机、黑白电视机、随身听、大厚本成套的百科全书等，并迫使管理者去寻找能够满足客户需要的新的方法。虽然技术变化会对组织构成威胁，但也为设计、制造、分销新的或更好的产品和服务创造了诸多机会。例如，由英特尔公司开发的功能更为强大的微处理器引起了刺激个人计算机需求的信息技术革命，造就了戴尔、康柏等一批成功的个人计算机供应商，同时导致了像 IBM 等另一些大型商业计算机供应商的衰落。由于许多计算机应用领域里的主机被个人计算机网络替代，因而社会对 IBM 和其他供应商的产品需求下降。然而，20 世纪 90 年代，IBM 转移了工作重点，从提供计算机硬件服务转到计算机服务与咨询上面，再一次显示了强劲的公司实力。因此，管理者如果想使自己的组织获得生存和发展，就必须对技术变化予以迅速回应。

技术的变化也改变了组织内部的工作性质和管理者自身的工作。通过互联网和电视会议进行远距离沟通成为管理者不可或缺的日常活动，使管理者对分散在不同地方工作的员工进行有效监督和协调成为现实。许多公司的销售人员在家办公，借助电子沟通手段进行工作。产品开发人员通过公司电子邮件网络与其他人员进行沟通，以及使用计算机网络实现"面对面"交流。

3. 社会文化因素

社会文化因素是指源于一个国家或社会的结构的压力，也指源于民族文化的压力。来自这两个方面的压力既可能限制也可能推进组织的运营和管理者的行为。社会结构是一个社会中由个人和群体之间各种关系所形成的结构。社会的不同多是源于社会结构的不同。在高度阶层分化的社会中，在个人之间、个人和群体之间以及群体之间，有许多明显的等级差别。例如，印度实行种姓制度；而在英国、法国社会，社会阶层是地位的基础；而在中国、日本和韩国等东方社会，强调人们之间或群体之间的地位差别。例如，在日本，婚姻被看成是家庭的婚姻，在与未来的配偶结婚之前，调查彼此家庭成员的背景是很普遍的事；在中国，婚姻强调门当户对，关注两个家庭其他成员的社会经济地位的差别。不同的社会在怎么看待个人与群体关系上也有所不同。例如，美国社会强调个人至上，是个人主义色彩最浓厚的社会。相比之下，多数亚洲社会更强调群体，个人的家庭、毕业的学校、所在公司以及所属工作团队都会确定其特征及社会地位。民族文化是指一个社会中被认为是重要的一套价值观或被社会接受和认可的行为规范。不同的社会所强调的价值观和行为规范差别很大。例如，西方社会，特别是美国，个人主义备受推崇；而在东方的中国、日本和韩国，则要求个人服从群体，文化中具有明显的群体取向。在中国的过去及现在，曾经形成的商帮，如晋商、徽商、闽商等，以及老乡会、校友会等，无不是这种文化的鲜活例证。

社会结构和民族文化不仅在国与国之间存在差异，其自身也会随着时间的推移而发生变化。在中国及其他亚洲国家，年青的一代比他们的长辈更为强调个人主义和企业家精神的价值观。管理者个人和组织必须对与之有业务往来的所有国家的社会结构和民族文化的变化和差异做出积极的应对。在经济全球一体化的今天，管理者要与许多国家的人们来往，许多管理者甚至必须在国外生活和工作。有效的管理者必须对社会之间的差异保持敏感性，并在必要的条件下调整自己的行为方式。例如，20 世纪 80 年代，百事可乐公司抓住人们越来越重视自己的身体健康、在世界范围内掀起的保健热带来的机会，及时推出减肥可乐和水果饮料，从而从主要竞争对手那里抢得一个市场份额。Quaker Oats 力使 Gatorade 成为最受大众喜爱的运动饮料，并开发出一大批低脂食品。然而，保健热并没有给所有的公司都带来机会，对于一些公司来说，它是一种威胁。例如，由于消费者越来越清楚地认识到吸烟的危害，给烟草公司带来了巨大的压力。

【案例】德国和日本的一些商业规矩

在德国和日本，商业规矩比美国更正式。暗色西服的保守穿着和正规礼貌的交往是他们的准则。人们几乎很少以姓氏称呼，德国人喜欢表示尊敬的头衔（如："博士先生"），日本人喜欢用尾语 "san"，如 Tanaka san，作为一种礼貌的问候方式。德国人希望得到名片，在日本互换名片是最基本的，日本人用名片作为自我介绍的一种方式。名片有助于日本人将一个人摆到一个合适的位置，可以表明他所在公司的声望及其在公司的职位。日本人可以端详客户及其名片好几分钟，而不进行任何交流。许多西方人发现这种利用时间的方式令人感到不安并怀疑会发生什么问题。

德国人将商务和家庭生活区分开来，他们很少在下午 5:00 以后做生意。相比之下，日本人的工作时间通常持续到日落及更晚的时间，有时与同事和商业伙伴一起吃喝会持续到晚上 10 点或 11 点。由于这种文化期望，如果当经理的丈夫每天下午 6:00 回家，他们的妻子就会很没面子，因为，这意味着其丈夫被他的同事所抛弃。在日本，人们希望在工作之后得到娱乐，在仪式化饮酒中，办公室里的正规就会被打破，因为日本人认为这是在休息时间里真正认识同事或他人的一种方式。然而，到第二天早上 9 点，一切都将恢复头天的正规。

69

☞ **启示**：在经济日益全球化的背景下，如果希望在某个国家或地区成功开展商业活动，管理者必须了解该国或地区的文化习俗，否则很难赢得贸易伙伴的青睐。

4. 人口因素

人口因素指的是诸如年龄、性别、民族、教育程度、社会阶层及家庭构成等人口特征的变化结果。与一般环境中的其他因素一样，人口因素既能给管理者带来机会，也能对管理者造成威胁，对组织具有重大影响。

目前，我国已经或即将面临由出生率下降和死亡率下降、婴儿潮时期出生的那代人步入老年行列等因素带来的人口老龄化问题。这是人口因素中最重要的也是影响最深远的变化。按照联合国的标准，如果一个国家60岁以上老年人口达到总人口数的10%或65岁以上老年人口达到总人口数的7%以上，那么这个国家就属于老龄化国家。根据我国第六次人口普查，2000年我国65岁以上老年人口已达到8811万人，占人口总数的6.96%，已经接近老龄化国家；2005年年底全国1%人口抽样显示，我国总人口数达到130 756万人，其中65岁以上人口达到10 055万人，占总人口数的7.7%。从数据可以推断，我国已经真正成为人口老龄化国家。老年人口的增加为组织创造了更多满足老年人需求的机会，包括老年人食品、医疗、保健、健康护理和娱乐等。人口老龄化也影响工作中的一些问题。其中最重要的问题是，员工队伍中年轻人数量相对减少，同时，社会为了减轻负担延迟退休年龄导致过去应该退休却仍在岗位工作的员工数量增多。这些变化意味着组织需要找到激励年老员工的方法，要善于利用他们的技能、知识和经验。这是许多社会及企业组织必须解决的一个问题。

5. 政治及法律因素

政治及法律因素是法律和法规变化产生的后果。政治和法律因素是由社会内部政治和法律的变化带来的，对管理者和组织产生着重大的影响。一个社会的法律是由其政治过程形成的。法律对组织运行和管理者的工作起限制作用，因而也会给他们创造机会并带来挑战。

例如，2010年5月13日，国务院颁布了"新三十六条"，即《国务院关于鼓励和引导民间投资健康发展的若干意见》，进一步拓宽民间投资的领域和范围，鼓励和引导民间资本进入基础产业和基础设施领域。这一新的政策必将引起相关行业领域环境的重大变化，这些变化最终会影响相关行业里的企业任务环境的变化。对于民间资本或民营企业来说，"新三十六条"就是一个发展良机，而对于原有的国有企业来说，"新三十六条"意味着行业将面临更加激烈的竞争。

组织必须花费大量的时间和费用以达到政府法规的要求。政府的法规限制了管理者能够做出的选择，从而降低管理者的自由决定权。例如，社会越来越强调对环境和濒危物种的保护，企业生产活动必须考虑政府的环保法规对"三废"的处理要求；社会越来越强调工作场所的安全，以及运用法律手段对最低工资报酬、性别歧视、歧视乙肝病毒携带者等加以限制。政治及法律因素的其他方面表现为组织运行所在国的政治条件和国家的总体稳定性，以及政府官员对企业所持的态度。例如，在中国，各类组织大体上在一个稳定的政治环境中运行，但政府对经济的干预度比较高。而有些国家的政府在相当长的历史中都是不稳定的。例如，南美和非洲的一些国家在多年时间里频繁地发生政府更迭，而每届政府都有自己的新政策。一届政府的目标可能是促进企业国有化，而下一届政府的目标则是促进企业私有化。这些国家的企业管理者由于政治的不稳定而面对着剧烈变动的高度不确定性。

6. 全球性因素

全球性因素是国际关系及各国经济、政治、法律和技术诸方面变化的结果。在 21 世纪，不应该再认为这个世界是由诸多界限分明的国家和市场（在物质、经济和文化上都彼此分离）所组成的。今天的管理者必须认识到组织都是在一个真正全球化的市场中生存与竞争，全球环境中充满着他们必须予以回应的机会和威胁；他们要不断地面临全球竞争的挑战，在国外开展经营活动，从国外供应商那里获取资源并进行跨文化管理。

对管理者和组织影响最为巨大的全球性因素是各国经济的日益一体化。各种全球性、地区性的贸易组织——如 WTO、北美自由贸易协定、欧盟及东南亚国家联盟的发展，导致国家之间商品和服务自由流通壁垒的减少（降低）。贸易壁垒的减少（降低）为一个国家的企业向其他国家销售商品和服务创造了大量的机会，同时也允许其他国家的企业争夺组织当地的顾客，这就对当地企业构成了严重的威胁，因为外来企业加剧了当地任务环境内的竞争。例如，美国的汽车制造商就眼睁睁地看着日本的竞争者在美国的市场占有率由 1973 年的 3% 上升到 2000 年的 27%。这与美国相对较低的贸易壁垒有直接的关系。但也正因为日本汽车竞争带来的压力促进了美国汽车公司的变革，使美国汽车公司学到了新的全球性的价值观和规范（如产品质量和可靠性）。同样的事情也发生在我国的 20 世纪 80 年代和 90 年代，如果家电市场没有对日本竞争者开放，我们今天就没有那么多有很强竞争力的大型家电企业。

【案例】 向洋葱认输

麦当劳是世界上最大的快餐连锁店，2009 年 10 月 31 日午夜，麦当劳在冰岛结束这一天营业的同时，也结束了在冰岛长达 16 年的营业史，全面退出了冰岛市场，甚至没有表示会有重新开张的一天！

麦当劳总部对此发表声明说，在冰岛开展业务是一项非常大的挑战。然而与此同时，麦当劳在冰岛的总经销商欧曼德森却表示，麦当劳在冰岛的生意一直十分兴隆："每到就餐时间，汹涌的人潮是任何一个地方都没有的！"

既然生意这样好，那又是什么原因使麦当劳选择了退出呢？谁也想不到的是，让麦当劳认输的，竟然不是同行的竞争，而是冰岛的洋葱！

在冰岛这个位于大西洋中的岛国，农业不发达，大部分农作物都来自德国，包括麦当劳许多食物里必不可少的原料——洋葱！然而，麦当劳于 1993 年决定在冰岛开设分店时，并没有对此做过仔细的调查，麦当劳总部想当然地认为，洋葱是一种随处可见的便宜蔬菜。到开张之后才发现，冰岛的洋葱简直贵得出奇，购进一个普通大小的洋葱，需要卖掉十几个巨无霸汉堡包才够本！

既然开张了，麦当劳只能选择坚持。长期以来，麦当劳在冰岛的生意虽然看上去红火，但利润实在是非常微薄。冰岛的麦当劳特许营运商奥格蒙德用一句话描述了这十几年来的经营状况："我一直在不断亏钱！"

2008 年的金融风暴使冰岛克朗大幅贬值，欧元逐渐走强，加之进口食品税率提高，导致成本上升，更加大了麦当劳的经营难度。在冰岛首都雷克雅未克，一个巨无霸的售价为 650 冰岛克朗，但如果要获得哪怕是必需的利润，就必须让价格上涨到 780 冰岛克朗，如果是这个价格，那么，麦当劳就根本不会成为人们的选择！而购买一个普通的洋葱，按欧曼德森的话来说："要花掉购买一瓶上等威士忌的钱。"

因为洋葱的高价，使麦当劳这个几乎是所向披靡的全球快餐巨无霸，在冰岛低头认了输！

☞ **启示**：有人说这是因为冰岛不产洋葱所导致的，也有人说这是让金融危机给害的，这些观点都没有说到根本上。麦当劳在冰岛的失败，其根本原因是麦当劳在决定开拓冰岛市场的时候，忽略了一个细节：冰岛的洋葱从哪里来？因此，环境调查不能仅仅停留在对影响企业运营的因素做泛泛的了解，一定要把这项工作做实做细了。有一句流行语要记住：细节决定成败！

3.1.3　环境管理

从以上分析中，我们可以看到环境的各种构成要素对组织的生存和发展具有重要的意义。但是，仅仅只是了解环境的构成要素对管理者是远远不够的，还必须理解环境是如何影响管理者和组织的。只有这样，管理者才能通过加强组织内部管理来取得与外部环境的动态平衡。

3.1.3.1　了解与认识环境

管理者要能动地适应环境，必须了解、认识组织环境构成中，哪些要素对组织产生重要的影响。管理者需要通过各种渠道搜集环境中的各种信息，掌握环境中各种变量的发展变化趋势，始终保持对环境的动态监控和整体把握。

3.1.3.2　分析与评估环境的动态特征

不同组织所面临的环境具有不同的特征。环境的不同特征主要通过环境的不确定性程度差异表现出来。组织环境的不确定性程度主要由两个维度决定：环境的变化程度和复杂程度。

1. 环境的变化程度

如果组织环境的构成要素经常变化，并且这种变化是不可预测的，我们就可以称之为动态环境。如果变化很小，或者虽然变化大却是可以预测的，则称之为稳态环境。在稳态环境中，或许没有新的竞争者，或许现有竞争者没有新的技术突破，等等。例如，我国啤酒行业是寡头垄断的市场，企业所面临的竞争对手都是比较稳定的，在技术上也很少有新的突破。相比之下，唱片业面临的环境具有高度的不确定性和不可预测性，MP3/MP4 及网络音乐下载等数字化技术对其构成了巨大的冲击，未来人们对音乐的消费方式变得扑朔迷离。

2. 环境的复杂程度

复杂性程度是指组织环境中的要素数量及组织所拥有的与这些要素相关的知识广度。一个组织与之打交道的竞争者、顾客、供应商及政府机构越少，组织环境中的复杂性就越小，不确定性因而也越少。例如，啤酒生产企业与汽车制造商所面临的环境中的供应商数量、顾客、竞争者等是有明显差异的，前者环境较为简单。复杂性还可以依据一个组织需要掌握的有关自身环境的知识来衡量。例如，波音公司必须非常了解零配件供应商的生产及其质量管理体系，而零售商的管理者就无须如此深入地了解关于供应商的复杂信息。

3.1.3.3　能动地适应并影响环境

环境的不确定性是如何影响管理者和组织的呢？根据决定环境不确定性的两个维度——变化程度和复杂程度，并将它们划分为高低两个水平，就可以将组织或管理者面临的环境分为四种类型，即：简单稳定的环境、简单动态的环境、复杂稳定的环境和复杂动态的环境。其中，简单稳定的环境代表了不确定性程度最低的环境，而复杂动态的环境的不确定性水平最高。毋庸置疑，处在简单稳定环境中的管理者对组织经营成果的影响力最大，而复杂动态环境中的管理者对组织经营成果的影响力最小。

由于环境的不确定性大小威胁着一个组织的成败，因此，管理者应尽力将这种不确定性减少至最低程度。如果可以选择的话，大多数管理者都愿意在简单稳定的环境中经营，但这样的愿望往往是难以实现的。因为今天大多数行业正面临着越来越动态和错综复杂的环境，并且随着经济日益全球化，管理者所面临的环境不确定性水平将越来越高。但是，管理者在环境面前是不是就无所作为呢？显然不是。例如，一些生产金属制品的企业，由于其原材料是各种金属矿产资源，而这些资源的价格往往受国际大宗商品价格及美元汇率波动的影响，生产金属制品的企业为此担当了极大的风险。为此，一些有实力的企业通过在证券市场筹集资金收购上游矿产资源企业，以确保生产所需原材料的稳定供应。通过这样的活动，这些企业就降低了组织所面临的环境的不确定性水平。一些生产汽车或家电的企业，往往会面临很多的零配件供应商，任务环境显然是高复杂程度的。但是，企业完全可以通过供应链的建设来减少供应商的数量，降低环境的复杂程度，从而降低环境的不确定性。

▶▶ 3.2 商业伦理

目标导引

1. 基本了解商业伦理的含义；
2. 重点掌握商业伦理观的含义及影响管理者伦理行为的因素；
3. 熟练运用商业伦理知识规划改善组织伦理行为的途径。

在 3.1 节，我们分析了组织与环境之间的相互关系。外部环境会给组织带来有利和不利的影响，即一方面给组织带来发展的机会，同时也可能潜藏着很大的风险。同时，组织通过其决策和行动也会对环境产生有益和有害的影响。一方面，组织通过有效的管理，吸收社会就业，为社会提供质优价廉的产品或服务，为社会创造更多的财富，为增进社会福利做出贡献。另一方面，组织的决策和行动也会给社会造成一些负面的影响，例如，在经济不太好的时候，缩减营业规模会造成员工失去工作岗位，给一些家庭带来伤害；选择不恰当的产品及生产方式，会造成有害的排放物，破坏了社区及周围环境；制造假冒伪劣产品或不安全产品对消费者利益形成损害；为了赢得一份商业合同贿赂政府官员所造成的恶劣社会影响；等等。因此，作为有社会力量的组织的管理者在每天的决策和行动中都会面临组织利益与伦理的权衡问题，保护所有受组织决策和行动影响的人们的利益，是管理者应该承担的不可推卸的社会责任。

3.2.1 商业伦理规范的含义

商业伦理规范指的是经济活动中那些涉及对或错的道德准则或信念。根据这一定义，商业伦理在本质上是准则或信念，这些准则或信念旨在帮助有关经济活动主体判断某种行为是正确的或是错误的，或这种行为是否为组织所接受。它指导着个人与他人或群体（利益相关者）交往，同时也为确定行为是否正确或恰当提供了一个基本依据。伦理规范有助于人们在对最好的做法不甚明了时做出合乎伦理的回应，指导着管理者在不同的情境中做出应该如何行动的决策，也有助于管理者决定如何最好地回应不同组织利益相关者的利益要求。

3.2.2 商业伦理观

管理者制定的许多决策和所采取的诸多行动必须考虑谁会受到其结果和过程的影响。长期以来，哲学家、经济学家们一直在为判断决策和行动是否合乎伦理的具体标准争论不休，他们先后提出了指导管理者制定决策可供利用的四种伦理观，即功利主义伦理观、权利主义伦理观、公正主义伦理观和综合社会契约伦理观。

3.2.2.1 功利主义伦理观

功利主义伦理观是指完全按照结果或后果制定组织的各项决策。这种伦理观通过考察如何为绝大多数人提供最大的利益这种量化的方法来制定组织的决策。管理者应该对可供选择的做法可能给组织的不同利益相关群体带来的收益和成本进行比较分析，在此基础上他们所选择的做法应该符合利益相关者的最大利益。按照功利主义伦理观，管理者可能会认为，在经济不景气的环境下，解雇 20% 的员工是合理的，因为这种措施将降低成本压力，增加企业利润，确保留下的 80% 员工的工资收入，增加股东能获得的收益。人们可能也会认为偷一片面包给一个饥饿中的家庭是合乎伦理的，因为吃这片面包维系了这个家庭的生存，这片面包对于穷人的效用大于对于富人的效用。

3.2.2.2 权利主义伦理观

权利主义伦理观关注于尊重和保护个人自由和权利，包括个人隐私、思想自由、言论自由、生命与安全及法律规定的各种权利。依照这种伦理观进行决策主要着眼于维护受该决策影响的人的基本权益。该伦理观并不强调行为的结果，而是强调行为本身是否合乎伦理标准，而不管这些行为产生什么样的结果。例如，一个人之所以不去偷面包，是因为偷盗本身是不道德的（这种行为侵害了被盗者的权利），即使饿死也不去偷盗。管理者应该在可供选择的做法中对利益相关者权利的影响进行比较，在此基础上所选择的做法应当保护利益相关者的权利。例如，那些对员工和顾客的安全与健康有严重损害的决策就是不合乎伦理的，因此，在牛奶中掺和三聚氰胺就是一种违背商业伦理的决策。

【案例】富士康起诉记者事件

事件的起因，是《第一财经日报》记者报道了这家企业员工超时加班问题。其实，在 IT 业界，超时加班几乎是不成文的"行规"，而且大多是没有加班费的"自愿加班"。在计算机屏幕前一坐十几个小时甚至几十个小时的"IT 痴"不在少数，但大部分 IT 业者超时加班只是为了谋生而已。"超时加班"是 IT 人被整个 IT 机器席卷异化的一种症候，是不健康的。

这种可怕的行规以及造成的社会矛盾，应如何加以改善？

其一，企业增加员工数量，以"倒班"代替"加班"；

其二，企业向加班员工严格发放高额度的加班工资，补偿员工（每天工作时间 8 小时是法律规定的）。

在 IT 业界，以上两条都难以做到。其原因说到底，是个成本问题。"补充员工"或"补偿员工"是要实实在在增加企业成本的，而人力成本在 IT 业总成本中占了相当比重。解决超时加班问题，实际上是在"社会责任"与"企业竞争力"之间寻找平衡。

☞ 启示：迫于竞争压力，很多大型企业及著名企业家在日常的生产经营活动中自觉或不自觉地侵犯了员工的合法权益。维护员工的合法权益需要企业家的伦理自觉，需要员工权利意识的提高，需要国家有一个更加健康的经济、法律环境。

3.2.2.3 公正主义伦理观

公正主义伦理观要求管理者公平和公正地贯彻伦理准则，并在此过程中遵循所有的法律法规。管理者可能会应用公正准则来决定给那些在技能、绩效或责任处于相似水平的员工支付同等级别的薪水，其决策的基础并不是性别、个性、种族或个人爱好等似是而非的差异。因此，基于这种准则的决策着眼于在利益相关者之间公平合理或不带成见地分配利益与损失。管理者必须学会不依照人们的外表或行为上的明显差别而区别对待，必须学会运用公平的程序去处理组织成员的收益分配问题。例如，管理者不可以给自己比较喜欢的人多加薪，对自己不喜欢的人少加薪或不加薪，更不可以篡改规则来帮助自己喜欢的人。

【案例】可口可乐双重标准凸显潜规则

此前，一批由上海可口可乐饮料公司生产的零度可口可乐原液（误运到台湾）被台湾卫生事务主管部门食品药物管理局检验出防腐剂"对羟基苯甲酸甲酯"，这是当地禁止在碳酸饮料中使用的物质。报道称，这批原液每公斤含"对羟基苯甲酸甲酯"2.062克。不过，可口可乐中国区对此回应称，该防腐剂在大陆属于合法食品添加剂，而且含量符合规定（合乎权利主义伦理观）。台湾检测的样本是未稀释的浓缩原液，而最终销售的产品则需要稀释后才会进行销售，稀释后浓度大概仅为每公斤不到0.1克，符合大陆的标准（权利主义伦理观）。

但一次"不小心误运"事件意外地暴露了可口可乐公司在不同市场运用了不同标准的事实。"符合大陆标准"的说辞并未平息质疑，反而让可口可乐遭遇了双重标准的诘责。业内认为从法律角度而言，可口可乐按照不同市场法规执行不同标准的做法并不违规，而消费者质疑的是跨国公司在商业道德上存在的瑕疵。

事实上，跨国公司双重标准背后实则还是经济原因，一位曾在外企服务过的人士称，双重标准的背后暗含着某些潜规则，在一些跨国公司，某些产品会根据国家或地区的不同价格及生产标准的上下限，为了占领市场，会以更廉价的成本上限配合产品的合格下限，由此以不同标准生产不同品质的产品，而获取利润的最大化。

与发达国家相比，中国的监管标准相对缺失或落后，导致经常出现跨国公司内外有别的情况，甚至出口产品一样内外有别。国内销售的玩具、服装、家具等也多次爆出产品质量内外有别的问题。以玩具为例，相对于出口欧美的产品，国内销售的产品中含有欧美市场禁用的物质，以及重金属等含量明显偏高，但这些产品都符合国内标准。

☞ 启示：跨国公司应该秉承自己一贯的品质标准，坚守自己的品质承诺，而不应该放松甚至放弃自己对品质的要求，更不应该对不同地区的消费者持不同的标准。这样做虽然不违法，但与其大企业应该承担的社会角色并不匹配。

3.2.2.4　综合社会契约伦理观

综合社会契约伦理观认为应当根据实证因素（是什么）和规范因素（应当是什么）制定决策，其基础是两种"契约"的综合：允许企业处理并确定可接受的基本准则的社会一般契约（超级规范或更高的规范），以及处理社区成员之间可接受的行为方式的一种更为具体的契约（微观社会契约规范）。为了保证强制性，微观社会契约规范必须与更高的规范保持一致。例如，在决定广东省东莞市一家新建工厂的工人工资时，遵循综合社会契约伦理观的管理者可能根据当地当前的工资水平制定工人工资决策（只要这个工资水平不低于国家所规定的最低工资标准）。这种伦理准则提倡管理者观察当前各行各业以及各个企业的伦理观，从而决定是什么构成了正确的和错误的决策和行动，因而是与其他三种伦理观不同的伦理观。

大多数的企业管理人员会采用哪种伦理观呢？我们不能否定持功利主义伦理观的管理者。因为它与效率、生产率和利润等目标是一致的。但是，由于管理者所面临的环境正在发生着剧烈的变化，所秉承的伦理准则也需要与时俱进。强调个人权利、社会公正和社区标准的趋势意味着管理者需要以非功利观为基础的伦理准则。它对今天的管理者是一个实实在在的挑战，因为依据这些准则制定决策要比依据效率和利润等功利准则制定决策含有更多的模糊性。

3.2.3　影响管理者伦理行为的因素

一个管理者的决策行为是否合乎伦理准则，是管理者伦理（或道德）发展阶段与个人特征、组织结构设计、组织文化和伦理问题强度等这些变量之间复杂地相互作用的结果（如图 3-2 所示）。缺乏强烈道德感的人，如果他们被那些反对不合乎伦理行为的准则、政策、职务说明或强文化准则所约束，那么做错事的可能性就会小很多。相反，非常有道德的人，可以被一个组织的结构和允许或鼓励不合乎伦理行为的文化所腐蚀。此外，管理者更可能对伦理强度很高的问题制定出合乎伦理的决策。

3.2.3.1　伦理发展阶段

伦理发展存在三个层次，每一个层次包含两个阶段。在每一个相继的阶段上，个人伦理判断变得越来越不依赖外界的影响。这三个层次、六个阶段如表 3-1 所示。

表 3-1　伦理发展层次

伦理发展水平	伦理发展阶段描述
原则层次	6. 遵循自己选择的伦理原则，即使它们违背了法律
	5. 尊重他人的权利，支持不相关的价值观和权利，不管其是否符合大多数人的意见

77

伦理发展水平	伦理发展阶段描述
惯例层次	4. 通过履行你所赞同的义务来维护传统秩序
	3. 做你周围的人所期望的事情
前惯例层次	2. 仅当符合其直接利益时才遵守规则
	1. 严格遵守规则以避免受到物质惩罚

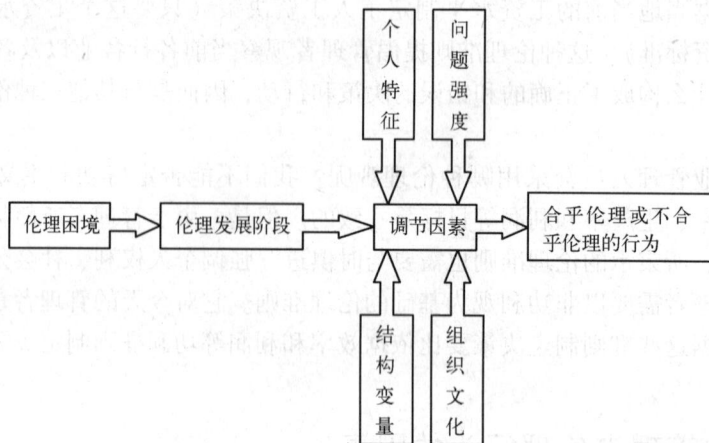

图 3-2　影响管理者伦理行为的因素

第一个层次为前惯例层次。在这个层次上，一个人的是非选择建立在物质惩罚、报酬或互助等个人后果的基础上。当伦理演进到惯例层次时，表明伦理价值存在于维护传统的秩序及不辜负他人的期望之中。在原则层次上，个人做出明确的努力，摆脱他们所属的群体或一般社会的权威，确定自己的伦理原则。

对伦理发展阶段的分析研究表明，一是人们以前后衔接的方式依次通过伦理发展的六个阶段；二是一个人伦理水平的发展可能中断，可能停留在任何一个阶段；三是，大部分成年人的伦理发展处于阶段 4 上，他们的行为往往局限于遵守社会准则和法律。

【案例】服务精神

在巴黎，朋友请成思危到一家日本餐馆吃饭，点了不少精致的寿司。"朋友对我的胃口估计过高，寿司点多了，吃不了，那就打包吧……"结果，服务员鞠躬说，不能打包。成思危觉得奇怪，请服务员喊经理来。经理来了，说："我得对您负责。这种寿司，如果您不尽快吃，要变质的。所以，不能打包。"成思危说："我回去放冰箱不就得了？"那位经理仍然耐心地解释："很难保证您一回去就把它放进冰箱。"

"那我吃不下怎么办？"成思危认真地问。经理诚恳地说："剩下的，我们不算您的钱，我们处理掉，这盘寿司就当您没点，但是您绝对不能拿走。"

　　☞ 启示：企业的伦理发展阶段固然与整个社会大环境有密切关系，但作为企业经营者的个人道德素质及社会责任感才是决定性的因素。作为企业家有责任为社会树立遵守社会法律、遵循伦理道德、诚信经营的榜样，为净化社会经济环境做出自己的贡献。

3.2.3.2　个人特征

　　组织的每个人都有一套自己比较稳定的伦理价值观。这些价值观是个人早年从父母、老师、朋友或其他人那里习得并发展起来的关于什么是正确的、什么是错误的基本信念。因此，管理者由于其人生经历的差异，常常具有明显不同的个人价值观。有两个变量影响着人们的行为，它们是自我强度和控制中心。自我强度是衡量个人信念强度的一种个性尺度。自我强度得分高的人往往能够克制不合乎伦理行为的冲动，并遵循自己的基本信念。换言之，自我强度高的人更可能做他们认为正确的事。可以预料自我强度高的管理者比自我强度低的管理者将在其伦理判断和伦理行为之间表现出更强的一致性。控制中心是衡量人们相信自己掌握自己命运程度的个性特征。内控的人认为他们控制着自己的命运；而外控的人则认为他们一生中会发生什么事全凭运气或机遇。这将如何影响一个人的伦理行为呢？外控的人不大可能对他们行为的后果负个人责任，他们更可能依赖外部力量。相反，内控的人更可能对其行为后果承担责任，并依据自己的内在是非标准来指导自己的行为。内控的管理者将比那些外控的管理者在伦理判断和伦理行为之间表现出更强的一致性。

3.2.3.3　组织结构变量

　　组织的结构设计有助于促进管理者采取合乎伦理的决策。结构设计如果能够使模糊性和不确定性减少到最小，并不断提醒管理者什么是合乎伦理的，什么是不合乎伦理的，就更有可能促进管理者做出合乎伦理的行为。比如，正式的规章制度、具体明确的职务说明和明文规定的伦理准则等这类正式的指导有助于员工判断行为与伦理的一致性。组织所设计的绩效评估系统对管理者的伦理行为也有明显的影响。如果绩效评估仅关注行为的结果，管理者可能迫于绩效压力而"不择手段"地追求成果指标。奖励或惩罚越依赖于具体的绩效成果，管理者为达到那些成果并在伦理标准上妥协的压力就越大。另外有研究表明，上司的行为对员工在伦理行为的抉择上具有最强有力的影响。人们往往注视着管理人员的行为，并以此作为什么是可接受的期望于他们的行为的标准。伦理规范要求高层管理者以身作则，他们必须为组织的其他员工确立基本的伦理价值观和标准。员工会留心领导者的言行表现，管理者往往成为员工的伦理行为榜样，下属会密切关注他们的行为。如果高层管理者做出不合乎伦理的行为，那么他们的下属也不太可能合乎伦理地做事。因为下属会想，上司都可以那么做，我为什么不可以呢！

3.2.3.4　组织文化

　　组织文化是指在实现组织目标的过程中，对个人、群体及团队之间来往与合作构成影响的一组价值观、规范、行为准则和共同期望。通过确保伦理价值观和规范成为组织文化的核心组成部分，管理者可以强调伦理行为和社会责任的重要性。这些构成组织文化内容的伦理价值观和规范有助于组织成员克服自私自利的行为，并使其认识到他们代表的不仅仅是自己。例如，赫布·凯莱赫和西南航空公司的文化十分重视员工的幸福，并将这一价值观变成组织规范明确表明：应该避免解雇员工。即使在9·11恐怖袭击事件之后那段困难时期，西南航空公司不解雇员工的政策经受着严峻的考验，但公司高层领导仍坚持原有的价值观，他们明确表态：即使发生了这一人间惨剧，西南航空公司仍然是唯一一家不解雇员工的大型航空公司。

【案例】强生公司的伦理文化

强生公司因其重视伦理的文化而闻名遐迩。强生公司是在20世纪30年代由罗伯特·伍德·约翰逊将军领导一个家族企业发展起来的，现在已成为一家大型的药物和医疗产品制造商。为表明管理者在创建合乎伦理的组织文化方面的职责，罗伯特·伍德·约翰逊极力强调对利益相关者的伦理规范和责任的重要性，并在1943年亲自写下了该公司的第一份信条。

这份信条在今天仍是强生公司雇员的工作指南，同时概述了该公司对不同利益相关者的承诺。这份信条强调公司首先要对医生、护士、患者和消费者负责，其次要对供应商、分销商、雇员、社区负责，最后是对股东负责。强生公司的管理者和雇员一直沿用这份信条，并影响着一些棘手问题的决策，如1982年芝加哥有7人因服用了含氰化物的泰诺胶囊相继死去（事后调查认定是由于消费者自身疏忽造成的），为对此事负责，强生公司决定召回美国市场上所有的泰诺胶囊。

在强生公司，首先考虑的是消费者的幸福而不是公司的利润。大约20年前，公众对日光浴的危害了解得很少，将强生婴儿润肤油当作晒黑品用。当时的婴儿润肤油产品经理是卡尔·斯波尔丁，有一次，他正在向高层管理者陈述一个市场营销计划方案，强生公司总裁戴维·克莱尔插话说晒黑皮肤并不利于健康。注意到这句话，卡尔·斯波尔丁在发起他的有计划的市场营销活动之前，他仔细查阅了与日光浴有关的健康问题资料，并找到一些关于过多的暴晒有害健康的证据。即使这些证据并不是定论，斯波尔丁还是建议公司不要再将婴儿润肤油当晒黑品出售。这个决策导致了该婴儿润肤油的销售下降了50%，损失近500万美元。强生公司文化的伦理价值观和规范，影响着如卡尔·斯波尔丁这样的管理者在困难的情况下做出了正确的决策。

重视伦理的文化和卓著的声誉除了帮助雇员制定正确的决策，还给该公司带来了其他方面的好处。珍妮·哈姆韦——负责招聘的副总经理就发现强生的名声非常有利于新员工招聘工作的开展，吸引并形成多样性的员工队伍。而且，当组织拥有一个卓著的声誉时，雇员自私自利和不合乎伦理的行为就会少许多。强生公司的管理者认为，由于他们的公司雇员从来不接受贿赂，所以强生公司作为一个不接受贿赂的公司声名远播。总而言之，强生公司这样的伦理文化可在多方面有利于各利益相关群体。

☞启示：强调正确的伦理价值观的文化，可能会对组织短期的利益产生负面影响，但从组织的长远和整体利益上来说，这种文化带来的好处是无穷的。

3.2.3.5　问题强度

影响管理者道德行为的最后一个因素是道德问题本身的强度，它又取决定于以下六个因素：危害的严重性、对不道德的舆论、危害的可能性、后果的直接性、与受害者的接近程度及影响的集中性。这些因素决定了伦理问题对个人的重要程度。根据这些因素分析，受到伤害的人越多，认为该行为是不合乎伦理的舆论越强，该行为将要造成危害的可能性越大，人们越是能够直接地感受到行为的后果，行为者与受害者关系越接近，该行为对受害者的影响越集中，问题强度就越大。当一个伦理问题很重要时，也就是说问题的强度越大，那么，管理者越有可能采取合乎伦理的行为。

3.2.4　改善管理者伦理行为的途径

我们都知道，不符合伦理准则的行为在社会中是普遍存在的，而无论是作为个人还是作为一个组织的管理者，概莫能外。例如，作弊已经成为我国应试教育中的通病。通过观察表明，有相当比例的学生认为作弊者不会付出任何代价；当他们看到别人作弊时，也不会检举那个人；有相当比例的大学生认为他们需要作弊才能在今天的竞争中处于领先地位。一些著名的企业在经营过程中曾经滥用其市场垄断地位制定不合理的价格。一些网站传播不健康的色情图片和文字来提高网民的点击率。诸如此类的一些商业行为有违伦理准则。那么，管理者如何才能减少组织中的不道德行为，他们可以做些什么呢？

3.2.4.1　招聘高伦理素质的员工

我们已经知道，不同的个人可能处于伦理发展的不同阶段，他们拥有不同的个人价值标准。因此，作为一个组织的管理者在招聘员工的时候，完全可以通过严格的招聘程序——审查应聘者递交的个人材料、面试、测验、背景考察等来剔除那些伦理素质不符合要求的求职者。招聘过程应当作为了解应聘者个人伦理素质发展阶段、个人价值观、自我强度和控制中心的一个重要途径。当然，组织不能期望通过这个途径避免所有可能的有道德问题的人被录用。但是，如果不这样做问题可能会更加严重。

3.2.4.2　建立伦理准则和决策准则

对组织的员工来说，有太多的因素会影响他们对伦理是非问题的判断，因此，确立明确的伦理准则是至关重要的。伦理准则是表明一个组织期望员工遵守的基本价值观和伦理规则的正式文件。伦理准则是减少迷惑的一种有效方法。伦理准则应当是什么样的呢？一方面，伦理准则应当尽可能的具体，从而向员工表明他们应以什么样的态度和精神去履行自己的职责。另一方面，伦理准则应足够宽松，允许员工有判断选择的自由。伦理准则应涵盖以下三方面的内容：①做诚实守信的职业者；②不做任何损害组织的不合法或不恰当的事情；③关注顾客利益。即使制定了明确具体的伦理准则，也不能确保组织员工的行为每时每刻都能符合伦理要求。为此，管理者应不断向员工传达与组织的伦理承诺相关的期望和提示，应当不断支持并重申伦理准则的重要性，坚决惩罚违反伦理准则的人。只有这样，所确立的伦理准则才能为员工的行为提供一个坚实的道德基础。

3.2.4.3　高层管理者的表率行为

如果希望组织的伦理准则对员工行为有强有力的指导作用，组织的高层管理者以身作则就是非常重要的。因为正是高层管理者奠定了组织文化的核心理念。在言行上，他们是表率，应认识到他们所做的可能比所说的更为重要。高层管理者还可以通过奖惩措施来建立组织文化的伦理价值观。选择谁或什么事件作为提薪奖励或是晋升的对象，将向员工传递强有力的信号。提升一个通过不正当手段取得重大成果的经理，将向其他人表明那些不正当行为是可以接受的。当错误行为被揭露时，那些希望强调合乎伦理行为的管理者必须惩罚做错事的员工，并公布事实真相，让每一个成员看到结果。这就传递了一条信息，即做错事就要付出代价，不合乎伦理的行为不是组织所期望的，也不符合员工的自身利益。

3.2.4.4　设定合理的目标，进行全面的绩效评估

组织应该与员工一起共同确立明确的、通过一定程度的努力可以实现的目标。如果组织对员工的要求是脱离现实的，即使明确的目标也会引起伦理问题。当员工被迫接受过高的不现实的目标，员工就会承受极大的工作压力。为了实现这种目标，即使伦理素质较高的员工也可能会"不择手段"地去实现目标。因此，明确的、现实的目标才不会使员工迷失方向。另外，过去对员工绩效评估关注的主要是业绩目标是否实现。当绩效评估只关注绩效目标时，结果就会使手段合理化。当一个组织期望员工保持高的伦理标准，它就必须在绩效评估过程中关注目标实现过程是否合乎伦理准则。

3.2.4.5　对员工进行伦理教育

组织可以通过举办研讨会、专题讨论会及类似的伦理培训项目来对员工进行伦理教育，鼓励员工合乎伦理的行为。当前，随着我国市场经济体制的逐步健全，越来越多的市场经营者认识并建立起正确的市场竞争观念，那些具有一定规模的企业越来越重视对员工伦理观念的教育。例如，一些企业在新员工进入工作岗位前进行为期 2~3 个月的培训，其中就包括企业文化和诚信经营等道德伦理的培训。开展各种形式的伦理培训，可以提高个人的伦理发展水平，增强人们对经营伦理问题的意识；高层管理者通过开展各种形式的伦理培训项目，向员工灌输组织的行为标准，阐明什么行为是可以接受的，什么行为是不可以接受的；最后，当员工参加讨论他们所共同关心的问题时，可以发现并不是只有自己在工作中面临伦理困境，这种强化能够在他们必须采取令人不快但合乎伦理的立场时，增强他们的自信心。

3.2.4.6　进行独立的社会审计

按组织的伦理准则评价决策和管理行为的独立的社会审计提高了发现非伦理行为的可能性。这是利用人们做了不合乎伦理行为害怕被发现的心理，是一种重要的制止不合乎伦理行为的途径。独立的社会审计可以是常规性的评价，定期进行；也可以是在没有预先通知的情况下的随机抽查。对于一个组织来说，有效的伦理行为评价体系应该是这两种方式的结合。为了保证评价的诚实公正，独立的社会审计人员应对公司董事会负责，并将评价结果直接向董事会报告。

3.2.4.7　提供正式的伦理保护机制

组织应提供正式的机制，以保护那些面临伦理困境的员工能按照自己的判断行事而不必担心受到惩罚。组织可以通过设立伦理（道德）咨询机构，委任伦理专员的方式来疏解员工的伦理困惑。当员工遇到伦理问题时，可以向伦理机构的专员咨询，寻求伦理指导。这个伦理机构及伦理专员提供了一个让员工唠叨自己所面临的伦理困境及其起因并发表意见的渠道。当经过相互之间的讨论明确了各种选择后，伦理专员可以扮演促成"正确"选择的倡议者的角色。此外，组织还可以设立一套专门的申诉程序，使员工能够放心地利用它来提出伦理问题。

▶▶本章小结

组织与环境是共生共存的关系。如果把组织看成一个系统，除了人员、资金、财物、经营场所等要素外，环境也是组织不可或缺的构成要素。因此，管理者在日常的管理活动和决策过程中不可避免地受到环境中的各种条件的影响。这些条件虽然可以从任务环境和一般环境进行分析，但是，在实际的管理实践中，环境中的各种条件并不是孤立地发挥作用，而是交织在一起对管理活动产生错综复杂的影响。这种影响并不是一目了然的，管理者必须具备丰富的业务知识和管理经验，具备很强的分析判断能力，才能理清环境变化对组织可能产生的机会和威胁。同样的，组织本身也成为其他组织的环境的组成部分，其决策和行动会对其他组织及利益相关者产生有益和不利的影响。作为具有社会责任感的管理者，必须确保自己所做的每项决策，所采取的每项行动不仅合乎组织的利益，也要合乎社会伦理的基本要求。而要做到这一点，实际上是非常困难的。因为伦理判断并不是清晰的，并且合乎伦理要求的决策和行动，往往会在某种程度上损害组织的短期利益。因此，这是一个两难的选择。虽然如此，管理者还是可以做很多事情来改善组织的伦理行为。但同时我们也应认识到，仅仅依靠组织自身的力量是远远不够的，社会的其他组织，如政府部门、社会舆论及独立的第三方等，可以在法律、监督等方面发挥强有力的作用。

▶同步测试

一、单项选择

1. 政治、经济、法律、科技、社会文化等因素属于组织的（　　）。

    A. 一般环境　　　　B. 特殊环境　　　　C. 内部环境　　　　D. 微观环境

2. 供应商、顾客、竞争者、合作者、销售商等环境因素属于（　　）。

    A. 一般环境　　　　B. 任务环境　　　　C. 内部环境　　　　D. 宏观环境

3. 如果一个企业在经济不景气的大环境下，决定临时裁减 20% 的员工，以确保企业渡过困难时期并能够继续经营，这种决策遵循的伦理观是（　　）。

    A. 综合社会契约伦理观　　　　　　　　B. 功利主义伦理观

    C. 公正主义伦理观　　　　　　　　　　D. 权利主义伦理观

4. 根据一些报道，国内的某些企业可能从皮革中提取蛋白生产牛奶。如果报道属实，那么这种商业决策违背了（　　）。

    A. 功利主义伦理观　　　　　　　　　　B. 权利主义伦理观

    C. 综合社会契约伦理观　　　　　　　　D. 公正主义伦理观

5. 大部分成年人的伦理发展处于（　　）阶段上。

    A. 通过履行你所赞同的义务来维护传统秩序

    B. 仅当符合其直接利益时才遵守规则

    C. 做你周围的人所期望的事情

    D. 遵循自己选择的伦理原则，即使它们违背了法律

6. 某家电生产企业，其空调的生产具有明显的季节性变化，主要原因是市场需求呈现了明显的季节性波动。如果仅仅考虑需求因素，我们可以把这个企业的环境类型确认为（　　）。

    A. 简单环境　　　B. 动态环境　　　C. 复杂环境　　　D. 稳定环境

7. "少数人的利益服从多数人的利益"，这句话传递了（　　）伦理观。

    A. 功利主义　　　B. 权利主义　　　C. 公正主义　　　D. 自由主义

8. 在中国香港及欧美等现代文明水平较高的社会，驾车的人遇到行人穿越马路时，无论是红绿灯，一般都会减速慢行，让行人先过。这种行为表明他们处在（　　）伦理发展阶段上。

    A. 前惯例层次　　B. 惯例层次　　　C. 原则层次　　　D. 以上都不是

9. （　　）会在更大程度上对自己的行为负伦理责任。

    A. 自我强度高的人　B. 自我强度低的人　C. 内控型的人　　　D. 外控型的人

10. 相对来说，啤酒生产企业的外部环境属于（　　）的环境类型。

　　A. 简单稳定　　　　B. 简单动态　　　　C. 复杂稳定　　　　D. 复杂动态

二、多项选择

1. 管理者可以从（　　）来评估一个企业的环境特征。

　　A. 环境的动态性　　　　　　　B. 环境的复杂性

　　C. 环境的层次性　　　　　　　D. 环境的系统性

2. 有助于促进管理者行为合乎伦理标准的变量有（　　）。

　　A. 明确的规章制度　　　　B. 清晰的职务说明　　　　C. 重视结果的绩效考核

　　D. 领导者的以身作则　　　　E. 合乎伦理的组织文化

3. （　　）的管理者将在其伦理判断和伦理行为之间表现出更强的一致性。

　　A. 内控型　　　　　　　　　　B. 自我强度高

　　C. 外控型　　　　　　　　　　D. 自我强度低

4. 管理者可以通过（　　）来改善组织的伦理行为。

　　A. 招聘高素质的员工　　　　B. 设定合理的绩效目标　　　　C. 领导者的表率行为

　　D. 独立的社会审计　　　　E. 建立伦理保护机制

5. 以功利主义伦理观为准则的管理者，其决策选择与（　　）等目标相一致。

　　A. 效率　　　　　　　　　　　B. 利润　　　　　　　　　　C. 公平

　　D. 生产力　　　　　　　　　　E. 平等

6. 下列属于组织所面临的任务环境的因素有（　　）。

　　A. 竞争对手　　　　　　　　　B. 顾客　　　　　　　　　　C. 技术因素

　　D. 经济因素　　　　　　　　　E. 政府机关

7. 下列属于宏观环境因素变动的有（　　）。

　　A. 人口出生率下降　　　　　　B. 股市波动　　　　　　　　C. 供应商提高价格

　　D. 竞争对手推出新产品　　　　E. 失业率上升

8. 经常可以看到小孩子及成年人走在街上随地扔矿泉水瓶及其他食品包装物，那是因为这种行为不会受到物质惩罚，也不会受到奖励；但小孩在学校的老师同学面前就不会这样了。这两种不同行为表现分别处于（　　）伦理发展阶段。

　　A. 前惯例层次　　　　　　　　B. 惯例层次　　　　　　　　C. 原则层次

　　D. 高层次　　　　　　　　　　E. 低层次

9. 相对而言，（　　）等行业的外部环境属于简单动态环境。

　　A. 时装生产经营　　　　　　　B. 汽车生产　　　　　　　　C. 飞机制造

　　D. 音像制品生产经营　　　　　E. 网购

10. 技术创新会对企业（　　）等产生影响。

　　A. 产品寿命　　　　　　　　　B. 员工的工作性质　　　　　C. 管理者的工作方式

　　D. 人们的生活方式　　　　　　E. 生产工艺

三、思考题

1. 结合自己的学习经历，说说在什么时候伦理规范或标准特别重要？

2. 管理者为什么经常会做一些与他们所持有的伦理价值观相冲突的事情？

3. 请你以现实中的某家企业为例，分析其环境的构成要素及其特征。

4. 你认为男女员工在企业里的薪酬待遇和晋升机会一样吗？为什么？

5. 为什么乙肝病毒携带者在企业招工的时候会受到歧视？

▶ 实践与训练

学生以模拟公司为单位，确定"公司"经营方向与产品，并进行以下规划：

1. 模拟公司在经营中应该遵循什么样的商业伦理标准？为什么？

2. 同类公司中，找到成功与失败后，分析管理环境与商业伦理的关系。

3. 以"模拟公司"为单位，编写一个小故事，来完整说明商业伦理与管理环境的关系。

教师评分：

本章内容比较抽象，主要考评重点是学生是否可以站在相对全局的高度对商业伦理与管理环境进行理解性分析。

▶ 讨论案例

如何看待事件频发的我国食品安全问题

食品安全问题似乎是当下中国最热门的话题。瘦肉精事件尚未平息，上海染色馒头又像一枚重磅炸弹引爆全国，随后接棒的则有温州毒馒头、广东墨汁粉条、辽宁毒豆芽等。常年风起云涌的食品安全事件，像一双双粗重的钢琴手，一次次肆虐地撩拨人们敏感的神经。

似乎与以往的任何重大食品安全事件雷同，上海染色馒头事件的处理同样遵循"权威媒体揭露、相关领导表态、几个部门突击、若干人员服罪、过段时间冷却"的五段式套路，戏法陈旧老套，毫无新意。但是，面对食品安全治理，我们依然不能放弃对"馒头"的拷问。

作为上海染色馒头事件的揭露者，央视的《消费主张》栏目把暗访对准上海盛禄食品有限公司分公司的馒头生产车间和华联、联华等上海著名超市，并告诉我们：一个馒头从生产到流通到销售，所有环节都可能出现问题。拥有正规生产许可证的盛禄食品公司在脏乱差的环境里制作馒头，违法添加各种添加剂和色素，将过期馒头作为原料再生产，标注虚假生产日期。质检部门让厂方送来样品，在办公室里马虎地完成检查。超市则同样马虎地完成检测或省略检测。所有程序形同虚设。结果，这些外表光鲜，实则连生产者也承认自己"打死都不会吃，饿死都不会吃"的馒头，就这么堂而皇之每天 3 万个地流向华联、联华、迪亚天天等超市的几百家门店，流向百姓的饭桌，而且销量还不错。事件曝光后，很多消费者都相信，这家被曝光的制造商，绝对不会是上海唯一有问题的制造商。

问题的纠结之处在于：生产者是正规的生产者，但是它常年生产违法产品；监管部门也是正规的职能部门，但是它经常失职；超市是正规的大超市，但是它常年贩卖问题产品。在食品安全问题面前，所有权威通通倒下。这些原本最可信任的"各方"尚且如此，那么满街流动的小商小贩、小作坊，其中的食品安全隐患更不可预期。利益各方共同造就一个高风险的社会，让普通消费者满腹狐疑，又孤立无援。

最为可怕的是，上海染色馒头事件还表明，生产商、超市可能已经形成某种松散的联合，一起站在消费者的对立面。生产商可以在监管部门颁发的生产许可证下，利用监管部门的玩忽职守，大量生产问题馒头；监管部门乐得个清闲自在，遇有风吹草动才奋力突击，再发表一些不痛不痒的检讨；而超市明知馒头售价如此低廉必有问题，却看中低价商品的揽客效应——反正有责任也赖不到自己头上，大不了出事时，大摆无辜和痛心状。此外，有媒体爆料，一些食品生产商为了打进知名超市，常常与超市分成，而超市也因而对食品质量降低要求。

87

同之前爆发的三聚氰胺毒奶粉事件、瘦肉精事件等重大食品安全事件一样，上海染色馒头事件又引发新一轮对生产、监管、流通等环节的拷问与反思。其中，在生产、监管、流通等环节中，很多媒体和专家又主要把批评集中在生产和监管上。

关于生产环节，人们大抵认为生产者为谋取私利而践踏法律和道德，缺乏自我约束，致使社会风气日下。关于监管环节，则主要认为监管部门监管不力，玩忽职守，部分技术检验水平落后，各监管部门职责不清，"九龙治水"，遇事搪塞推托，缺乏有效处罚机制，等等。

以上所有观点都正确，但如果追本溯源，要追究最主要责任者的话，生产者、监管者、销售者等，哪个应负更大的责任？似乎没有确切答案。但是，我们所能了解的是，每一回重大食品安全事件爆发，几乎只有生产者负责抵罪、被整顿、挨罚，而负责监管的质检、工商等行政部门则只负责突击行动、道歉、表决心。这里边或许存在权力不受有效"监管"的严重问题。

在一系列震惊中外的重大食品安全事件中，除了惩罚几个生产、流通领域的相关责任人之外，很少有监管领域的相关责任人受到惩罚。不受惩罚的监管部门，在一波接一波的重大食品安全事件中，一次次表现出的"连夜突击检查"、表决心、做总结的精神，就容易被视为只是权力的一种作秀。作秀的背后，是权力的傲慢和不真诚。

以上海染色馒头事件为例，相关监管部门向市民大表歉意，称"对不起上海人民"。庞大的调查组的结论也说："上海企业生产的馒头等蒸煮类糕点总体上是安全的，上海盛禄食品有限公司分公司违法使用着色剂属于个案。""但由于企业诚信和自身管理水平参差不齐，个别企业故意违法生产产生的风险依然存在，质监部门将继续保持对生产企业监管的高压态势。"似乎食品安全存在某些隐患,只是生产者不自律造成,与监管部门无关,反倒是监管部门迅速行动的力度和虚心向市民致歉的精神值得嘉许。

在尚未平息的瘦肉精事件中,行政监管部门的表现也如出一辙。经媒体曝光后,河南相关监管部门高度重视,立即行动。结果经排查,却证明瘦肉精生猪主要集中在河南济源周边的4个县市。奇怪的是,媒体之前所曝光的瘦肉精事件发生地,也正是这4个县市。似乎说明媒体全靠运气撞到食品问题内幕,而河南即便存在食品安全问题,也只是个别现象。

从近几年的食品安全事件中,人们会发现,一再出现的食品安全问题与监管部门的马虎大意、玩忽职守、故意放行,以及相关行政领导的暗中保驾密切相关,正吻合《食品安全法》规定的"失职渎职情况"。比如,在已曝光的瘦肉精、染色馒头事件中,一些监管部门已经养成"让生产者自己取样送检",以及"在办公室看样品"的监管习惯。

来自山东和浙江的一些基层监管部门的公务员向媒体爆料,一些地方监管部门的办公经费和工资福利要靠罚款收费来实现。这样就造成收费罚款的目的不是为了整治和确保食品安全,而是为了部门"创收"。其结果是,违法的生产者和销售者只要向监管部门上交"保护费",即可继续运转。监管部门为防止生产者和销售者因罚款过高而无力生产经营,也会适当降低罚款额度,以确保"羊身上还能长出羊毛"。这等于监管部门与违法的生产者、经营者一定程度上已成为"利益相关者"。

在采访中,上海市杨浦区某基层监管人员告诉记者,他们有时候在进行监管检查时,也会遇到上级领导"打招呼",要求对个别食品企业"有所照顾",而这些企业要么是地方上的纳税大户,要么是某个领导招商引资的项目,轻易动不得。

而媒体近日又披露,中国一流产品出口(合格率超99.8%),二流产品内销(合格率90%左右)。众多专家指出,食品安全事件频发暴露出食品安全标准严重滞后等问题。对此,卫生部官员则反驳,"一流食品出口,二流内销"为伪命题,"各国食品安全标准不同是客观存在的,有其科学依据"。

面对一波波重大食品安全问题的冲击而无法有效解决,很多学者认为,由于食品问题涉及各种利益关系和行为主体,单一地突击哪一方都不能有效解决,必须具备综合的"社会治理"观念,即在社会利益和主体多元化的现代社会,政府只有让企业、民间组织、社区等主体共同参与治理,运用法律、市场、协商、行政等手段,才能有效地治理社会。因此,食品问题的治理,不仅急需对生产者、监管者、销售者等多个主体进行有效的权力制约和立法跟进,更需要引入社会力量参与食品安全的监督监管。相比之下,后者更急需发展。

现代市场经济体系通过专业化实现劳动的社会化,从而解决其效率问题。这样的体系下,每个人的生活都必然被纳入其中,这使得不需要通过亲力亲为去加工食品,而只需要消费食品。在没有亲历食品的制造过程前提下,我们可以放心地去食用,是因为我们相信所购买的食品是清洁、健康的。而之所以这样相信,是因为我们相信政府部门有监管制度,企业有基本的卫生意识、道德底线,品质竞争对食品制造起到作用。然而,事实是,这一切在制造时可能都没有"在场"。

现代商业无处不在，很难设想每个生产现场都存在着一个专业、负责的监管者，对每个食品生产点、加工环节都能实现监管，这是不现实的。每个人相互投毒式的食品生产加工仍在进行，商业只需要利润的"现代圣经"已经使人们从道德责任中"解放"出来。不怕违背伦理只怕被人抓住，正在成为新的行为模式。因此，如何重新认识企业伦理与社会责任的作用，重建社会诚信体系，是包括食品安全在内的中国秩序问题的根本。

对于所有行业所有经营者来说，都应承担起自己的社会责任，而不是一味地朝钱看，只顾自己的利益，甚至为了赚取更多的利润而见利忘义、蒙骗欺诈、巧夺豪取，丧失最基本的社会道德。我国改革开放 40 年来，伴随经济社会的发展和民主法制的推进，文化建设有了很大的进步。同时也必须清醒地看到，当前文化建设特别是道德文化建设，同经济发展相比仍是一条短腿。道德文化建设的滞后，客观上使得全民伦理道德得不到正确引导。在这种状态下，光让逐利的商人流淌道德的血液，显然是无济于事的，生活在充满铜臭味的环境里，这样的道德约束力也是软弱无力的。

市场经济本质上是秩序经济、道德经济。在全社会大力加强道德文化建设，形成讲诚信、讲责任、讲良心的强大舆论氛围，才能确保所有行业的商人身上流淌着"道德的血液"。一个国家，如果没有国民素质的提高和道德力量，绝不可能成为一个真正强大的国家、一个受人尊敬的国家。只有当"道德的血液"流淌在所有社会成员身上，才能真正实现市场自由竞争下的淘汰，使得无道德者寸步难行，有道德者行遍天下。

根据以上资料分析：

1. 我国食品安全事件频发的根本原因在哪里？
2. 如何从根本上解决我国社会面临的食品安全问题？

89

第 4 章　管　理　决　策

本章穿针引线

　　有组织就有管理，有管理就有决策。本章主要介绍管理决策的基本理论与方法。在决策的基本理论中，将通过了解管理决策的定义、特点与类型，更全面地理解管理决策的含义，由此认识到管理决策绝不是人们通常所理解的"拍板"这样一个瞬间的举动。决策实际上是一个有一定顺序和条理化过程的一门科学，它需要按照一定的程序进行，才有可能拿出较为合理的解决方案，使组织达到预期的目标。要进行科学合理的决策，还必须利用科学的决策方法。这些决策方法有些主要依靠决策者的经验和能力，有些则是建立在数学模型的基础上，运用各种现代技术来进行量化研究。但无论如何，决策正确与否直接影响到组织是否能生存与发展，决策能力是衡量一个管理者管理能力的重要指标。

学习目标规划

　　1. 基本了解决策的地位、作用及分类；
　　2. 重点掌握决策的含义、步骤和方法；
　　3. 能够根据实际情况熟练运用决策步骤及各种决策方法对某一具体问题做出决策。

课前热身随笔

　　1. 1978 年度诺贝尔经济学奖获得者赫伯特·西蒙在《管理行为》中指出："决策是管理的核心，管理就是决策，管理的各层次，无论是高层，还是中层或基层，都要进行决策。"对此你是如何理解的？你认为管理决策与管理活动是什么关系？

　　2. 你的问题

_____

_____

_____

_____

引导案例

智 猪 博 弈

在博弈论（game theory）经济学中，"智猪博弈"是一个著名的纳什均衡的例子。假设猪圈里有一头大猪、一头小猪。猪圈的一头有猪食槽，另一头安装着控制猪食供应的按钮，按一下按钮会有 10 个单位的猪食进槽，但是谁按按钮就会首先付出 2 个单位的成本，若大猪先到槽边，大小猪吃到食物的收益比是 9∶1；同时到槽边，收益比是 7∶3；小猪先到槽边，收益比是 6∶4。那么，在两头猪都有智慧的前提下，最终结果是小猪选择等待。

实际上小猪选择等待，让大猪去按控制按钮，而自己选择"坐船"（或称为搭便车）的原因很简单：在大猪选择行动的前提下，小猪也行动的话，小猪可得到 1 个单位的纯收益（吃到 3 个单位食品的同时也耗费 2 个单位的成本，以下纯收益计算相同），而小猪等待的话，则可以获得 4 个单位的纯收益，等待优于行动；在大猪选择等待的前提下，小猪如果行动的话，小猪的收入将不抵成本，纯收益为−1 单位，而小猪也选择等待的话，则小猪的收益为零，成本也为零。总之，等待还是要优于行动。

▶▶ 4.1 管理决策概述

目标导引

> 1. 基本了解决策在管理中的地位、作用及分类；
> 2. 重点掌握决策的概念及特点。

决策贯穿于管理活动的始终，在管理活动中发挥着重要作用。事实上，管理活动中的每一个具体环节都有具体的决策问题，无论进行计划、组织还是领导和控制，各项管理职能的开展都离不开决策，决策是管理工作的基本要素。例如目标的制订、行动方案的选择等，都离不开决策；组织机构的设置，部门化方式的选择，职责和权限的分配，以及各职位人员的选配等，这些是组织工作中的决策问题；而人员配备以后如何加以使用和激励，这属于领导职能，也同样有一系列的决策要做；至于控制职能中，绩效标准的制定，实际成绩与绩效标准之间偏差容许范围的确定，以及纠正偏差措施的选择等方面，也都需要进行决策。从这个意义上可以说，管理实际上是由一连串的决策组成的，决策贯穿于管理的全过程。

从管理者的角度来说，不论管理者在组织中的地位如何，决策都是管理者最重要、最困难、最花费精力和最冒风险的事情。有人曾对高层管理者做过一项调查，要他们回答三个问题："你每天花时间最多的是哪些方面？""你认为你每天最重要的事情是什么？""你在履行你的职责时感到最困难的工作是什么？"结果，绝大多数人的答案只有两个字："决策"。不仅如此，决策选择的优劣直接影响到管理的效率高低，管理者管理水平的高低，在很大程度上取决于其决策水平的高低。

4.1.1 管理决策的定义

对于决策的定义，许多管理学家都进行过探讨，但至今没有统一的结论。有人说，决策就是在几种行动方案中做出选择。这是从抉择、决定、拍板定案角度对"决策"概念的传统认识。这种认识应该说是狭义的，它抓住了决策的最直接、最本质的含义，即需要做出选择，而不能模棱两可。

但在管理学研究中，决策远比抉择、决定的范围广泛，它不仅仅指最终做出决定的那一时刻的行为，还应该包括在做最后决定之前进行一系列的活动，并在决定之后采取具体措施落实决策方案。这是从广义上，将决策作为"决策制定过程"来理解的。这时，决策是指组织为了实现某一目标，从若干个行动方案中选择一个满意的方案，并把其付诸实施的活动过程。简单地说，所谓决策，就是选择决定行动目标和行动方案的活动。

4.1.2 管理决策的特点

从定义可以看出，决策具有以下几个方面的特点。

1. 目标性

决策是为了解决某个问题，为达到一定目标而采取的决断行为，因此，要有明确的目标，这是决策的前提条件。没有目标，人们就难以拟定未来的活动方案，评价和比较这些方案也就没有了标准，对未来活动效果的检查更失去了依据。

2. 可行性

组织的任何活动都需要利用一定资源。缺少必要的人力、物力和技术条件的支持，理论上非常完善的决策方案也只会是空中楼阁。因此，决策方案的拟定和选择，不仅要考察采取某种行动的必要性，而且要注意实施条件的限制。

3. 选择性

决策的实质是选择，或者说"从中择一"。而要能有所选择，就必须提供可以相互替代的多种方案。事实上，为了实现相同的目标，组织总是可以从事多种不同的活动。这些活动在资源需求、可能结果及风险程度等方面均有所不同。因此，组织决策时不仅要具有选择的可能，而且还要有选择的必要，即提出多种备选方案并提供选择的标准和准则。

4. 过程性

管理决策往往不是一项决策，而是一系列决策的综合。通过决策，组织不仅要选择业务活动的内容和方向，还要决定如何具体地展开组织的业务活动，以及决定资源如何筹措与分配。并且，这一系列决策中的每一项决策，其本身就是一个包含了许多工作的过程：从决策目标的确定，到决策方案的拟定、评价和选择，再到决策方案执行结果的评价。只有制定了这一系列的具体决策，才能认为组织的决策已经形成。

5. 动态性

决策不仅是一个过程，而且是一个不断循环的过程。因此，决策没有真正的起点，也没有真正的终点，它是动态的。同时，决策建立在大量的组织内外信息的基础上，而环境又总是在不断发生变化，这就要求决策者必须不断监视和研究这些变化，并在必要时做出新的决策，及时调整组织的活动，从而更好地实现组织与环境的动态平衡。

4.1.3　管理决策的类型

4.1.3.1　程序化决策与非程序化决策

根据决策过程是否有现成的规则或程序可循，可以把决策分为程序化决策和非程序化决策。

1. 程序化决策

程序化决策是常规的、基本上是自动化的过程。对于有些决策，管理者曾多次做过，从而形成相应的规则或指导原则——当特定的类似情况再度出现时，可直接应用这些现成的规则或指导原则。这样的决策就是程序化决策。程序化决策发生于下列情境中，当一名工人无故缺勤时，主管应该如何处理；当工人加班时间超出正常上班时间的 10% 时，生产主管决定雇用新工人时；当基本的办公用品库存量低于订货点量时，办公室主任打算订购一个固定批量时。在许多情况下，程序化决策是一种仿造先例的决策，像餐馆招待员不小心将饮料洒在顾客衣服上的这类问题，因为这种事情不是第一次发生，所以处理这类问题有一些标准的程序，不需要管理者再去识别问题，开发多种可能的解决方案，管理者可以提出由餐馆来支付顾客衣服的清洗费用。

2. 非程序化决策

非程序化决策是针对非常规性决策而言的。管理者对某一做法是否带来预期的结果心中无数，在某些较为捉摸不定的情况下，管理者甚至连努力要实现的目标都不清楚。显然，在这种情况下，不可能形成可用于预测不确定性事件的规则。非程序化决策通常用于对异常的、新出现的机会和威胁做出反应的情况中。在某些决策情境中，管理者没有现成可依的规则，此时所做的决策就是非程序化决策。诸如要不要对一种新技术予以投资，要不要开发一种新产品，要不要进行新一轮的促销活动，要不要进入一个新兴的市场，或者要不要开展国际化经营等都是非程序化决策。非程序化决策是具有唯一性和不可重复性的决策。

图 4-1 描述了决策问题类型、决策类型和组织层次之间的关系。从图中可以看到，较低层次的管理者面对的通常是熟悉的和重复性的问题，也就是结构良好的问题，在大多数情况下是进行程序化决策，即依靠诸如程序、规则或组织的政策来进行决策。随着管理者所处的层次的上升，他们面对的问题通常具有更多的结构不良的特征。这是因为底层管理者往往

自行处理那些程序化的决策，而把不寻常的和困难的决策问题提交上级来解决。类似的，高层管理者通常会将程序化的决策授权他们的下级来处理，从而使他们能够集中精力处理那些更困难的问题。

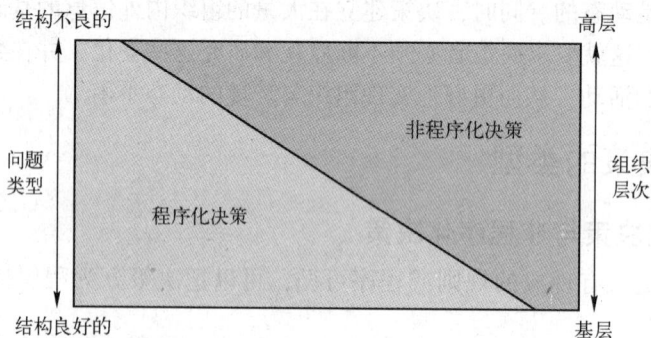

图 4-1　问题类型、决策类型和组织层次

4.1.3.2　个体决策和群体决策

按照决策主体的多少不同划分，可以将决策划分为个体决策和群体决策。

1. 个体决策

个体决策是指决策是由某一人独立做出的。其优点是决策速度快、责任明确，可明显地提高决策效率，在瞬息万变的市场中抓住机会。但决策结果的有效性取决于决策者的经验、智慧和阅历等综合素质。缺点是容易出现因循守旧、先入为主。

2. 群体决策

群体决策是指由多人共同参与做出的决策。相对于个人决策，集体决策的优点是：能更大范围地汇总信息，能拟定更多的备选方案，能得到更多的认同，能更好地沟通，更有利于决策质量的提高，等等。特别是当群体的成员来自不同专业、不同学科的专家时，这些优点会更加凸显。所谓"三个臭皮匠，顶个诸葛亮"正说明了群体决策的优势。

群体决策的缺点也是明显的：如花费较多时间，效率比较低，容易产生责任不明的情况及"从众现象"等。因此，组织在决定是否采用群体决策方式时，必须考虑其决策质量和可接受性的提高是否足以抵消决策效率方面的损失。

个体决策与群体决策各有优缺点，两者都不可能适用于所有情况。对于复杂、重要和需有关人员广泛接受的决策问题，特别是对组织有重大意义的关键性问题，如国家的大政方针、企业的战略目标、资产运作、高层人事变动等，组织最好要采取群体决策的方式来制定决策。反之，简单、次要和不需体现共同意志的决策，采取个体决策方式可能更适宜。

4.1.3.3　单目标决策与多目标决策

按照决策目标的多寡划分，可以将决策划分为单目标决策和多目标决策。

1. 单目标决策

单目标决策是指判断一项决策的优劣，只考察某一重要目标就可得出结论的决策。例如有一笔资金，三年后才用，那么是把资金以三年定期方式存入银行，还是购买三年期国债呢，评价方案优劣的指标只要利息率一个即可。在单目标决策中，决策行动只力求实现一种目标，因而容易掌握和做出决策。但单目标决策往往强调一点，容易以偏概全。

2. 多目标决策

多目标决策是指决策中包含两个或两个以上的目标的决策。一般来说，不论组织还是个人，所确定的目标往往是多个而非单一的。例如，私人购买小汽车的决策，就需要考虑价格、性能、舒适性、操作便利性、维修情况、品牌等。这多重目标往往很难在某一品牌车型中完全实现，所以，购买者做出购车决策时需要妥善处理多目标的冲突问题。这时，可以给第一个目标规定相对重要的权重，然后进行加权平均，这是处理多目标决策的一种常用方法。这样，倾向购买"经济车"的人可能会给"舒适性"以更高的权重，而倾向购买"豪华车"的人，则可能更注重"价格"等。在对多目标问题进行决策时，因为多个目标之间往往是相互联系、相互制约的，因此应注意分清目标的主次，不能没有重心。

4.1.3.4 确定型决策、风险型决策和非确定型决策

按照决策所面临的自然状态的不同，可以将决策划分为确定型决策、风险型决策和非确定型决策

1. 确定型决策

确定型决策是指决策者确切地知道自然状态的发生，并且每种状态的结果是唯一且可以预见的决策。

由于确定型决策需要解决的问题非常明确，解决问题的过程及环境也一目了然，几种不同的可行方案的结果也是清楚的，所以这种决策比较容易做，决策者只要比较各个方案的结果就可做出最终决策。这是做决策的理想状态。

例如，企业拟投资 1 000 万元，投资方案有三个，每个方案的经济效果值非常清楚，年投资回报率分别为 15%、12%、10%，在其他条件均不变的情况下，理所当然选择投资回报率为 15%的方案。

2. 风险型决策

风险型决策，也称随机决策，是指决策事件未来的自然状态虽不能预先肯定，但可以预测出每一种自然状态出现的概率的决策，这样的决策有一定的风险。可以通过比较各方案的期望值来进行决策。

例如，冷饮的销量和天气有很大关系，天气晴好时，销量多，应该多进货，天气不好则应少进货；但天气到底如何，我们只能通过天气预报知道概率情况，据此做出的进货数量决策就有一定风险。

3. 非确定型决策

非确定型决策指决策事件未来的各种自然状态完全未知，各种状态出现的概率也无法估计，方案实施的结果是未知的，只能凭决策者的经验、主观判断及风险偏好做出的决策。例如，某一企业要生产一定数量的某种产品，由于无法控制市场变化情况，销售难以预测，因此，盈利和亏本这两种可能性都存在。到底生产还是不生产，很难做出决策，需要冒很大的风险。

4.1.4 古典决策模型和管理决策模型

1. 古典决策模型

古典决策模型是早期的决策模型。古典决策模型是描述性的，说明应该如何进行决策。管理者在运用这一模型时，需要对决策过程做出一系列简化的假设。古典决策模型的基本观点是，一旦管理者认为需要进行决策，他们应能够想到所有的可供选择的方案及其结果，并据此做出最佳的选择。换言之，古典决策模型假设管理者获得了做出最优化决策所需要的所有信息（没有时间和成本约束），能够很容易地列出他们对每一备选方案的选择偏好，并按偏好程度的大小进行排列。最优化决策就是按照管理者认为今后最理想的结果所做出的最恰当的决策。由于我们关注的是管理决策，所以还需要假定决策者追求的是组织利益最大化，而不是他的个人利益最大化。

96

2. 管理决策模型

詹姆斯·马奇和赫伯特·西蒙并不认同古典决策模型的基本假设。他们认为，现实社会中的管理者并不拥有决策所需要的所有信息，即使管理者能够获得决策所需要的所有信息，他们还可能不具备正确解释这些信息的心智。因此，他们提出的管理决策模型，用以解释为什么决策总是一个具有内在不确定性和充满风险的过程，用以说明管理者为什么很少运用古典决策模型所描述的方法进行决策。

管理决策模型基于三个重要的基础：有限理性、信息不充分和满意。

（1）有限理性

马奇和西蒙认为人的决策能力受认知局限的制约。认知局限是指人在对信息进行理解、处理及运用的过程中，是存在着局限性的。他们认为人在智力方面的局限性限制了决策者做出最优化决策的能力，一位管理者需要识别的备选方案是那么多，需要分析的信息量是那么大，以至于他难以在做出决策之前对它们均加以细致考量。

（2）信息不充分

即使管理者拥有非凡的信息分析能力，但由于他们可能存在信息不充分的问题，他们仍然难以做出最优化决策。信息之所以不充分，是因为绝大多数情境中的决策备选方案是不可尽知的，而且已知备选方案的预期结果又是不确定的。具体来说，信息不充分是由于存在着风险与不确定性、模糊性、时间限制与信息成本等因素所致。

（3）满意

马奇和西蒙认为，在有限理性、未来的不确定性、难以测定风险、相当大的模糊性、时间限制和高信息成本等因素的制约下，管理者不会试图去探求所有的可能方案。他们采用的是一种称为"满意"的决策思路，所探寻和选取的是可接受的、令人满意的应对问题和机会的决策方案，而并不是竭力做出最优化决策。假设海尔集团的一位采购经理需要在一个月的时间内选择一家变压器部件的供应商。生产这种部件的供应商全球有几千家之多。在一个月时间内，这位采购经理不可能与所有可能成为供应商的厂家都联系上并就有关情况（如价格、质量、交货时间等）进行沟通。而且，即使一个月能够与这些厂家的每一家联系上，获得信息所需的成本也不允许他这么做。这位采购经理可能只会向不多的厂家询问一些愿意交易的条件，相信这些供应商提出的条件在所有供应商那里是具有代表性的，并据以选择一家变压器部件生产厂家作为供应商。

马奇和西蒙认为，管理决策是艺术，而不是科学。在现实中，面对不确定性和模糊性，管理者必须依赖他们的直觉和判断做出在他们看来是最佳的决策。而且，管理者要在信息不充分的条件下，运用经验和判断，快速做出决策。但决策者还是应该意识到人的判断常常是有缺陷的。因而，即便是最优秀的管理者也会做出错误的决策。由于存在这么多影响决策的因素，因而最优化决策是不现实的。

尽管如此，管理者仍然被期望在制定决策时遵循理性的过程。管理者知道一个"好"的或"合理"的决策应该做哪些事情，包括识别问题或机会、确定决策要实现的目标、考虑备选方案、收集信息，以及果断地但又是谨慎地采取行动。

▶▶ 4.2　管理决策的步骤

目标导引

> 1. 重点掌握决策的步骤；
> 2. 熟练运用决策步骤进行决策。

如 4.1 节所述，管理中的决策是一个动态的过程，一般而言，决策程序大致包括以下几个基本步骤。

4.2.1　识别问题

决策是为了解决组织面临的一定问题而制定的，人们只有发现问题后，才会去想办法解决问题，即为什么决策？决策什么？因此，决策者首先要研究组织的现状，发现存在的问题。

所谓问题，就是实际状况和理想状况之间的差异。问题可以是消极的，也可以是积极的。消极的问题指组织被迫要去应对的，来自外界不可预料事件的一次威胁或者组织内部出现的一个故障或麻烦。如生产线上一台机器坏了，车间管理者即要进行检查，然后决定是立刻进行抢修还是调换新的机器。积极的问题指组织内外部环境中出现的有利于组织的变化。例如，一个管理者面临着如何把多余的钱用来扩大投资。这里有待进行决策的"问题"，实际上是一种"机会"，而不是前一意义下的"麻烦"。

发现问题在决策过程中是比较难的，必须不断地对组织与环境状况进行深入地调查研究和创造性的思考才能做到的。发现问题后还必须对问题进行分析，确定所要解决的问题的基本性质和涉及范围，包括要弄清问题的性质、范围、程度、影响、后果、起因等各个方面，包括要弄清问题包含着哪些主要因素，各要素之间的相互关系，以及与外界环境之间的相互关系。只有这样，确定的问题才会明白、切合实际，以便为决策的下一步做准备。就像医生看病一样，要是病情诊断错了，如何对症下药？

4.2.2 明确目标

针对发现的问题，组织将要研究是否要采取决策行动，采取何种行动，必须达到何种的效果。这就取决于决策目标的确定。明确决策目标，不仅为方案的制定和选择提供了依据，而且为决策的实施和控制、为组织资源的分配和各种力量的协调提供了标准。并且，同样的问题，目标不同，采取的决策方案可能就会不同，因此在确定目标时，必须把要解决的问题的性质、结构及未解决的原因分析清楚，有针对性地确定出合理的决策目标。

4.2.3 拟定备选方案

为了解决问题，实现既定的目标，管理者必须积极地寻找各种切实可行的方案。一般情况下，一个问题的解决方案都有若干个，而这若干个方案就是我们这里所说的备选方案。

为了使在所拟订方案基础上进行的选择具有实质意义，这些备选的不同方案必须是能够相互替代、相互排斥，而不能是相互包容的，即拟制的方案之间不能雷同，要有原则的区别，否则备选方案的拟制就毫无意义。因此，对同一个决策目标，人们要从不同角度和立场出发，采用不同的方法、技术和途径来拟制各种各样的行动方案。通常来说，找到的备选方案越多，决策的风险越小，决策的质量和正确率会越高。

4.2.4 评价备选方案

备选方案拟制出来后，决策者还要根据决策目标和环境约束的要求，对备选方案的优缺点进行综合分析与评价。在确切地说明机会和威胁的基础上，确定出将对各备选方案的取舍产生影响的标准，是做好备选方案评价的关键所在。做出不良决策的原因之一就在于管理者通常没能够或没有确定出重要的决策标准。决策标准就是管理者认为什么因素与所要进行的决策有关。一般来说，成功的决策者依次从以下四个方面对各个备选方案进行正反两方面的评价。

1. 合法性

管理者必须确保各个备选方案是合法的，不违背国内外的法律及政府法规。

2. 伦理性

管理者必须确保各备选方案是合乎伦理的，不会对任何利益相关群体带来不必要的损害。管理者所做的许多决策，可能对组织的某些利益相关者有益，对另一些利益相关者则可能有损害。在仔细分析各备选方案时，管理者应当对自己的决策可能产生的结果心中有数。

3. 经济性

管理者必须明确各个备选方案在经济上是否划算，也就是说，从特定的组织绩效目标的要求来看，各备选方案是否能得到实施。为此，管理者一般要对各备选方案进行成本-收益分析，以确定哪一个备选方案可能会带来最佳的经济回报。

4. 可操作性

管理者必须明确他们是否拥有实施备选方案的能力和资源，他们还需要确保备选方案的实施不会威胁到组织其他目标的实现。

在评价和选择各种方案时，通常采用定量分析、定性分析或两者相结合的评价方法。这时经验和决策者对待风险的态度往往会起较大的作用。到底如何取舍，有时取决于决策者的价值观、风险意识、审时度势的能力等。因此，为了提高决策的科学性，降低经验对决策的影响，管理者应使用定量化的分析手段辅助决策。

4.2.5 选择备选方案

在对各备选方案做出详细评价之后，接下来的任务就是对各个备选方案进行排序，并从中做出选择。决策方案不但必须在技术上和经济上可行，而且应当考虑社会、政治、文化等方面的因素，并且要准备好环境发生预料中的变化时，可以启用的备用方案，以避免临时仓促应变可能造成的混乱。

4.2.6 实施选定的方案

没有决策的执行，就不能达到决策的目的。在方案选定之后，决策者就要及时制定实施方案的具体措施和步骤。

对于重大决策，由于其实施往往需要投入大量的人力与物力，如果出现决策方案或目标错误，全面实施决策就会造成巨大损失。为此，应该对重大决策在普遍实施之前，进行局部试验，以验证其可靠性，通过试点，如果确实可行再进行推广。对于那些不宜或无法进行试验的决策方案，则应在实施过程中，加强管理与控制。发现问题，及时反馈，做到早发现、早诊断、早调整，及时采取补救措施。

4.2.7　追踪反馈

决策结果的正确与否是通过实践检验出来的，同时，在实践过程中，随着环境的变化，原来的决策方案有可能已经不符合实际情况。因此，必须通过定期的检查评价，及时掌握决策执行的情况，将有关信息反馈到决策机构，以便采取措施进行处理。这样，一方面可以及时发现并纠正决策过程中出现的偏差，以保证既定目标的实现；另一方面，对客观条件发生重大变化而导致原决策目标确实难以实现的，则要进一步寻找问题，确定新的决策目标，重新制定可行的决策方案并进行评估和选择。

以上这些步骤结合起来便组成了一个完整的决策过程。在这个过程中，每一阶段都相互影响着，并时常产生一些大大小小的反馈。为了研究和介绍的方便，我们在理论上常把决策过程划分成不同的阶段，但实际工作中应该注意，决策过程的各步骤往往是相互联系、交错重叠的，不能将决策各个步骤的工作截然分割。

【案例】《纽约时报》的决策

美国 1965 年 11 月间曾发生过这样一个事件：那天整个东北部地区，从圣劳伦斯到华盛顿一带，出现了一次美国历史上最严重的全面停电事故。在大停电的那天早上，纽约市几乎所有报纸都没能出版，唯有《纽约时报》例外。原来在那天停电时，《纽约时报》总编当即决定把报纸改在哈德逊河对岸的纽华克印刷。当时，纽华克还没有停电。但虽有此英明决策，通常发行一百多万份的《纽约时报》，那天也只有不到半数的读者得到了报纸。这其中原因在于：当《纽约时报》上了印刷机后，时报总编忽然跟他的三位助手发生了争论，争论的问题只是某一英文单词如何分节。据说争论持续了 48 分钟之久，恰好占去了该报有限的印刷时间的一半。争论的理由是该报制定有一套英文写作标准，印出的报纸绝不允许有任何方法上的错误。教条地恪守质量标准使得这位总编在出现意外停电的情况时，认识不到保证时报每天的发行人数已成为更紧迫的目标，从而使上述"英明"的异地印报决策未能取得预期的效果。

☞ **启示**：在决策过程中，实际上重要的并不是对各种备选方案的选择，而首先是对决策目标的选择，因为决策目标是决策方案选择的依据。

▶▶ 4.3　管理决策的方法

目标导引

> 1. 重点掌握定性决策方法和定量决策方法；
> 2. 熟练运用定性和定量决策方法进行决策方案的选择。

4.3.1 定性决策方法

定性决策方法，又称"软"方法、经验判断法。它是在对决策过程进行全面系统分析的基础上，依靠决策者本人或有关专家的有关专业知识、经验和能力进行决策的方法。这种方法适用于受社会经济因素影响较大的、错综复杂的及涉及社会心理因素较多的综合性的战略问题。

常用的定性决策方法有以下几种。

4.3.1.1 德尔菲法

德尔菲法也叫专家意见法，是由美国兰德公司首创和使用的一种特殊的决策方法，最早用于预测，后来推广应用到决策中来。

德尔菲法是以匿名方式通过几轮函询征求专家意见的决策方法。其具体做法是：通过书面方式向专家们提出所要预测的问题，在得到专家不同意见的答复后，将意见汇总整理，并作为参考资料再次发给每一个专家，让他们再次进行分析并发表意见。如此反复多次，最终形成代表专家组意见的方案。

在这种方法下，被征询的专家互不通气、彼此隔离，能够自由充分地发表自己的意见，包括分歧点，由此可以达到集思广益、扬长避短的效果。但德尔菲法也有缺点，表现为：主要凭专家判断，缺乏客观标准；过程比较复杂，花费时间较长。

4.3.1.2 头脑风暴法

头脑风暴法，又称智力激励法。它是由英国心理学家奥斯本于1939年首次提出的一种激发创造性思维的方法。

头脑风暴法，是指依靠一定数量专家的创造性逻辑思维对决策对象未来的发展趋势及其状况做出集体判断的方法。其具体做法是：通过小型会议的形式，将对解决某一问题有兴趣的人集合在一起，在完全不受约束的条件下，敞开思路、畅所欲言，随心所欲地发表自己的看法，并以此激发与会者的创意及灵感，使各种设想在相互碰撞中激起脑海的创造性"风暴"。在这一过程中，鼓励一切思维，包括看起来不可能的想法，而且暂时不允许对任何想法做出评论或批评，待所有与会者的想法都提出来后再通过小组讨论的形式逐个进行评价。这种方法的时间安排应在1~2小时，参加者以5~6人为宜。

4.3.1.3 电子会议法

电子会议法是一种将专家会议法与计算机技术相结合的决策方法，是目前较新的定性决策方法。其具体做法是：安排为数众多的参与者（可能多达50人）围坐在一张马蹄形的桌子旁，这张桌子上除了一系列的计算机终端外别无他物；将问题显示给决策参与者；决策参与者在不透露自己姓名的情况下，打出自己所要表达的任何信息并立即显示在计算机屏幕上，使所有人都能看到；个人评论和票数统计也都投影在会议室的屏幕上。

电子会议的主要优点是匿名、诚实和快速。它使人们充分地表达他们的想法而不会受到惩罚，它消除了闲聊和讨论偏题，且不必担心打断别人的"讲话"。专家们声称电子会议的效率比传统的面对面会议提高一半以上。例如，菲尔普斯·道奇矿业公司采用此方法将原来需要几天的年计划会议缩短至 12 小时。但是，电子会议也有缺点：它使得那些口才好但打字慢的人相形见绌，并且可能丧失由于缺乏面对面的口头交流所传递的丰富信息。

4.3.2 定量决策方法

定量决策方法，又称"硬"方法，它是建立在数学模型的基础上，运用统计学、运筹学和电子计算机技术来对决策对象进行计算和量化研究，以供决策参考的方法。根据决策方案在未来实施的经济效果的确定程度，定量决策方法又可分为确定型、风险型和非确定型三类。

4.3.2.1 确定型决策方法

如前所述，确定型决策是指决策者确切地知道自然状态的发生，并且每种状态的结果是唯一且可以预见的决策。也就是说，确定型决策所涉及问题的相关因素是确定的，这是一种理想化的决策状态。在实际中，如果决策的主要因素或者关键因素是确定的，我们可以暂时忽略那些次要的或非关键性因素的不确定性，将问题简化成确定型决策问题加以解决。

1. 盈亏平衡分析法

盈亏平衡分析法，又称量本利分析法或保本分析法，是进行产量决策时经常使用的一种定量分析方法。这种方法主要通过分析总成本、总收入和销售数量三个变量之间的关系，掌握盈亏变化的规律来为决策提供依据。

进行盈亏平衡分析的核心是进行盈亏平衡点的计算。盈亏平衡点是指在这一点上，生产经营活动正好处于不盈不亏的状态，即总收入等于总成本，与这一点相对应的产量称为临界点产量或保本点，相对应的价格称为临界点价格。

其具体做法是：假设企业的总收入即销售收入；企业的总成本包含固定成本和可变成本两部分；企业生产的产品全部售出，即产品产量等于产品的销售量。然后将总成本与总收入进行对比，就可以确定盈亏平衡时的产量或某一盈利水平的产量。根据总成本、总收入和销售量（产量）三个变量之间的关系可推导出如下公式：

利润 = 总收入 – 总成本
= 总收入 – 变动成本总额 – 固定成本总额
= 销售量×单价 – 销售量×单位变动成本 – 固定成本总额

若设 R 为利润，S 为总收入，C 为总成本，FC 为固定成本总额，VC 为单位变动成本，P 为单价，Q 为产量或销售量，Q^* 为盈亏平衡点的销售量，则以上公式表示为：

$$R = S - C = PQ - VC \times Q - FC = Q(P - VC) - FC$$

$$Q = (R + FC)/(P - VC)$$

当企业处于盈亏临界点时，即总收入等于总成本，如不计税收，企业利润为零，即 $R = 0$。则盈亏平衡点的销售量 $Q^* = FC/(P - VC)$。

上述公式中有四个变量，给定任何三个便可求出另外一个变量的值。

【例题 4-1】 假设某电子器件厂的主要产品生产能力为 10 万件，产销固定成本为 250 万元，单位变动成本为 60 元。根据全国订货会上签订的产销合同，国内订货共 8 万件，单价为 100 元。最近有一外商要求订货，但他的出价仅为 75 元，订货量为 2 万件，并自己承担运输费用。由于这外销的 2 万件不需要企业支付推销和运输费用，这样使单位变动成本降至50 元。现该厂要做出是否接受外商订货的决策。

【解】 首先计算该电子器件厂盈亏平衡点产量：

$$Q^* = FC/(P - VC) = 2\,500\,000/(100 - 60) = 62\,500(件)$$

从计算所得出来的结果，可以确定，该电子器件厂接受国内订货 8 万件，不仅可以收回固定成本投资 250 万元，而且还会有 700 000 元的利润。

$$R = Q(P - VC) - FC = 80\,000 \times (100 - 60) - 2\,500\,000 = 700\,000(元)$$

其次，分析国外 20 000 件的订货是否可以接受。从该厂的生产能力来看，在接受国内80 000 件订货后，还有剩余生产能力 20 000 件。是否接受该外商的订货，要看降低了售价后是否还能给企业带来利润。从表面上看，外销价格明显低于内销价格，但是，实际上该电子器件厂所投入的固定成本已在内销产品中得到全额补偿还盈余 70 万元，所以接受外商订货可使企业再净赚 50 万元。

$$R = Q(P - VC) - FC = 20\,000 \times (75 - 50) - 0 = 500\,000(元)$$

因此，如果这家企业没有更好的销售机会，应该做出接受外商订货的决策。

2. 线性规划法

线性规划法就是在一定约束条件下追求最优方案的数学方法。一般来讲，用线性规划模型来解决问题要满足以下条件：问题的目标能用数值指标来反映；存在着达到目标的多种方案；要达到的目标是在一定约束条件下实现的。

用线性规划建立数学模型的步骤是：先确定影响目标大小的变量；然后列出目标函数方程；最后找出实现目标的约束条件，列出约束条件方程组，并从中找到一组能使目标函数达到最大值或最小值的最优可行解。

【例题 4-2】 某药厂生产 A、B、C 三种药物，可供选择的原料有甲、乙、丙、丁四种，成本分别是每千克 5 元、6 元、7 元、8 元。每千克不同原料所能提供的各种药物量如表 4-1 所示。药厂要求每天生产 A 药品恰好 100 克、B 药品至少 530 克、C 药品不超过 160 克，如何合理选配各种原料的数量，才能既满足生产的需要，又使总成本最低？

103

表 4-1　某药厂不同原料能提供的药物量　　　　　　　　　　　单位：克

药品＼原料	甲	乙	丙	丁	产量
A	1	1	1	1	100
B	5	4	5	6	530
C	2	1	1	2	160

解：根据题意建立此问题的线性规划模型。设 X_1、X_2、X_3、X_4 分别表示甲、乙、丙、丁原料的用量。

目标函数为 $\min Z = 5X_1 + 6X_2 + 7X_3 + 8X_4$

约束条件为：

$$X_1 + X_2 + X_3 + X_4 = 100$$
$$5X_1 + 4X_2 + 5X_3 + 6X_4 \geqslant 530$$
$$2X_1 + X_2 + X_3 + 2X_4 \leqslant 160$$
$$X_1 \geqslant 0, X_2 \geqslant 0, X_3 \geqslant 0, X_4 \geqslant 0$$

运用线性规划软件包，得到的运算结果为：当甲为 30 000 克、丙为 40 000 克、丁为 30 000 克，而乙为 0 克时，成本达到最小，此时最小成本为 670 元。

4.3.2.2　风险型决策方法

风险型决策方法主要用于人们对未来有一定程度认识，但又不能肯定的情况。这时，实施方案在未来可能出现几种不同情况，我们把它称为自然状态。每种自然状态虽然无法事先确定，但可以推断它们出现的概率。这样，根据已知的概率就可以计算期望收益。但决策者在决策时无论采用哪一个方案，都要承担一定风险。

1. 决策收益表法

决策收益表法，又称决策损益矩阵法。它是以决策收益表为基础，通过计算不同方案在不同自然状态下的期望收益值，来分析和选择方案的决策方法。决策收益表法主要适用于单级决策。

2. 决策树法

决策树法就是运用树形图来分析和选择方案的决策方法。它以图形方式，把可行方案、期望收益及发生的概率等直观地表示在图形上。它既适用于单级决策，又适用于多级决策。决策树的基本形状结构如图 4-2 所示。

图中，"□"表示决策点；由决策点引出的若干条一级分支叫作方案分支，它表示该项决策中可供选择的几种备选方案，备选方案结点分别以"〇"来表示；由各圆形结点进一步向右边引出的分支称为方案的状态分支，每一状态出现的概率标在每条状态分支的上方；直线的右端"△"表示该种状态下方案执行所带来的损益值。

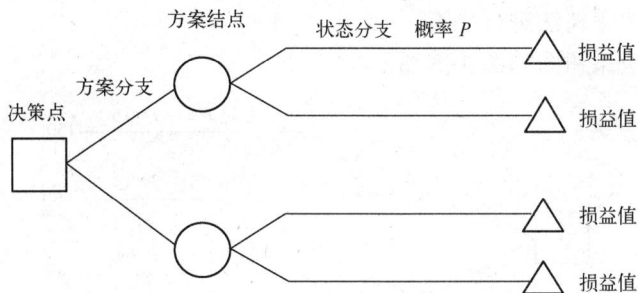

图 4-2 决策树示意图

用决策树法进行决策一般需要进行以下几个步骤。

第一步：绘制决策树。根据备选方案的数目和对未来环境状态的了解，从左到右绘出决策树图形。

第二步：计算期望收益值。计算各状态分支的损益值，将各损益值乘上该损益值出现的概率并累加，得出各方案的期望收益值，该数值可标记在相应方案的圆形状态结点上方。

第三步：剪枝决策。将每个方案的期望收益值减去该方案实施所需要的投资额（该数额可标记在相应的方案分支的下方），比较余值后就可以选出决策方案。剪去的方案分支以"//"号表示剪断。

【例题 4-3】某公司准备生产某种新产品，有两个方案可供选择；一是建大厂，需投资 500 万元，建成后如果销路好，每年可获利 150 万元，如果销路差，每年要亏损 30 万元；二是建小厂，需投资 300 万元，如果销路好，每年可获利 60 万元，如果销路差，每年可获利 30 万元，如表 4-2 所示。两方案的使用期限均为 10 年，根据市场预测，产品销路好的概率为 0.6，销路差的概率为 0.4，请问应如何进行决策？

表 4-2 某厂新产品开发的两种方案

损益值 自然状态 可行方案	销路好 $P=0.6$	销路不好 $P=0.4$
建大厂（投资 500 万元）	150	−30
建小厂（投资 300 万元）	60	30

此问题属于单级决策，因此可以用决策收益表法和决策树法分别分析。

方法一：利用决策损益表法进行决策。

$E(V_1) = (150 \times 0.6 - 30 \times 0.4) \times 10 - 500 = 280 (万元)$

$E(V_2) = (60 \times 0.6 + 30 \times 0.4) \times 10 - 300 = 180 (万元)$

因为 $E(V_1) > E(V_2)$，所以应选择方案 1 作为决策方案，即建大厂。

方法二：利用决策树法进行决策。

第一步：绘制决策树图如图 4-3 所示。

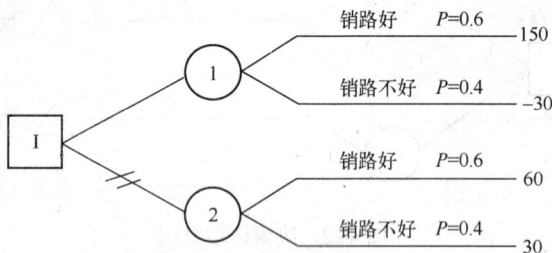

图 4-3　决策树图

第二步：计算各结点的期望收益值。

结点①的期望值 $E(V_1) = (150 \times 0.6 - 30 \times 0.4) \times 10 - 500 = 280$（万元）

结点②的期望值 $E(V_2) = (60 \times 0.6 + 30 \times 0.4) \times 10 - 300 = 180$（万元）

第三步：剪枝决策。

因为 $E(V_1) > E(V_2)$，所以应选择方案 1 作为决策方案，即建大厂。

【例题 4-4】 某企业为扩大某产品的生产，拟建设新厂。据市场预测，产品销路好的概率为 0.7，销路差的概率为 0.3，有 3 种方案可供企业选择：

方案一，新建大厂，需投资 300 万元，据初步估计，销路好时，每年可获利 100 万元；销路差时，每年亏损 20 万元，服务期为 10 年；

方案二，新建小厂，需投资 140 万元，销路好时，每年可获利 40 万元；销路差时，每年仍可获利 30 万元，服务期为 10 年；

方案三，先建小厂，3 年后销路好时再扩建，需追加投资 200 万元，服务期为 7 年，估计每年获利 95 万元。

请问应如何进行决策？

此问题属于多级决策，因此要用决策树法进行分析。

解：第一步：画出此问题的决策树，如图 4-4 所示。

第二步：先计算结点④、⑤的期望收益值，进行第一级决策。

$E(V_4) = 95 \times 7 - 200 = 465$（万元）

$E(V_5) = 40 \times 7 = 280$（万元）

由于 $E_4 > E_5$，故若先建小厂，3 年后销路好时应选择扩建方案。

第三步：计算①、②、③三个结点的期望收益值，进行第二级决策。

$E(V_1) = [0.7 \times 100 + 0.3 \times (-20)] \times 10 - 300 = 340$（万元）

$E(V_2) = (0.7 \times 40 + 0.3 \times 30) \times 10 - 140 = 230$（万元）

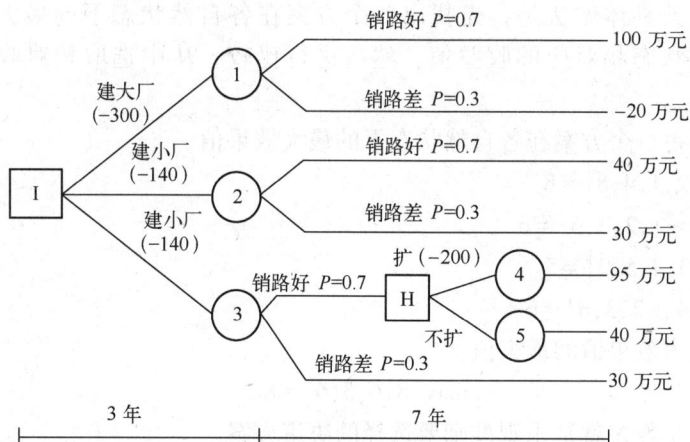

图 4-4　决策树图

$E(V_3) = (0.7 \times 40 \times 3 + 0.7 \times 465 + 0.3 \times 30 \times 10) - 140 = 359.5(万元)$

由于 E_3 最大，所以应选择方案三作为决策方案，即先建小厂，3 年后若市场销路好就进行扩建。

4.3.2.3　非确定型决策方法

在非确定型决策中，由于对方案实施可能会出现的自然状态或者带来的后果不能做出预计，因此处理这类问题的方法主要有两种：一种是通过一些科学方法来补充信息，将不确定型问题变为风险型问题来处理；另一种是依经验进行模糊决策，这与决策者对待风险的态度和所采取的决策准则有直接关系。下面将通过例 4-5，分析不同方法下的决策方案选择。

【例题 4-5】某决策问题的损益矩阵如表 4-3 所示。

表 4-3　某决策的损益矩阵

收益值　　自然状态 可行方案	Q_1	Q_2	Q_3	Q_4
A	2	1	4	8
B	-1	2	3	6
C	3	4	5	2
D	4	-2	3	6

1. 乐观准则

乐观准则也称为大中取大法。采用这种方法的决策者对未来充满信心，认为未来会出现最好的自然状态，因此对方案的比较和选择就会倾向于选取那个在最好状态下能带来最大效果的方案。其具体做法是：先找出各个方案在各自然状态下的最大收益值，即各方案中与最好自然状态相对应的收益值，然后进行比较，从中选取相对收益最大的方案作为决策方案。

解：（1）求出每一个方案在各自然状态下的最大效果值。

方案 A：$\max\{2,1,4,8\}=8$

方案 B：$\max\{-1,2,3,6\}=6$

方案 C：$\max\{3,4,5,2\}=5$

方案 D：$\max\{4,-2,3,6\}=6$

（2）求出各最大效果值的最大值。

$$\max\{8,6,5,6\}=8$$

因此，对应的方案 A 就是乐观准则要选择的决策方案。

2. 悲观准则

悲观准则也称为小中取大法。采用这种方法的决策者对未来持比较悲观的态度，认为未来会出现最差的自然状态，为避免风险，则会选择在最差自然状态下仍能带来最大收益或最小损失的方案作为决策方案。其具体做法是：先找出各方案在各自然状态下的最小收益值，即各方案中与最差自然状态相对应的收益值，然后进行比较，从中选取相对收益为最大的方案作为决策方案。

以例 4-5 为例，分析悲观准则的决策过程。

解：（1）求出每一个方案在各自然状态下的最小效果值。

方案 A：$\min\{2,1,4,8\}=1$

方案 B：$\min\{-1,2,3,6\}=-1$

方案 C：$\min\{3,4,5,2\}=2$

方案 D：$\min\{4,-2,3,6\}=-2$

（2）求出各最小效果值的最大值。

$$\max\{1,-1,2,-2\}=2$$

因此，对应的方案 C 就是悲观准则要选择的决策方案。

3. 折中准则

折中准则也称乐观系数法。采用这种方法的决策者认为自然状态出现最好和最差的可能性都存在，因此要在乐观与悲观两种极端中求得平衡。

其具体做法是：根据决策者的估计，引入一个乐观系数 α，$\alpha\in[0,1]$，相对应的悲观系数为 $1-\alpha$，当 $\alpha=0$ 时决策者感到完全悲观，当 $\alpha=1$ 时决策者感到完全乐观。然后，将各方案在最好自然状态下的收益值与乐观系数的乘积，加上各方案在最差自然状态下的收益值与悲观系数的乘积，得出各方案的期望收益值；比较各方案的期望收益值，从中选出期望收益值最大的方案作为决策方案。

以例 4-5 为例，假设乐观系数 $\alpha = 0.7$，悲观系数 $1-\alpha = 0.3$，分析折中准则的决策过程。

解：（1）求出各方案的期望收益值。

$E(V_A) = 8 \times 0.7 + 1 \times 0.3 = 5.9$

$E(V_B) = 6 \times 0.7 + (-1) \times 0.3 = 3.9$

$E(V_C) = 5 \times 0.7 + 2 \times 0.3 = 4.1$

$E(V_D) = 6 \times 0.7 + (-2) \times 0.3 = 3.6$

（2）求出现期望收益值的最大值。

$$\max\{5.9, 3.9, 4.1, 3.6\} = 5.9$$

因此，对应的方案 A 就是折中准则要选择的决策方案。

4. 后悔值法

后悔值法，也称遗憾值法或大中取小法。采用这种准则的决策者认为决策者在选择方案并组织实施时，如果遇到的自然状态表明采用另外的方案会取得更好的收益，组织就会遭到机会损失，决策者将为此而感到后悔或遗憾。

其具体做法是：先确定出各方案在各种自然状态下的最大收益值，然后用这个最大值与相应方案在不同自然状态下的收益值相减，得出各方案在各种自然状态下的后悔值；最后找出每一种方案的最大后悔值，从中选择一个最小值，该值对应的方案即是决策方案。

以例 4-5 为例，分析后悔值法的决策过程。

解：（1）求出每一自然状态下的最大收益值。

$E(V_1) = \max\{2, -1, 3, 4\} = 4$

$E(V_2) = \max\{1, 2, 4, -2\} = 4$

$E(V_3) = \max\{4, 3, 5, 3\} = 5$

$E(V_4) = \max\{8, 6, 2, 6\} = 8$

（2）求出每一自然状态下的后悔值，并写在相应方案与相应状态的交叉点上。

方案后悔值等于各自然状态最佳效果值（最大收益或最小支付）减去方案在该自然状态下的收益值，如表 4-4 所示。

表 4-4　计算方案后悔值

后悔值 ＼ 自然状态 可行方案	Q_1	Q_2	Q_3	Q_4
A	4-2	4-1	5-4	8-8
B	4-(-1)	4-2	5-3	8-6
C	4-3	4-4	5-5	8-2
D	4-4	4-(-2)	5-3	8-6

（3）求出后悔值矩阵。

计算表 4-4 得出后悔值矩阵，如表 4-5 所示。

表 4-5 后悔值矩阵

自然状态 后悔值 可行方案	Q_1	Q_2	Q_3	Q_4
A	2	3	1	0
B	5	2	2	2
C	1	0	0	6
D	0	6	2	2

（4）求出后悔值矩阵中各行（方案）的最大后悔值。

方案 A：$\max\{2,3,1,0\}=3$

方案 B：$=\max\{5,2,2,2\}=5$

方案 C：$\max\{1,0,0,6\}=6$

方案 D：$\max\{0,6,2,2\}=6$

（5）求出最大后悔值中的最小值。

$$\min\{3,5,6,6\}=3$$

因此，对应的方案 A 就是后悔值法要选择的决策方案。

把决策方法分为两大类只是相对而言的。定性决策方法注重于决策者本人的直觉，定量决策方法则是注重于决策问题各因素之间客观的数量关系。鉴于两者各有长处和不足，在实际应用中，通常将定量决策方法与定性决策方法相结合，从而使组织决策更加科学。

▶ 本章小结

决策贯穿于计划、组织、领导和控制全过程，是管理的核心。狭义的决策指最终做出决定的那一时刻的行为。这是对"决策"的传统认识，是决策概念的最直接、最本质的含义。但在管理学研究中，采用的是决策广义的定义，即，决策是指组织为了实现某一目标，从若干个行动方案中选择一个满意的方案，并把其付诸实施的活动过程。由于组织活动是多样的、复杂的，使得决策的种类也很多。但无论是哪一种类型的决策，在进行决策活动时，它都必须经历一个包含识别问题、明确目标、拟订方案、评价方案、选择方案、执行方案、追踪反馈等这些步骤的完整过程。为了保证管理决策的正确性，在决策过程中还必须利用科学的决策方法。当前，经常使用的决策方法可分为定性决策方法和定量决策方法。定性决策方法注重于决策者本人的直觉；定量决策方法则注重于决策问题各因素之间客观的数量关系。

随着计算机的发展为数学模型的运用开辟了更广阔的前景，现代组织决策中越来越重视定量决策方法的运用。但是，决策的科学与否最终取决于决策者对客观事物的认识程度的深浅与主观能动性的大小。因此，在决策过程中，一定不能因片面强调决策方法，而忽视了决策者素质的提高。

▶▶同步测试

一、单项选择

1. 狭义的决策指（　　）。

    A. 选择方案　　　　B. 评价方案　　　　C. 比较方案　　　　D. 拟订方案

2. 由于决策者在具体工作中不可能做到完全合理，因此，决策者在选择方案时往往是遵循（　　）。

    A. 最优标准　　　　B. 满意标准　　　　C. 企业标准　　　　D. 国家标准

3. 有家牛奶公司最近推出了送奶上门的新服务项目。平均来说，每个服务人员每天要负责临近 10 个街区住户的送奶任务，交通工具目前仅有三轮车。为减轻送奶员的不必要负担，公司有关人员想预先为各位送奶员安排好最短的驱车路线。计划中发现，每个送奶员实际上平均有 128 条可行的路线可供选择。在这种情况下，送奶路线安排问题属于（　　）。

    A. 不确定型决策　　B. 确定型决策　　　C. 风险型决策　　　D. 与决策无关

4. 一般来说，高层管理人员的决策倾向于（　　）。

    A. 战略性、非程序化　　　　　　　　　　B. 战略性、程序化

    C. 战术性、程序化　　　　　　　　　　　D. 战术性、非程序化

5. 某公司生产某产品的固定成本为 50 万元，产品单位售价为 80 元，本年度产品订单为 10 000 件。据此，单位变动成本降到（　　）元时才不至于亏损。

    A. 300　　　　　　B. 130　　　　　　C. 60　　　　　　D. 30

6. 某家庭为了上班、旅行、接送小孩上学等出行方便，决定购买家用小轿车，这个决策一般属于（　　）。

    A. 确定型决策　　　B. 非确定型决策　　C. 多目标决策　　　D. 单目标决策

7. 某大学每个学年度都必须决定从学费里支取一定比例的资金用于奖励学习成绩优秀的学生，这项决策属于（　　）。

    A. 非确定型决策　　B. 单目标决策　　　C. 程序化决策　　　D. 非程序化决策

8. 某人为了自己及家人老有所依，老有所养，决定为自己及亲属购买养老保险，根据面临的状态及结果看，这个决策属于（　　）。

    A. 非确定型决策　　B. 确定型决策　　　C. 风险型决策　　　D. 单目标决策

9. 企业的某个员工持续迟到，经过多次教育没有明显改进，管理者决定按照制度对其

进行严肃处理。这种按规定对违纪员工进行处理的行为属于（　　　）。

    A. 风险型决策　　　　B. 确定型决策　　　　C. 非确定型决策

    D. 程序化决策　　　　E. 非程序化决策

二、多项选择

1. 决策在管理活动中占据非常重要的地位，主要体现在（　　　）。

    A. 管理就是决策　　　　　　B. 决策是行动的依据

    C. 决策是管理者的主要工作　D. 没有目标也可以进行决策

2. 集体决策的优点是（　　　）。

    A. 能够最大范围地汇总信息　B. 拟订更多的备选方案　C. 能得到更多的认同

    D. 更好地沟通　　　　　　　E. 做出更好的决策

3. 一般来说，越是组织的基层主管人员所做出的决策越倾向于（　　　）。

    A. 战略型　　　　　　　B. 经验型　　　　　　　C. 程序型

    D. 风险型　　　　　　　E. 战术型

4. 依据决策方案的自然状态及后果的不同，决策包括（　　　）等。

    A. 确定型决策　　　　　B. 风险型决策

    C. 非确定型决策　　　　D. 非风险型决策

5. 风险型决策的常用方法有（　　　）。

    A. 盈亏平衡分析法　　　B. 德尔菲法

    C. 决策树法　　　　　　D. 决策收益表法

6. 以下描述正确的是（　　　）。

    A. 乐观法又称大中取大法　B. 悲观法又称小中取大法

    C. 悲观法又称小中取小法　D. 乐观法又称小中取大法

    E. 悲观法又称大中取小法

7. 管理决策的特点有（　　　）。

    A. 目的性　　　　　　　B. 主观性　　　　　　　C. 过程性

    D. 动态性　　　　　　　E. 可行性

8. 对于非确定型决策，采用折中法进行选择方案时，以下描述正确的是（　　　）。

    A. 当乐观系数 $\alpha = 0$ 时，结果与悲观法相同

    B. 当乐观系数 $\alpha = 0$ 时，结果与乐观法相同

    C. 当乐观系数 $\alpha = 1$ 时，结果与悲观法相同

    D. 当乐观系数 $\alpha = 1$ 时，结果与乐观法相同

9. 从不同角度看，家庭购买房屋供自己居住的行为属于（　　　）。

    A. 程序化决策　　　　　B. 非程序化决策　　　　C. 风险型决策

    D. 非确定型决策　　　　E. 确定型决策

10. 由于通货膨胀，某个家庭为了资产保值，决定从过去的存款中拿出 1/3 进行股票投资，从不同角度来看，这种决定属于（　　　）。

　　A. 单目标决策　　　　　B. 多目标决策　　　　　C. 风险型决策

　　D. 非确定型决策　　　　E. 确定型决策

三、思考题

1. 结合自己的实际生活，分析你所做的某一项实际决策的影响因素。

2. 请以你自己的亲身经历为例，谈谈在日常生活中，你都是如何进行决策的，这些决策方法有什么样的特点？

3. 我们常会发现，即使决策是正确的，但未必都能达到预先的目标。这是为什么？请结合具体事例分析原因。

4. 决策的实际效果往往要经过相当长时间才能得到检验，那么，怎样才能评价决策工作本身的有效性？

▶▶实践与训练

根据本章内容进行讨论

1. 决策是什么？

2. 决策的方法有哪些？

3. 结合模拟公司，各小组设计一实践项目，围绕这个项目进行项目开展前的决策。

4. 实践分两种形式，一种是纯模拟方式，主要目标是项目决策的方法与流程，可以两组或几组之间互相点评。另一种是设计小型项目，进行实践，并进行总结。

实训重点：

（1）决策与决策者的关系，个人决策与团队决策的关系；

（2）团队决策与责任的关系；

（3）什么样的决策过程能保证决策的质量？

（4）在团队意见不统一的情况下，如何决策？

（5）决策依据是怎样形成的？

教师评分标准：

（1）决策时是否充分合理使用了本章内容；

（2）决策的流程是否清晰合理；

（3）决策过程是否有效；

（4）模拟决策的逻辑性是否合理。

▶ 讨论案例

安娜该如何决策

安娜在一家中等规模的计算机公司当程序设计员。现在，她的年薪为 50 000 美元。公司的前景很好，也增加了很多新的管理职位。其中有些职位，包括优厚的年终分红在内，公司每年要付给 90 000 美元。有时，还会提升程序员为分公司的经理。安娜相信，在不久的将来她会得到这样的机会。

安娜的父亲雷森先生自己开了一家计算机维修公司，主要是维修计算机硬件，并为一些大的计算机公司做售后服务，同时也销售一些计算机配件。雷森先生雇了一位刚毕业的大学生来临时经营计算机维修公司，店里的其他部门继续由安娜的母亲经营。雷森想让女儿安娜回来经营她最终要继承的计算机维修公司。而且，由于近年来购买计算机的个人不断增加，计算机维修行业的前景是十分看好的。雷森先生在前几年的经营过程中，建立了良好的信誉，维修公司发展和扩大的可能性是很大的。

安娜和双亲讨论时，得知维修公司现在一年的营业额大约为 400 000 美元，而毛利差不多是 170 000 美元。目前，雷森付给他新雇用的大学毕业生的薪金为每年 36 000 美元，雷森夫人得到的薪金为每年 35 000 美元，雷森先生自己不再从维修公司支取薪金了。

如果安娜决定担任起维修公司的管理工作，雷森先生打算付给她 50 000 美元的年薪。他还打算，开始时，把维修公司经营所得利润的 25% 作为安娜的分红；两年后增加到 50%。因为雷森夫人将不再在该公司任职，就必须再雇一个非全日制的办事员帮助安娜经营维修公司，他估计这笔费用大约需要 16 000 美元。

雷森先生已知有人试图出 600 000 美元购买他的维修公司。这笔款项的大部分，安娜在不久的将来是要继承的。对雷森夫妇来说，他们的经济状况并不需要过多地去用这笔资产来养老送终。

根据以上资料分析：

1. 对安娜来说，有什么行动方案可供选择？
2. 你建议采取哪种备选方案？
3. 安娜的个人价值观对她做出决策有何影响？

第5章 计划工作

本章穿针引线

计划是管理的首要职能，也是决策的组织落实过程。本章主要介绍计划工作的基本理论、编制计划的基本步骤及计划技术。在计划工作的基本理论中，将介绍计划工作的定义、内容、作用、特点及分类等相关知识，由此较全面地理解计划工作的含义。这里的计划工作是仅指制订计划这个狭义概念，它告诉人们需要在什么时间、由什么人、采取什么方法、去开展什么活动以最终实现既定的目标。由于组织的环境、发展阶段、业务及管理者所处层次的不同等，所制定的计划可能表现出很大的差异，体现为不同类型的计划。在此基础上，将进一步学习在管理工作中编制计划的基本步骤和方法。由于计划工作对于组织的各项管理活动具有指导性意义，因此计划的编制工作是一个包含有一系列步骤的过程。在这个过程中，不仅要遵循一定的科学原理，还需要掌握一些计划工作的方法，以保证计划工作的质量和效率。无论如何，计划是管理的首要职能，科学而周密的计划工作为其他管理活动提供了依据。

学习目标规划

1. 基本了解计划与决策的关系、计划工作的相关概念；
2. 重点掌握计划的不同类型、计划的编制过程、目标管理原理及编制计划的工具和技术；
3. 能够根据实际条件，熟练运用计划技术和目标管理原理安排小型项目的活动计划。

课前热身随笔

1. 人们对计划的基本认识常常有："有没有计划无所谓""计划跟不上变化""计划只是高层或计划部门的事，和其他人员无关"。你同意以上观点吗？关于计划的作用与意义，你是怎么理解的？

2. 你的问题

引导案例

挖井的故事

有两个和尚是隔壁邻居，所谓隔壁就是隔壁那座山，他们分别住在相邻的两座山上的庙里。这两座山之间有一条溪，这两个和尚每天都会在同一时间下山去溪边挑水，久而久之他们成了好朋友。就这样，时间在每天挑水中不知不觉过了五年。突然有一天，左边这座山的和尚没有下山挑水，右边那座山的和尚心想"他大概睡过头了"，就没放在心上。哪知道第二天左边这座山的和尚还是没有下山挑水，第三天也一样，过了一个星期还是一样，直到过了一个月，右边那座山的和尚终于忍不住，他心想："我的朋友可能生病了，我要过去拜访他，看看能帮上什么忙。"于是他便爬上了左边这座山，去探望他的老朋友。等他到了左边这座山的庙，看到他的老友之后大吃一惊，因为他的老友正在庙前打太极拳，一点也不像一个月没喝水的人。他很好奇地问："你已经一个月没有下山挑水了，难道你可以不用喝水吗？"左边这座山的和尚说："来来来，我带你去看。"于是他带着右边那座山的和尚走到庙的后院，指着一口井说："这五年来，我每天做完功课后都会抽空挖这口井，即使有时很忙，也坚持能挖多少就挖多少。如今终于让我挖出井水，我就不用再下山挑水，我可以有更多时间练我喜欢的太极拳。"

▶▶ 5.1 计划工作概述

目标导引

1. 基本了解计划与决策的关系、计划的定义、特征和作用；
2. 重点掌握计划工作的内容。

5.1.1 计划工作的定义

计划工作也有广义和狭义之分。广义的计划工作是指编制计划、执行计划和检查计划等一系列计划工作过程。狭义的计划工作则仅指编制计划。

这里所说的计划工作是从狭义上讲的，它是指为了实现决策所确定的目标，对未来行动进行规划、安排及组织实施的一系列管理活动的总称。简言之，计划就是一个组织要做什么和怎么做的行动指南。

5.1.2 计划工作的内容

计划工作告诉人们需要在什么时间、由什么人、采取什么方法、去开展什么活动以最终实现既定的目标，因此计划工作的任务和内容可以描述为"5W1H"。

Why（Why to do）——为什么要做？原因。即要明确组织的宗旨或使命、战略、目标，也就是要提供制定方案的依据，并论证可行性。

What（What to do）——做什么？内容。即要明确行动方案的具体任务，工作重点和要求，包括控制标准和考核指标的确定，也就是告诉实施计划的部门或人员，做成什么样。

Where（Where to do）——何地做？地点。即确定计划的实施地点或场所，了解计划实施的环境条件和限制因素，以便合理安排计划实施的空间组织和布局。

Who（Who to do）——由谁做？人员。即要确定计划中的各项任务的具体落实，分别由哪些部门和哪些人员负责实施，并且要明确部门之间、员工之间的协作关系。

When（When to do）——何时做？时间。即要确定计划中各项工作开始和完成的时间及不同环节的进度，以便进行有效的控制和对能力及资源进行平衡。

How（How to do）——怎么做？方式（法）、手段。即确定实施计划所采用的具体方式和手段，以及相应的政策和规则。

以上的"5W1H"，就是正式组织的管理工作中，在制订计划时所必须具备的基本要素。当然，在某些具体的计划中，这些因素并非都以明确的形式出现，某些要素可能是"默认"的，但从根本上说，以上的内容都是一项完整的计划所必须具备的基本要素。

5.1.3 计划工作的特征

1. 首位性

计划工作相对于其他管理职能处于首位，不仅因为从管理过程的角度来看，计划工作先于其他管理职能，而且因为在某些场合，计划工作是付诸实施的唯一管理职能。例如，对于一个是否要建立新工厂的计划研究工作，计划首先要做的工作是进行可行性分析，如果分析的结果表明该计划（新厂建设）是不合适（经济上不合理）的，那么，也就没有再进行随后的组织工作、领导工作及控制工作的必要了。这时，计划是唯一需要完成的管理工作。

2. 预见性

计划不是对已经形成的事实和状况的描述，而是对组织未来活动的一种预先安排。但这种预想不是盲目的、空想的，而是以外部环境因素及组织的实际条件为基础，以现有成绩和问题为依据，在对今后的发展趋势做出科学预测之后做出的。例如，产品开发计划的制订，必然是以对新产品性能及目标市场的消费情况的充分了解为前提的。

3. 经济性或效率性

计划的经济性是指制订计划与执行计划时所有的产出与所有的投入之比，即计划的效率。这个效率，不仅包括人们通常理解的按资金、工时或成本表示的投入产出比率，还包括组织成员个人或群体的满意程度，如果计划使一个组织内很多人不满意或不高兴，那么这样的计划可能连目标都不可能实现，更谈不上效率了。

117

4. 创新性

计划工作实际上是对管理活动的一种设计，它是针对需要解决的问题和可能发生的变化而做出决定，是一个创新过程。例如，新产品开发计划、工程设计等。计划工作所面临的不确定性因素越多，就越需要计划的制订者对新的情况进行充分的分析、归纳，进行准确的逻辑推理，计划也因此体现了制订者的智慧和创造力。

5. 约束性

计划一经通过、批准或认定，在其所指向的范围内就具有了约束作用。例如计划一旦确定了"做什么""谁去做""何时做"等内容，就对相关的人员及其工作范围、工作进度等有了约束。在计划范围内，无论是集体还是个人都必须按计划的内容开展工作和活动，不得违背和拖延。

5.1.4 计划工作的作用

1. 计划是管理活动的依据

计划确定了组织的活动方向，明确了具体的目标和任务，便于管理者协调各部门的工作，指导管理活动按计划有步骤地进行。他们要分派任务，要根据任务确定下级的权力和责任，要促使组织中全体人员的活动方向趋于一致而形成一种复合的、巨大的组织化行为，以保证达到计划所设定的目标。例如，国家要根据五年计划安排基本建设各项目的投资，企业要根据年度生产经营计划安排各月的生产任务、新产品开发和技术改造等。管理者正是基于计划来进行有效的指挥的。

2. 计划是减少浪费、提高效率的方法

组织的任何活动都必须以一定的资源为基础。通过对计划进行认真的研究，明确组织活动所需各项资源在时间、空间上的合理分配，有助于用最短的时间完成工作，减少迟滞和等待时间，减少盲目性所造成的浪费，促使组织的可用资源充分发挥作用，有效地提高组织的效率。此外，计划还有利于在明确的目标下统一员工的思想和行动，激发热情，形成凝聚力，使组织各部门的工作能够统一协调、井然有序地展开，从而大大改善组织绩效。

3. 计划是降低风险、掌握主动的手段

组织未来的环境具有很大的不确定性。未来可能会出现新的产品和新的竞争对手，国家的政策、方针可能变化，顾客的意愿和消费观念也会变化，如果没有预先估计到这些变化，就可能失败。这就使得计划制订者需要根据过去和现在的信息来预测未来环境的变化趋势和变化规律，分析这些变化将对达成组织目标产生的影响，并针对各种变化因素制订应对措施，以最合理的方案安排组织的各项活动，从而降低组织未来活动的风险。也就是说，通过计划工作，进行科学的预测可以把将来的风险减少到最低限度。

当然，由于人们掌握的与将来有关的信息的有限性，或者未来的某种变化可能完全是由于某种偶然因素引起的，因此，有些变化是无法预知的，而且随着计划期的延长，这种不确定性也就相应增大，但并不能因此否认计划的作用。但是，必须认识到，计划能够帮助组织

规避不确定性带来的风险，它不能消除风险。

4. 计划是管理者进行控制的标准或依据

由于各种主客观因素的影响，组织各项活动的结果可能会产生与目标要求不完全相符的情况，从而出现偏差。这时，组织就要发挥管理的控制职能来消除这种偏差，即计划的实施需要控制活动给予保证。要进行控制就要有个标准。组织实施控制的标准就是计划工作所确定的计划目标及由目标分解形成的指标体系。因此，一份好的计划应包括建立目标和一些指标，这些目标和指标将被用来进行控制。如果没有计划目标，就无法测定控制活动，也就无所谓控制，所以说计划为组织实施有效控制提供了根据。

5.1.5 关于计划的误解

许多人对计划存在这样或那样的误解，纠正这些误解对正确理解和运用计划工作原理十分重要。对计划的典型误解表现在以下几个方面。

1. 计划是关于组织长远发展的设想，因此，制订计划是高层管理的职责，与中、基层管理者无关

这是一个错误的观点。计划是关于组织未来的蓝图，是对组织在未来一段时期内的目标及实现途径的策划与安排。这里的目标不仅包括组织整体目标，也包括各部门、各岗位的目标。组织整体目标由高层主管来负责，部门及岗位目标涉及组织各层管理者直至普通员工。即使是由高层管理者负责的组织目标，其制订涉及组织内外环境条件的调查研究等具体性工作，需要基层员工的努力和贡献。制订得再好的组织整体战略发展目标也需要层层落实，分解成各个层次不同部门和岗位的目标任务，因此，如果没有一个彼此衔接、相互支持的上下左右的目标任务体系，组织的发展是不可能实现的。既然目标要求各层员工参与制订，那么实现这些目标的途径也要有全体管理人员乃至全体员工的共同参与。所以，计划工作是全体管理人员的应尽职责。

2. 再好的计划也赶不上变化，因此，制订计划没有意义

这个观点也是错误的。计划工作的意义不仅在于其结果，计划过程本身就富有许多积极的作用。计划工作的开展迫使各级主管人员花时间和精力去思考未来的各种情况，从而促发了各种沟通、思考、预测等行为，有助于提高组织内部各部门之间的协调，提高组织的应变能力。计划工作的最重要意义也许不在于形成了一个计划，而在于计划工作过程本身所产生的那种效应。

3. 计划是计划部门的事情，与其他管理者无关

这个观点也是错的。组织内的每个部门都应该制订切实可行的计划，都应该有自己的合理目标和行动方案。通过计划工作来明确这个目标和实现该目标的途径是每一个部门管理者的职责。作为组织的一个职能部门，计划部门不仅要制订本部门的工作计划，而且负责组织基本业务的安排，协调好各个基本业务部门计划的制订，如学校的教学管理部门，即教务处

119

负责协调各个学院、系的教学计划的制订。

4. 计划是一种约束，会降低组织的灵活性

这个观点也是不对的。计划是对未来的谋划，而未来存在很大的不确定性，其中的某些变化是计划制订者不能完全预计到的。因此，虽然制订了计划，并且计划还应该保持一段时间的稳定，但这并不意味着计划不能有变化。计划应当是一种持续性的活动。当未来的实际情形与原先预计的有偏差时，需要对计划进行一些必要的调整。这就要求所制订的计划保持一定的弹性，即计划指标要求留有一定余地。

5. 计划可以消除变化或风险

这个观点也是不对的。组织的内外部环境处在不断变化中，这是任何力量也不能阻止的。但组织通过计划工作可以了解环境中各种要素及其变化趋势，从而制订一些应对这些变化的措施，使组织不至于在变化发生时措手不及。因此，通过计划可以规避一些变化给组织带来的不利影响，虽然它不能消除变化或风险。

▶▶ 5.2　计划工作的形式和类型

目标导引

1. 基本了解划分计划类型的依据、计划的各种表现出形式；
2. 重点掌握各类计划的特点；
3. 能够根据实际，熟练运用有关理论知识找出编制各类计划的侧重点。

人们根据不同的需要编制各种各样的计划。按照不同的分类标准，可将计划分为不同种类。

5.2.1　非正式计划与正式计划

按照表现形式不同，可将计划划分为非正式计划和正式计划。

1. 非正式计划

非正式计划是指对某一问题做出决定就算有了计划，且仅限于对组织目标和实现目标的途径作总括性的策划。非正式计划可能仅存在某些人的脑海里，没有被表述为书面文件，但这并不意味着当事人就一定没有制订出行动的目标和方案，也就是没有计划。许多小企业中就存在大量的非正式计划，通常是企业所有者兼管理者的一个人或几个人对某一问题做出决定就算有了计划，如思考过企业想要达到什么目标，以及怎么实现目标。因此非正式计划的确定往往是欠周密的，计划的内容比较粗略且缺乏连续性，显得很不正规。并且由于确定和了解这种计划的人可能不多，非正式计划不容易在组织中进行交流和扩散，所以，在规模比较大、管理工作较规范的组织中，就经常需要编制正式的计划。

2. 正式计划

正式计划是指正式诉之于笔墨的，明文规定的，包括环境分析、目标确定、方案选择及计划文件编制这一系列工作步骤的完整的过程。该过程往往会形成组织的一套计划书。计划书要详细、明确并明文规定组织的目标是什么，实现这些目标需要什么样的全局战略，并开发出一个全面的分阶段和分层次的计划体系，以综合和协调不同时期和不同部门的活动。组织通过正式而精细地制订计划，会促使形成的决策落到实处，使之既具体可操作，同时又相互支持、彼此协调。

5.2.2　长期计划、中期计划和短期计划

按照时间的跨度不同，可将计划划分为长期计划、中期计划和短期计划。

1. 长期计划

长期计划通常是指期限在 5 年以上的计划。长期计划描述了组织在较长时期的发展方向和方针，规定了组织各个部门在较长时期内从事某种活动应达到的目标和要求，描绘了组织在较长时期的发展蓝图。它是为实现组织的长期目标，具有战略性、纲领性指导意义的综合发展规划。

2. 中期计划

中期计划一般是指一年以上、五年以下时间范围内的计划，是根据长期计划提出的长远目标和要求，结合计划期内的实际情况制订的更加具体的阶段性计划。中期计划具有衔接长期计划和短期计划的作用，既是长期计划的具体化，又是短期计划的依据。

3. 短期计划

短期计划则是指时间范围在一年以内的计划，是根据中、长期计划规定的目标和当前的实际情况，对计划年度的各项活动所做出的具体安排和落实。短期计划为组织成员在近期的行动提供了依据，具有很强的操作性。

以上对于计划期限的规定不是绝对的。比如在美国，过去的长期计划意味着超过 7 年的期限，这么长的期限，在相对稳定的环境下也许是可能的，但也可以想象一个企业规划自己未来 7 年里应该做什么有多么困难。由于组织环境变得越来越不确定，因此，长期计划的期限也在做相应的调整。今天，很多企业将长期计划的期限定义为 3 年，短期计划为 1 年或短于 1 年的计划。介于二者之间的计划既可以归为长期计划，也可以归为短期计划。计划期限的时间分类是相当粗略的，组织应该根据自身计划的目的来规定计划的时间期限。

5.2.3　具体性计划与指向性计划

按照计划内容的详细程度不同，可以将计划分为具体性计划和指向性计划。

1. 具体性计划

具体性计划是清晰定义的和没有任何解释余地的计划，它具体地陈述了目标，不存在模

糊性，不存在理解上的歧义。例如一个经理试图提高其所在部门在未来 12 个月内的产出，使之较过去提高 8%，他相应建立了具体的程序、资源分配预算，以及活动的进度计划，以达到其目标。具体性计划的缺点是它所要求的清晰程度和可预见性在不确定的动态环境下是不具备的。一般来说，计划期限越长，所要求的计划清晰程度也越难提供。组织的短期计划及战术计划的内容一般要求具体明晰。

2. 指向性计划

指向性计划是一种具有灵活性的计划，它设立了一般性的指导原则。指向性计划指出了重点，但是并不把管理者限定在某个具体的目标上，或特定的行动方案上。例如，指向性计划并不会详细地规定组织在未来 12 个月内削减 10% 的成本，增加 12% 的收入及管理者应该具体做什么。指向性计划更多地是以利润在未来 12 个月将提高 10%~20% 的方式来表述。灵活性是指向性计划的内在特点，在环境呈显著的动态特征的条件下，这种计划有其显著的优势。同时，组织的战略计划、中长期计划一般也是指向性的。

5.2.4 战略计划、战术计划和作业计划

按照范围不同，可将计划划分为战略计划、战术计划和作业计划。

1. 战略计划

战略计划也称为战略规划，是关于组织活动长远发展方向、基本目的的计划，一般由组织的高层次管理者制订。战略计划是组织的其他各种计划的最高指导原则，因此，其内容不追求具体、明确，只规定总的发展方向、基本策略和具有指导性的政策、方针。

战略计划的特点是：包含的时间跨度大，涉及的范围广；内容抽象、概括，不要求直接的可操作性；不具有既定的目标框架作为计划的着眼点和依据，因而设立目标本身成为计划工作的一项主要任务；计划方案的使用往往是一次性的，很少能在将来得到再次或重复的使用；计划的前提条件大多是不确定的，计划执行结果也带有很大的不确定性。

因此，战略计划的制订者必须具有较高的风险意识，能在大量的不确定性因素中选定组织未来行动的目标和经营方向，并且要有较大的弹性。战略计划的这些特点决定了它对战术计划和作业计划的指导作用。

2. 战术计划

战术计划是关于组织活动如何具体运作的计划，一般由组织的中层管理者制订，主要用来规定组织目标如何实现的具体实施方案和细节。它将战略计划中具有广泛性的目标和政策，转变为确定的目标和政策，并且规定了达到各种目标的确切时间。

战术计划的主要特点是：涉及的时间跨度较短，覆盖的范围较窄；内容具体、明确，并要求具有可操作性；计划的任务主要是规划如何在已知条件下实现组织的各项分（具体行动）目标，战术计划的风险程度比战略计划低。

如果说战略计划侧重于确定组织要做什么事，以及为什么要做这些事，则战术计划是规

定需由何人、在何时何地、通过何种办法做事，以及使用多少资源来做事。可以说，战略计划是确保组织"做正确的事"，而战术计划则是追求"正确地做事"。

3. 作业计划

作业计划是规定总体目标如何实现的执行性计划，是以战略、战术计划的要求为依据确定计划期间的预算、利润、销售量、产量、工作流程，并划分合理的工作单位，分派任务和资源，以及确定权力和责任，一般是由基层管理者制订的。战术计划虽然已经相当详细，但在时间、预算和工作程序方面还不能满足实际实施的需要，还必须制订作业计划。

作业计划的主要特点是：构思细微，认识实在，涉及的时间较短（周、日、甚至小时），一般较为具体和易变，作业计划的制订必须保证高层、中层计划目标的实现。

5.2.5 综合计划与专项计划

按照对象不同，可以将计划划分为综合计划和专项计划。

1. 综合计划

综合计划是指对组织业务经营过程的各个方面所做的全面规划和安排，关系到组织多个目标和多方面内容的计划。在较长时期内执行的战略计划往往是覆盖面较广泛的综合性计划，短期计划也有综合性的，例如，企业的年度综合经营计划应该包括：销售计划、生产计划、劳动工资计划、物资供应计划、成本计划、财务计划等。

2. 专项计划

专项计划是指对某一专业领域职能工作所做的计划，通常是对综合性计划的某一方面内容的分解和落实。比如，以上所述的销售计划、生产计划、劳动工资计划、物资供应计划、成本计划、财务计划等都是与企业经营活动相关的专业性计划。但这些计划只涉及企业活动的某一方面，与综合计划的关系是局部与整体的关系。

上述对计划的分类方法各有侧重又相互重叠，使用每一种方法对计划进行划分都没有绝对的标准，只是为了便于管理者根据各自组织的实际情况，从不同的角度来区分计划的层次。上述方法在管理实践中应当灵活运用。

▶▶ 5.3 计划工作的步骤

目标导引

1. 基本了解计划工作的基本原则；
2. 重点掌握计划工作的步骤；
3. 能够熟练运用计划工作步骤为自己制订 1~2 年的学习计划。

计划职能是管理的首要职能，计划对于组织的各项管理活动具有指导性意义，会对之后的其他管理工作产生一连串的连锁反应，因此，计划的制订工作举足轻重，必须遵循科学的原则、步骤和方法。

5.3.1　计划制订的基本原则

计划工作作为一种基本的管理活动，应遵循以下基本原则。

1. 限定因素原则

限定因素，是指妨碍组织目标实现的因素，在其他因素不变的情况下，抓住这些因素，就能实现期望的目标。相反，即使其他因素不变，如果限定因素发生变化，也会影响组织目标的实现程度。因此，在计划工作中，越是能够了解和找到对达到所要求的目标起限制性和决定性作用的因素，就越是能准确地、客观地选择可行方案。其含义正如木桶原理所表述的那样：木桶所盛的水量，是由木桶壁上最短的那块木板条决定的。

2. 承诺原则

承诺原则，是指任何一项计划都是对完成某项工作所做出的承诺，因此，在制订计划时，计划的时间应该足够长，以便在这个期限内能够实现对当前的承诺。

该原则要求合理地确定计划期限，一般来说，计划工作期限的长短需要根据所承担任务的多少而定，承担的任务越多，计划工作的期限就越长，反之就会缩短。但计划承诺也不能过多，致使计划期限过长，如果主管人员实现承诺所需的时间比他可能正确预见的未来期限还要长，他的计划就不会有足够的灵活性适应未来的变化，他应减少承诺，缩短计划期限。

3. 弹性原则

弹性原则是指制订计划时要有一定的灵活性，留有余地，以确保组织遇到意外时能够有继续前进的能力。弹性原则在计划工作中非常重要，特别是在承担任务重、计划期限长的情况下，比如战略计划，它的作用更明显。计划中体现的灵活性越大，则出现意外事件时的适应能力越强，对组织的危害性越小。但灵活性是有一定限度的。比如，不能为保证计划的灵活性而一味推迟决策的时间，当断不断，则会坐失良机。也要认识到，保持计划灵活性是有成本的。例如，企业往往会利用持有适当的库存来应对需求的变化，而库存会增加企业的成本。

4. 改变航道原则

改变航道原则是指在保证计划总目标不变的情况下，随时改变实现目标的进程（即航道）。改变航道原则与弹性原则不同，弹性原则是使计划本身具有适应未来情况变化的能力，而改变航道原则是使计划执行过程具有应变能力，就像舵手一样，随时核对航线，一旦遇到障碍就绕道而行。为此，计划工作者应经常检查计划，促使计划的实施，以此达到预期的目标。

5.3.2 计划编制的步骤

1. 机会分析

机会分析就是要对组织在未来计划期内面临的内外部环境进行分析和预测，弄清计划执行过程中可能存在的有利条件和不利条件。

影响未来内外环境的因素有很多，有的完全可以控制，如开发新产品、新市场、合作伙伴资源分配等；有的不能控制，如税率、政治环境、宏观经济形势、竞争对手、市场销量、政府政策等；也有的在相当范围内可以控制，如企业内的价格政策、劳动生产率、市场占有率等。

因此，对于可能影响到计划顺利实施的所有可能的内外环境因素，管理者不可能也不必要在制订计划之前就予以全部鉴定。管理者只需把精力集中于研究那些对计划工作具有关键性的、有重大影响的主要因素。

2. 确定目标

计划工作的目标是指组织在一定时期内所要达到的预期效果。它指明所要做的工作有哪些，重点放在哪里，以及通过战略、政策、程序、规划和预算等各种计划形式所要完成的是什么任务。

组织目标的分解可以沿空间和时间两个方向进行，即将决策确定的组织总体目标分解落实到各个部门、各个活动环节乃至个人，同时也将长期目标分解为各个阶段的分目标。通过目标的层层分解、落实，就可以确定组织的各部分在未来各个时期具体的任务及完成这些任务应达到的具体要求。

在目标分解过程中进行目标结构的合理性分析，应当着眼于研究较低层次或较短时期的目标对较高层次或较长时期的目标的保证能否落实。也即分析组织在各个时期具体目标的实现能否支持和保证长期目标的达成；组织的各个部分目标的实现能否使组织整体目标的实现获得可靠的保证。只有使上下左右及前后时期的目标相互衔接、彼此协调，才可能形成一个完整的目标体系。

3. 拟定备选方案

通常实现目标的方法会有很多，应当尽可能详尽地列出所有可行的备选方案，这样有利于充分地选择，避免遗憾和风险。例如，如果预料到有可能出现价格上涨或下跌，或者发生地震，以及其他一些重要的政治、经济事件，针对这些特定的情况，组织有必要准备好应急计划。

但同时，方案也不是越多越好。方案越多，评价和选择方案所需要的时间就会越长、成本就会越大，这样又会降低计划工作的效率。因此，组织要做的工作是将备选方案的数量逐步地减少，对一些可行的、有竞争优势的方案进行重点考察和分析。

4. 评价、选择方案

评价、选择方案是指根据环境分析和组织目标来权衡各种因素，对各个方案进行评价。

125

对某一部门有利的方案往往不一定对全局有利，对某项目标有利的方案往往不一定对总体目标有利，因此要注意用总体的效益观点来衡量各个方案的利弊，以此来选择最合适的方案。

有的时候，可供选择方案的分析和评估表明两个或两个以上的方案都是合适的。在这种情况下，管理者应在确定首选方案的同时，把其他几个方案作为后备的方案，这样可以增加计划工作的弹性，使之更好地适应未来的环境。

5. 制订派生计划

派生计划是为了支持主计划实现而由各个职能部门和下属单位制订的计划。这种派生的身份决定了各种执行计划必须要支持和保证总体计划方案的顺利实施。具体地说，就是组织为各个部门（如生产、销售、人事、财务、供应）编制各个时段（长期、年度、季度、月份等）的行动计划（派生计划），并下达下去加以执行。例如，当确定了一个扩建厂房、扩大再生产的计划方案后，还要随之确定资金筹措计划、设备采购计划、技术人员培养计划、原材料供应计划等派生计划，这些派生计划都要围绕扩建厂房、扩大再生产的总计划的落实来制订。同时，为了确保计划目标的实现，还必须将制订的计划与组织的其他各项计划进行综合平衡，以保证充分利用有限资源，实现组织的总体目标。

6. 反馈计划执行情况

由于管理活动是个发展变化的过程，计划是作为行动之前的安排，为了保证计划的有效实施，要对计划执行情况进行跟踪检查，及时反馈计划的实施情况，分析计划执行中出现的问题并采取相应的措施。从这一点上看，计划工作是一个连续不断的循环。

▶▶ 5.4 目标管理

目标导引

1. 基本了解目标管理的由来和概念；
2. 重点掌握目标管理的实施过程、目标管理特点和局限性；
3. 能够结合自己的实践观察，熟练运用目标管理的基本原理分析评价某企业的管理状况。

几乎每一个管理者都要面对这样的问题：怎样才能使员工从"要我做"变成"我要做"？甚至能让他们心甘情愿、积极主动地工作呢？传统的管理理论没有解决这个矛盾。因为，它们的核心都是"要我做"。彼得·德鲁克提出的目标管理——更确切地说，应该是"目标管理和自我控制"，可以从根本上解决这个问题，把"要我做"变成"我要做"。这是因为，"目标管理和自我控制"与我们一般意义上理解的把目标分解、落实、执行、监督、检查、激励、惩罚等有着原则上的区别。目标管理作为一种新型管理制度，既是管理方法的变化，又是管理观念的变革。

5.4.1 目标管理的定义

目标管理（management by object，MBO），是指组织内部各部门乃至每个人为实现组织目标，自上而下和自下而上地制订各自的目标并自主地确定行动方针、安排工作进度、有效地组织实施和对成果严格考核的一种系统的管理方法。

目标管理始创于 20 世纪 50 年代的美国，是以泰勒的科学管理和行为科学理论为基础形成的一套管理制度。1954 年，德鲁克在《管理的实践》一书中首先提出了"目标管理和自我控制"的管理思想，并对目标管理原理做了较全面的概括。

目标管理提出时，正是第二次世界大战后西方经济由恢复转向迅速发展的时期，企业急需采用新的方法调动员工积极性以提高竞争能力，目标管理的出现可谓是应运而生。因此，这个方法也就被美国企业广泛应用，并很快为日本、西欧国家的企业所仿效，随即在世界管理界大行其道。我国企业于 20 世纪 80 年代初开始引进目标管理思想。时至今日，目标管理仍然是企业管理中最常用的方法之一。

5.4.2 目标管理的实施过程

1. 制定目标，形成目标体系

制定目标的工作如同所有其他计划工作一样，需要结合企业内外环境决定一定时期内的具体工作目标。此外，制定目标应当采取协商的方式，应当鼓励下级主管人员根据基本方针拟定自己的目标，然后由上级批准。

而传统的目标设定方法是目标由组织的最高管理者设定，然后分解成子目标落实到组织的各个层次上。这是一种单向的过程：由上级给下级规定目标。这种传统方式假定最高管理者最了解应当设立什么目标，因为只有他们能够纵观组织的全貌。目标也成为组织的最高管理者施加控制的一种方式，例如，企业的总裁可能要求生产副总裁下一年度的制造成本控制在某种水平上，还可能要求销售副总裁下一年度的销售额应该达到什么水平或市场份额应该提高几个百分点等。

在目标管理制度下，这项工作是从组织的最高主管部门开始，首先确立组织的总体目标；其次，对组织的总目标进行层层分解，然后由上而下地逐级展开，通过上下协商，制定出组织各层次、各部门的目标。上下级的目标之间通常是一种"目的—手段"的关系，某一级的目标，需要用一定的手段来实现，这些手段就成为下一级的目标，按级顺推下去，直到作业层的作业目标，从而构成一种锁链式的目标体系，使每个岗位的每个员工都明确自己应当承担的责任和应当完成的指标。

制定得良好的目标应该具有以下特征：

① 目标是以结果而不是以行为或过程来表述的；

② 目标是可以度量和定量化的；

127

③ 目标有清晰的时间限制；

④ 目标具有挑战性但却是可以达到的；

⑤ 所确立的目标必须是与组织有关成员沟通过的；

⑥ 目标是以书面的形式呈现在有关人员面前的。

在制定目标的过程中要注意以下几点：

① 目标体系要逻辑严密，纵横成网络，体现出由上到下目标越来越具体的特点；

② 目标要突出重点，与组织总目标无关的其他工作不必列入各级分目标；

③ 鼓励职工积极参与，尽可能把目标分解中的"要我做"变成"我要做"；

④ 目标一旦分解完毕，要进行严格审批。

2. 目标实施过程管理

目标确定之后，主管人员就应放手把权力交给下属成员，完成目标的具体过程主要靠执行者的自我控制。但这并不是说，上级在确定目标后就可以撒手不管了。相反，由于制定的目标是环环相扣的，牵一发而动全身，一旦在某个环节上发生失误，就会影响整个目标的实现，而且管理者要对员工的工作失误负最终责任，因此，管理者在目标实施过程中的管理与控制是不可或缺的。只是主要表现为指导、协助，提出问题、提供情报及创造良好的工作环境等方面。

目标控制管理中应注意以下几点：

① 充分发挥组织成员自我控制能力，必须将领导的信任与完善的自检制度相结合，保证企业具有进行自我控制的积极性与制度保障；

② 建立目标控制中心，结合组织均衡生产的特点保证组织生产的动态平衡；

③ 保证信息反馈渠道畅通，以便及时发现问题，进行目标的必要修正；

④ 创造良好的工作环境，形成团结互助的工作氛围。

3. 目标的评定与考核

目标管理强调以"成果为中心"，因此对各级目标的完成情况，必须依据事先规定的完成期限和标准进行检查和考核，并且进一步总结计划执行过程中的经验和教训，以便在下一个目标管理进程中扬长避短，提高管理绩效。同时，还要根据评价结果奖优罚劣，有效调动员工努力工作的积极性。

目标评定要注意以下几点：

① 首先进行自我评定；

② 上级评定要全面、公正；

③ 目标评定与人事管理相结合；

④ 及时反馈信息是提高目标管理水平的重要保证。

【案例】有关目标的实验

曾经有人做过这样一个实验：组织三组人，让他们沿着公路步行，分别向 10 千米外的三个村子行进。

甲组不知道去的村庄叫什么名字，也不知道它有多远，只告诉他们跟着向导走就是了。这个组刚走了两三千米时就有人叫苦了，走到一半时，有些人几乎愤怒了，他们抱怨为什么要大家走这么远，何时才能走到。有的人甚至坐在路边，不愿再走了。越往后人的情绪越低，七零八落，溃不成军。

乙组知道去哪个村庄，也知道它有多远，但是路边没有里程碑，人们只能凭经验估计大致要走两小时左右。这个组走到一半时方有人叫苦，大多数人想知道他们已经走了多远了，比较有经验的人说："大概刚刚走了一半的路程。"于是大家又簇拥着向前走。当走到四分之三的路程时，大家又振作起来，加快了脚步。

丙组最幸运。大家不仅知道所去的是哪个村庄，它有多远，而且路边每隔一千米处有一块里程碑。人们一边走一边留心看里程碑。每看到一个里程碑，大家便有一阵小小的快乐。这个组的情绪一直很高涨。走了七、八千米以后，大家确实都有些累了，但他们不仅不叫苦，反而开始大声唱歌、说笑，以消除疲劳。最后的两三千米，他们越走情绪越高，速度反而加快了。因为他们知道，要去的村子就在眼前了。

☞ 启示：要想带领大家共同完成某项工作，首先要让大家知道要做什么，即要有明确的目标。

5.4.3 目标管理的特点

1. 重视人的因素

目标管理重视员工的参与和自我控制，是一种把个人需求与组织目标有机结合的管理制度。它强调由上下级共同确定目标与建立目标体系，下属不再仅仅是被动地执行目标，而是目标的制订者。这样不仅能使组织目标更符合实际，更具有可行性，而且能激发起员工的工作热情、积极性与创造性，使员工能从工作中享受到工作的满足感和成就感。在这种制度下，上下级之间是平等、尊重、信赖与支持的关系。

2. 建立了目标的系统管理

目标管理通过专门设计的过程，将组织的整体目标层层分解，转换为各个部门、各个员工的分目标。从组织目标到经营单位目标，再到部门目标，最后到个人目标。在目标的分解过程中，权、责、利三者已经明确且相互对称。这些目标方向一致，环环紧扣，相互配合，形成协调统一的目标体系。只有每个成员完成了自己的分目标，组织的总体目标才可能完成。

3. 重视成果

目标管理以制定目标为起点，以目标完成情况的考核为终结。工作成果是评定目标完成程度的标准，也是人事考核和奖惩的依据，成为评价管理工作绩效的重要标志。至于完成目标的具体过程、途径与方法，上级并不过多干预。所以，在目标管理制度下，监督的成分很少，而控制目标实现的能力却很强。

4. 促进组织结构变革

目标管理应该使所确定的目标体系与组织结构相吻合，从而使每个部门都有明确的目标，每个目标都有人明确负责。然而，组织结构往往不是按组织在一定时期的目标而建立的，因此，在按逻辑展开目标和按组织结构展开目标之间，时常会存在差异。其表现是，有时从逻辑上看，一个重要的分目标却找不到对此负全面责任的管理部门，而组织中的有些部门却很难为其确定重要的目标。这种情况的反复出现，最终会导致对组织结构的调整。从这个意义上说，目标管理有助于弄清组织机构的作用，改革不合理的组织结构，如冗余的部门和人员等。

5.4.4 目标管理的局限性

1. 目标难以量化

目标管理要求目标必须是可考核的，因此最方便的方法是将目标定量化。但是在实际工作中，很多目标是不宜用数量来表示的，硬性将目标量化，将会使目标管理变成一种数字游戏，从而使管理流于形式，失去意义。

2. 重视了结果但忽视了过程

目标管理注重成果的考评，注重结果与奖惩的挂钩。因而容易使得部门、个人只关注自身目标的实现，而忽略相互协作与组织总体目标的实现，滋长本位主义和急功近利思想。比如，为了完成生产计划，将必要的设备维护修理计划取消，虽然目标完成了，但这却是以牺牲长期利益为代价的。

3. 强调短期目标

目标管理过程中，为了便于目标的层层分解和落实，一般确定的都是不超过一年的短期目标。然而，若干个短期目标的实现，不一定保证长期目标的实现，甚至还需要为长远利益牺牲眼前利益。所以，应该加强各个短期目标与长期目标的协调配合问题。

4. 耗时耗资

目标确定的过程，需要花大力气分析论证，确定了总目标后又层层分解，更不是短时间能够完成的事情。因此，在目标管理的付出和效果之间存在着矛盾，即可能因花费时间、费用太多而削弱了目标管理的效果。

▶▶ 5.5 计划工作的技术方法

目标导引

1. 基本了解环境扫描、预测、盈亏平衡分析、线性规划等计划技术；

2. 重点掌握甘特图、负荷图、计划评审技术及项目管理等计划工具；

3. 能够根据实际条件，熟练应用甘特图、负荷图、计划评审技术、项目管理等计划工具来安排学生社团活动项目的计划进度。

计划的编制是一项复杂的工作，只有采用专门的方法和技术，才能保证计划的科学性与合理性。这里主要介绍以下几种有助于提高计划水平的技术和方法。

5.5.1 评估环境的技术

5.5.1.1 环境扫描

环境扫描是一种系统地确定计划前提条件的方法，它通过浏览大量的信息以识别环境中正在出现的变化趋势。无论企业大小，其管理者都需要运用环境扫描技术收集大量的环境信息，以便预测和解释环境正在发生的变化。大范围的环境扫描很可能揭示出影响组织当前正在实施的活动的趋势或问题。目前，环境扫描运用最多的方面之一是收集竞争对手情报，组织借助这个过程试图得到如下一些信息：谁是竞争者？他们在做什么？竞争对手的行动将对我们产生什么影响？环境扫描的另一个重要领域是全球扫描。对于那些具有较大的全球活动规模或重要全球利益的公司，全球扫描显得尤其重要，这是因为世界市场上充满了复杂的和动态的变化，全球扫描可以帮助管理者获得可能影响组织的全球市场、经济、政治、文化信息。总之，广泛的环境扫描有可能发现许多问题及其之间的联系，这些问题和联系可能影响组织当前的或拟定中的计划。当然，并非所有的信息都同等重要，为此需要主管人员做一定的甄别和分析。

【案例】 海尔在巴基斯坦开拓市场

巴基斯坦这个南亚国家气候炎热干燥，这里的年平均降雨量不到青岛的 1/3，但在酷热的 6、7 月份，午间气温通常超过 40℃。这里有 1.5 亿美元的潜在市场，而且由于当地家电工业落后，只相当于中国 20 世纪 80 年代中期的水平，对任何一个外来品牌来说，都是很好的进入机会。

2001 年 4 月，海尔在海外的第二个工业园在巴基斯坦奠基，并和当地一家颇具渠道实力的家族企业进行合资。海尔迫不及待地将一些热销产品拿到巴基斯坦销售。然而很快，海尔的管理者就发现有些不对劲。在中国国内畅销的海尔冰箱和空调等产品在这里出现了水土不服的状况，洗衣机产品亦一度陷入困境。

他们几乎用了整整一年的时间，去了解和适应巴基斯坦的家电市场：做产品调查，并向当地主要的竞争对手学习如何满足当地消费者的需求。他们敏锐地发现，在巴基斯坦销售的其他品牌冰箱的接水盘要比海尔的大出许多。通过调查和研究得知，这一设计跟当地高温高湿的气候特点有关。而巴基斯坦人的家庭成员普遍都比较多，这使得海尔原来的洗衣机无法满足当地消费者的需要。

通过对市场以及竞争对手的研究，海尔针对巴基斯坦市场的消费特点——天气炎热、冰箱开关次数多，电力不足、电压不稳，家庭人口众多等，开始研发、设计和制造适合这一市场特点的产品。如今，海尔在当地的中高端市场已拥有35%左右的份额。

☞ 启示：不同国家或地区由于地理环境、人文环境的不同，顾客对产品也会有不同的需求，企业只有对这些要素及竞争对手进行充分研究才能开发生产出适合当地顾客需要的产品。

5.5.1.2　预测

管理者用来评估环境的第二种计划技术是预测。预测是组织计划工作的一个重要组成部分。环境扫描建立了预测的基础，预测是对结果的预计。管理者需要有效地预测未来事件的变化趋势。预测技术可以分为定量预测和定性预测两种。定量预测是运用一个或一组数学模型，如时间序列分析模型、回归模型等，来预测某些重要变量的未来状况，如市场需求量、价格水平、储蓄规模等。在某些领域，当有足够数量的准确数据支持预测模型时，定量预测技术可得到相当令人满意的结果。定性预测是以个人的知识和经验为基础进行推理和判断，由此得出一些趋势性结论。例如，政府调高个人所得税应税扣除标准是否会增强居民的消费意愿？取消"五一"长假，同时增加其他传统民俗假日，这种分散的假日安排会使某景区的旅游业趋旺还是趋淡？定性预测技术通常用于只能收集到有限数据的场合，或者缺乏可靠的数据来处理定量模型的场合。

5.5.2　作业计划技术

5.5.2.1　甘特图法

甘特图法是在20世纪初由亨利·甘特开发的。甘特图法是一种线条图，带有横向的时间坐标和纵向的活动坐标，线条表示在整个期间的工作内容（或任务），包括计划的和实际的。甘特图直观地表明什么时候任务应该开始进行，并与实际的过程进行比较。这种方法虽然简单，但是非常重要的工具，它使得管理者能够很容易地搞清楚什么活动在进行，以及评估哪些活动提前完成了、可能推迟或者按进度计划在进行。甘特图如图5-1所示。

图5-1是一个简单的书籍生产过程的甘特图，计划工作包括决定完成整个书籍出版需要从事哪些活动，这些活动的次序是什么，以及每种活动应该在什么时间开始和结束。甘特图作为一种控制工具，管理者可以从图上看到计划与实际的差异。比如本例中，管理者在3月末检查计划进度（图中以黑色三角形表示），发现封面设计和打印校验都落后于进度计划，封面设计大约落后3周，校样的打印大约落后2周。看到这些信息，管理者需要采取一些行动来弥补损失的时间，从而确保未来不再发生延迟。同时管理者还可以预期，如果不采

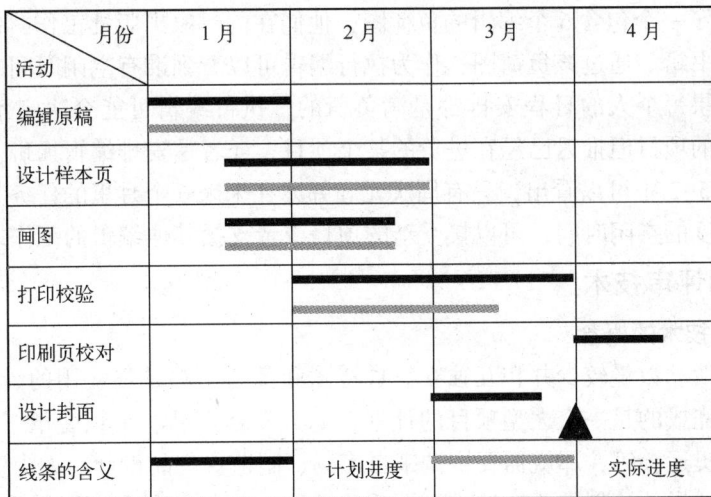

月份\活动	1月	2月	3月	4月
编辑原稿				
设计样本页				
画图				
打印校验				
印刷页校对				
设计封面				
线条的含义		计划进度		实际进度

图 5-1 甘特图

取任何措施的话,书籍出版的时间要比计划推迟 3 周。

甘特图具有简便、直观的优点,但它的缺点也是显而易见的。这种线条图不能反映出各项作业之间错综复杂的相互联系和相互制约关系,也不能清楚地反映出哪些作业是主要的、处于关键性的地位。它没有表明生产成本(或资源配置)对工期或工期对生产成本(或资源配置)的影响,无法事先了解最低费用(或最佳资源配置)的工期,也无法在执行计划时对费用支出(或资源利用)进行有效的监督和控制。

5.5.2.2 负荷图

负荷图是一种改进的甘特图,所不同的是,它的纵轴不是列出活动内容,而是列出能够承担组织任务的资源或承担任务的部门、个人。负荷图可以使管理者能够进行计划和控制能力的利用,换言之,负荷图是对各种资源(或工作地)的能力进行排程,如图 5-2 所示。

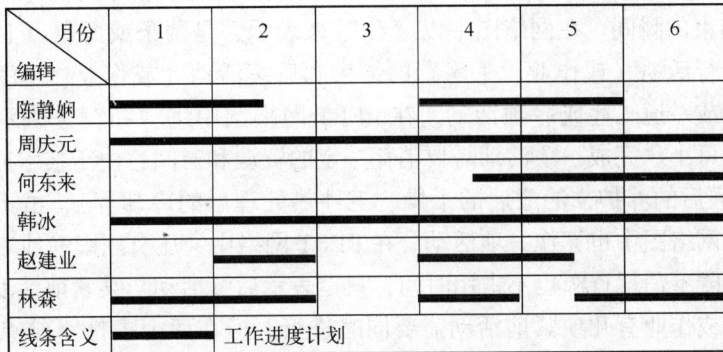

月份\编辑	1	2	3	4	5	6
陈静娴						
周庆元						
何东来						
韩冰						
赵建业						
林森						
线条含义		工作进度计划				

图 5-2 负荷图

图 5-2 给出了一个包含 6 个编辑的负荷图，他们在同一家出版社工作，每个编辑都负责生产和设计几本书籍。通过该负荷图，作为执行编辑可以看到谁有空闲时间来从事其他书籍的编辑工作。如果每个人的日程安排都是满负荷的，执行编辑可能会决定不再接受新的项目，或者接受新的项目但推迟已经在进行的某个项目，或者是安排编辑加班，还可能是雇用新的编辑。从图 5-2 中可以看出，只有周庆元和韩冰在未来 6 个月里的任务是饱满的，其他编辑都有某种程度的空闲时间，可以接受新的项目或者支援其他编辑的工作。

5.5.2.3 计划评审技术

1. 计划评审技术的概念

如果任务的活动数量较少并相互独立，甘特图和负荷图都是很实用的计划工具。但是，如果管理者需要完成的是一个大型项目的计划，如开发新产品、组织变革、大型工程建设，以及像世博会、奥运会等，那就需要协调来自市场、制造、产品设计、人力资源、财务等不同部门的投入，这样的计划需要协调成百上千的活动，其中一些活动需要同时进行，一些活动只有在它的紧前活动完成之后才能开始。对于这样复杂任务的计划工作，需要运用计划评审技术，简称 PERT。

计划评审技术是通过网络图的形式，来反映和表达一项计划中各项工作内容（如任务、活动过程、工序、费用等）的先后顺序、相互关系及进度安排，据以选择最优方案，力求以最少的时间和资源消耗达成预期的管理目标。PERT 网络图是一种流程型的图形，描述了项目活动的顺序、时间以及成本数据。运用 PERT 网络，管理者必须明确要完成哪些活动，明确各项活动之间的相互依赖关系，并识别哪些活动是关键活动（项目的瓶颈），PERT 还可以使管理者对不同活动进行时间和成本比较。总之，PERT 使得管理者能够监控项目的进度，识别可能的瓶颈，以及必要时调动资源使项目按计划进行。

2. PERT 网络的构成

PERT 网络由事件、活动和线路三个部分构成。事件（结点）是指某一项工作（作业、工序）的开始或完成的瞬时点，它不消耗资源，也不占用时间，表示某些活动（或作业、工序）开始与结束的瞬间。在网络图中以"○"来表示，是两条或两条以上箭线（→）的交接点，表示先行活动（或作业、工序）的结束和后续活动（或作业、工序）的开始。活动是指一项工作或一道工序或一项活动。在 PERT 网络图中用"→"来表示。其内容可多可少，范围可大可小。完成一项活动需要消耗一定的资源和时间，由于技术原因引起的停歇（例如混凝土浇灌后的养护、油漆后的干燥、工件热处理后的冷却等），虽不消耗资源，但却占用时间，在网络图中也算作一项活动。在 PERT 网络中，还有用虚箭线表示的活动，这是虚拟的活动，既不消耗资源也不占用时间，只是表示后续活动与某紧前活动之间的顺序关系。当某项活动或作业有几项紧前活动需要同时进行，但在两个事件（结点）之间只能有一条箭线，这个时候就需要引入虚箭线来表示前后活动之间的这种顺序关系。如图 5-3 中的 M 和 N 就是两项虚活动，用来表示紧前活动 D、F 与活动 G 之间的关系。线路是指从始点事件开始，顺着箭头所指方向，从左至右连续不断地到达终点事件为止的由一系列活动和事件构成的一条通道。一条线路上各项活动的作业时间之和为线路的时间长度。在一个 PERT 网络图中，有很多条线路，每条线路的时间长度不同，其中时间最长的那条线路就是关键线路。关键线路所需时间就是完成整个项目任务所需要的时间。位于关键线路上的活动（或作业、工序）就是关键活动，这些活动完成时间的快慢直接影响着整个项目计划的工期。

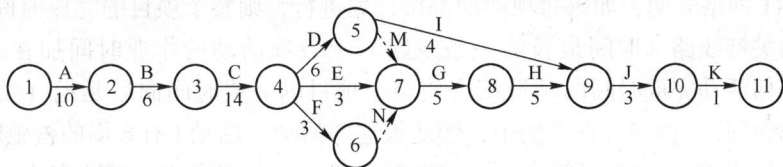

图 5-3 建造办公楼的 PERT 网络图

3. PERT 网络开发

开发一个 PERT 网络，要求管理者划分完成项目所需的所有活动，明确各项活动之间的相互关系，按照发生的次序排列它们，并估计每项活动的完成时间。绝大多数 PERT 项目都是复杂的和包含大量的活动。这里以一个简单的例子来说明 PERT 的基本原理。假定有一个建筑公司的领班，负责管理一座办公楼的建造任务。由于时间就是金钱，所以这个领班必须制订建造这座办公楼的时间表。这个领班已经确定了项目中各项活动、活动之间的关系及其时间。表 5-1 描述了项目中的主要活动、活动之间的次序及其时间估计。图 5-3 就是根据表 5-1 的数据制作的 PERT 网络图。

表 5-1 某公司建造办公大楼的各项活动、时间

事件	活动	活动描述	预计时间/周	紧前活动
1	A	批准设计和得到开工许可	10	—
2	B	挖地下车库	6	A
3	C	搭脚手架和外墙板	14	B
4	D	砌墙	6	C
5	E	安装窗户	3	C
6	F	吊装屋顶	3	C
7	G	内部布线	5	D, E, F
8	H	安装电梯	5	G
9	I	铺地板	4	D
10	J	上门和内装修	3	I, H
11	K	与大楼物业管理办理移交	1	J

4. PERT 网络时间计算及关键线路确定

根据图 5-3，你可以找出 4 条线路，并分别计算它们的时间长度，它们依次为：

A-B-C-D-I-J-K：时间长度为 44 周。

A-B-C-D-M-G-H-J-K：时间长度为 50 周，这是这个 PERT 网络的关键线路。

A-B-C-E-G-H-J-K：时间长度为 47 周。

A-B-C-F-N-G-H-J-K：时间长度为 47 周。

这个 PERT 网络表明，如果每项活动都按计划进行，则整个项目的完成时间将为 50 周。这是由项目的关键线路（时间最长的一条线路）上各项活动的作业时间加在一起得到的。关键线路上任何活动完成时间的延迟都会使整个项目的完成时间向后延迟（关键线路上的活动没有松弛时间）。例如，在本例中，铺地板这项活动（活动 I 有 6 周的松弛时间），如果工期由 4 周延长到 10 周，对于整个项目的完工日期也不会有影响。安装窗户（活动 E）与吊装屋顶（活动 F）两项活动也各有 3 周的松弛时间。这些活动不是处在关键线路上。但是如果用了 6 周而不是 5 周完成内部布线的活动就会使整个项目的完工时间延迟 1 周，整个项目的工期从 50 周延长到 51 周。如果管理者希望缩短 50 周的项目完成时间，他就需要关注关键线路上的活动。他可以通过对资源的调配来做到这一点。例如，他可以从其他具有松弛时间的非关键线路上的活动中，抽调资源（如人员、设备等）来支持关键线路上的活动。PERT 网络不仅具有网络时间的计算功能，其核心价值是可以通过时间计算来确定关键线路及关键活动，利用非关键线路上活动的松弛时间，通过灵活的资源调配来实现项目工期、成本与资源优化，使项目计划在尽可能低的成本和尽可能少的资源消耗的基础上，缩短项目工期。

5.5.3 项目管理

项目是一次性的一组活动，它具有确定的开始时间和结束时间。有越来越多的组织运用项目管理，因为这种方法更适合柔性和迅速响应市场机会的要求。当组织要完成的任务具有独特性、有具体的截止日期、活动之间有复杂的相互关系、要求特殊的技能及具有临时的性质时，任务通常不能使用适用于组织例行活动的计划程序，而是要用项目管理来有效地实现任务目标。

项目管理过程如图 5-4 所示。

图 5-4 项目管理过程

项目管理过程的第一步是定义项目管理的目标，即告诉项目管理者和团队成员，组织期望于他们的是什么。

第二步，需要花较多时间来确定完成项目需要开展哪些活动，这些活动需要哪些材料、人力和其他资源。

第三步，在需要完成什么活动得到确认后，接着需要决定活动的顺序，哪些活动必须在其他活动之前开始，哪些活动可以同时进行。这一步可以借助前面介绍的计划工具，如甘特图、负荷图和 PERT 网络来辅助进行。

第四步是进度安排，即排程。在这个阶段需要对每项活动的时间进行估计，并将这些时间参数用于编制整个项目的进度计划和完工日期。

接下来是将项目进度计划与目标进行比较，需要时作必要的调整，如果项目完工时间太长，管理者可能需要分派更多的资源到关键活动上，以缩短这些活动的完工时间，确保项目工期目标的实现。

5.5.4 其他计划技术

其他计划技术包括诸如盈亏平衡分析和线性规划等。

盈亏平衡分析是一种广泛运用的资源分配技术，它可以帮助管理者确定组织需要销售（或生产）多少单位的产品才能使之达到盈亏平衡。盈亏平衡分析指出了收入、成本和利润之间的关系。为了确定盈亏平衡点，管理者需要知道产品的单位价格、单位变动成本及全部固定成本。可变成本是与产出成比例变动的成本，包括原材料成本、劳动力成本和能源成本；固定成本是不随产量变化而变化的成本，包括保险费、租金、财产税、固定资产折旧等。当一个企业的全部收入等于全部成本时就达到了盈亏平衡。作为一种计算工具，盈亏平衡分析能够帮助管理者设立其销售目标。如果组织希望达到某种水平的利润，盈亏平衡分析就可以告诉管理者需要多大的销售规模或生产规模；如果一个组织目前处在亏损的状态，盈亏平衡分析可以告诉管理者需要增加多大的销售量或产量才能达到盈亏平衡，或者如果处在盈利状态下，它能够损失多大的销售量或产量而不至于低于盈亏平衡点。

线性规划能够用于解决组织资源分配问题。运用线性规划解决资源分配问题，它要求资源必须是有限的，产出的目标必须是产出的最优化，必须存在将资源组合起来以创造产出的多种可供选择的组合，以及变量之间存在线性关系（一个变量的变化必须引起其他变量成比例的变化）。线性规划广泛运用于如下领域：选择运费最低的运输路线，将有限的广告预算分配给不同的产品品牌，将人员在不同项目之间最佳地配置，以及在有限的资源下如何确定最佳的产品组合等。

盈亏平衡分析和线性规划两种方法的计算过程在第 4 章已经做过较为详细的介绍，这里不再赘述。

▶▶ 本章小结

计划工作也有广义和狭义之分。本章所说的计划工作是从狭义上讲的，狭义的计划工作仅指编制计划。它是指为了实现决策所确定的目标，对未来行动进行规划、安排及组织实施的一系列管理活动的总称。简言之，计划就是一个组织要做什么和怎么做的行动指南。计划工作的任务，就是根据社会的需要及组织的自身能力，确定出组织在一定时期内的奋斗目标，它可以用"5W1H"来描述。计划具有目的性、首位性、普遍性和效率性等特征。根据编制计划时的不同需要、不同条件，管理者可以选择不同种类的计划。为了保证计划工作的科学性和合理性，编制计划时必须遵循科学的原则、程序和步骤，运用科学的计划技术。今天，可供管理者使用的计划工具和技术已经有很多，管理者可以运用环境扫描、预测等方法进行环境分析，运用甘特图、负荷图、计划评审技术等方法进行项目进度安排，运用项目管理方法来安排一次性活动的计划，以及运用盈亏平衡分析、线性规划等方法在不同产品或活动之间进行资源分配。同时，目标管理既是一种管理思想，也是一种对整个组织进行计划管理的行之有效的方法，已经得到越来越广泛的推广运用。

▶ 同步测试

一、单项选择

1. 计划职能的主要任务就是要确定（　　）。
   A. 组织结构的蓝图　　　　　　　B. 组织的领导方式
   C. 组织中的工作设计　　　　　　D. 组织的目标和实现目标的途径

2. 改变航道原则就是在保证计划总目标不变的情况下，随时改变实现目标的进程，它意味着在计划实施过程中可以改变的是（　　）。
   A. 战略计划　　　B. 战术计划　　　C. 正式计划　　　D. 非正式计划

3. 计划工作中强调抓关键问题的则是（　　）。
   A. 灵活性原则　　B. 许诺原则　　　C. 改变航道原则　　D. 限定因素原则

4. "第十二个五年计划"属于（　　）计划。
   A. 专项　　　　　B. 长期　　　　　C. 中期　　　　　D. 短期

5. 下列计划工作的前提条件中，组织不可以控制的是（　　）。
   A. 价格水平　　　B. 政治环境　　　C. 职工情绪　　　D. 组织内部政策

6. 管理过程中其他职能只有在（　　）确定了目标以后才能进行。
   A. 计划职能　　　B. 组织职能　　　C. 领导职能　　　D. 决策职能

7. 目标管理最突出的特点是强调（　　）。
   A. 成果管理和自我控制　　　　　B. 过程管理和全面控制
   C. 计划与执行相分离　　　　　　D. 自我考评和全面控制

8. 某企业为了应对可能突然增加的市场需求，制订计划的时候安排了产品库存预算支出，这种考虑体现了计划的（　　）。
   A. 灵活性原则　　B. 承诺原则　　　C. 改变航道原则　　D. 限定因素原则

9. 计划职能里所讲的计划主要是指（　　　）。

    A. 编制计划　　　　B. 执行计划　　　　C. 检查计划　　　　　D. 处理和调整计划

10. 关于计划，下列理解正确的是（　　　）。

    A. 计划是降低风险，掌握主动的手段　　　B. 计划是约束，会降低组织的灵活性

    C. 计划跟不上变化，制订计划没意义　　　D. 计划可以消除变化和风险

二、多项选择

1. 下列属于计划工作原则的是（　　　）。

    A. 权责一致原则　　　B. 职务明确原则　　　C. 许诺原则　　　D. 灵活性原则

    E. 管理宽度原则

2. 目标管理的目标转化，是一个（　　　）的过程。

    A. 自上而下　　　　B. 从高到低　　　　C. 从低到高　　　D. 自下而上

3. 目标管理自身的缺点有（　　　）。

    A. 强调短期目标　　　　　　　　　　B. 可考核目标难以确定

    C. 目标不能适应环境变化　　　　　　D. 加大了管理的难度

4. 进行环境研究的计划技术有（　　　）。

    A. 环境扫描　　B. 甘特图　　C. 负荷图　　D. 预测　　E. 项目管理

5. 计划工作有（　　　）等特点。

    A. 首位性　　　B. 预见性　　C. 经济性　　D. 约束性　　E. 指向性

6. 目标管理有（　　　）特点。

    A. 重视员工的作用　　B. 重视成果　　　C. 促进组织结构变革

    D. 系统化管理　　　　E. 目标短期化

7. 计划工作需要创新，是由于（　　　）。

    A. 计划是对组织未来行动的设计　　　　B. 环境总是变化的

    C. 组织战略是变化的　　　　　　　　　D. 制订计划的技术工具是变化的

    E. 组织管理者是流动的

8. 一个完整的计划，一般必须包括（　　　）等内容。

    A. 任务是什么　　　　　　　　　　B. 在什么地方完成

    C. 由什么部门什么人完成　　　　　D. 采用什么手段完成

    E. 花费多少资源

9. PERT 网络图一般由（　　　）等构成。

    A. 事件或结点　　B. 活动　　C. 线路　　D. 时间　　E. 成本

10. 项目管理一般适用于具有（　　　）等特点的一次性任务。

    A. 有清晰的截止时间　　B. 任务中各项活动有复杂的相互关系

    C. 需要独特的技能　　　D. 常规性　　　E. 连续性

三、思考题

1. 根据 5W1H 的内容，请你制订一份学期的学习计划。

2. 列出几项自己可以改变的大缺点，提出改变的计划。

3. 请使用某种计划技术，为将要开展的某项集体活动制订一份详细的活动计划（方案）。

▶▶ 实践与训练

实训任务：

1. 模拟公司制订目标（模拟公司未来三年的工作计划，以及目前一个月的计划）；

2. 进行计划可行性的分析（分组进行 PK）；

3. 制订一个简单的学习或者工作计划并实施，对实施过程进行记录；

4. 重点讨论题目是：计划执行中出现问题的原因是什么？

实训重点：

1. 如何做好计划？

2. 计划赶不上变化时，怎么处理？

3. 计划在整个企业工作过程中的作用是什么？

4. 本章实训强调的是实用性，计划是理论与实际相结合的第一课。

教师评分：

1. 计划的逻辑性；

2. 计划的可行性；

3. 计划实施过程中的记录是否完整、真实；

4. 总结报告。

▶▶ 讨论案例

无锡新宇化工厂的目标管理

新宇化工公司是一个地方中型企业，在实行目标管理之前，公司领导总感到职工的积极性没有最大限度发挥出来，上下级之间关系也比较紧张，管理很不顺畅。所以公司效益从1993 年以来连续下滑。为从根本上扭转这种被动的管理局面，从管理中要效益，公司领导班子达成共识，从"九五"计划第一年（1996 年）开始在公司实行目标管理。

一、确定目标

新宇化工公司根据企业"九五"计划的总体要求来确定公司的总目标。总目标包含以下四个方面，并尽量用定量指标表达，目标又分期望和必达两种。分别如下（以 1996 年为准）。

1. 对社会贡献目标。新宇化工公司作为一个地方化工企业，不仅要满足地区经济发展的物质要求，而且要满足人民群众对化工产品的不断增长需求。具体指标为：总产值 7914 万元必达，期望 8644 万元，净产值 1336 万元必达，期望 1468 万元；上缴税收 517 万元必达，期望 648 万元。

2. 对市场目标。随着市场经济的发展与深入，化工产品市场竞争越来越激烈。新宇公司在本省是具有竞争力的企业，所以在力图巩固现有市场份额的基础上，强化市场营销策略，不断扩大销售量，并开拓外省（市）市场，从而提高市场占有率。对销售指标：期望年增 8%～10%，必须达到年增 6%～7%；对市场占有率指标：期望达到 38%，必须达到 34%。

3. 公司发展目标。新宇公司根据"九五"计划发展规划，确定其发展目标为：销售收入 6287 万元必达，期望达到 7100 万元，且年增 6%～8%；资产总额 650 万元，且年增 10%～12%；必须开发 5 个新系列化工产品，期望开发 6 个新产品系列；职工人数年增长 3%，且实行全员培训，职工培训合格率必达 85%，期望 98%。

4. 公司利益和效益目标。确定的具体表达指标如下：利润总额 480 万元，期望实现 540 万元；销售利润率 7.6%，期望达到 8.5%，劳动生产率年增 85%，期望年增 105%；成本降低率递减 5%；合格品率，达到 92%，期望达到 95%；物质消耗率年下降 7%；一级品占全部合格品比重达 50%，期望达到 60%。

二、目标分解

新宇化工公司对于总目标的每一个表达指标，都按纵横两个系统 从上至下层层分解。从横向系统看，即公司每一个职能部门都细分到各自的目标，并且一直到科室人员。从纵向系统看，从公司总部到下属车间、工段、班组直至每个岗位工人都要落实细分的目标。由此形成层层关联的目标连锁体系。

现以公司实现利润总额 480 万元为例，对其目标进行分解。为确保 1995 年实现利润总额 480 万元，经过分析、取决于成本的降低；而成本降低又分解为原材料成本、工时成本、废品损失和管理费用四个第三层次的目标，然后继续分解下去，共细分成 96 项具体目标，涉及降低物耗，提高劳动生产率，保证和提高产品质量及管理部门节约高效的具体要求。最后按归口分级原则落实到责任单位和责任人。

三、执行目标

新宇化工公司按照目标管理的要求，让各目标执行者"自主管理"，使其能在"自我控制"下充分发挥积极性和潜能。为职工实现自己的细分目标创造一个宽松的管理环境，不再强调上级对下属严密监督和下级任何事情都必须请示上级才行动的陈旧管理模式。

在此阶段，新宇化工公司领导注重做到以下几点。

141

1. 对于大多数公司所属部门和岗位，都进行充分的委权和放权，提高自主管理和自我控制的水平。对于极少数下属部门和岗位，上级领导对下属部门和成员仍应实施一定的监督权，以确保这些关键部门和岗位的目标得以实现。

2. 公司建立和健全了自身的管理信息系统，创造了执行目标所需的信息交流条件，使得上下级和平级之间的不同单位、部门、人员都能在执行各自目标得到信息的支持。

3. 公司各级领导人员对下属与人员，并不是完全放任不管不问。他们的职责主要表现在以下方面：一是为下属创造良好的工作环境；二是对下级部门和下属人员做好必要的指导和协调工作；三是遇到例外事项时，上级要主动到下属中去协商研究解决，而不是简单下指令。

如上述新宇公司成本降低 96 项具体目标，落实到公司有关部门和个人后，他们就按各自目标制定具体实施方案。实施方案包括执行目标所需的权限、工作环境、信息交流渠道、工作任务、计划进度、例外事项处理原则等。在每天的工作中，每个执行目标者都要自己问自己，我今天要做到些什么才能对自己目标的完成做出贡献？然后对每天的工作和时间进行最佳组合的安排，尽可能取得最大工作效率。

四、评定成果

新宇化工公司在进行目标管理时，很重视成果评定。当预定目标实施期限结束时（一般为一年），就大规模开展评定成果活动。借以总结成绩，鼓励先进，同时发现差距和问题，为更好地开展下一轮的目标管理打好基础。

新宇化工公司强调评定成果要贯彻三项原则：一是以自我评定为主，上级评定与自我评定相结合；二是要考虑目标达到程度、目标的复杂程度和执行目标的努力程度，并对这三个主要因素进行综合评定；三是按综合评定成果进行奖励，体现公平、公正的激励原则。

例如，三车间聚丙乙烯产品成本目标是 6500 元/吨，公司考核部门的标价标准是：达到 6500 元，得 100 分；降至 6400 元/吨以下，得 120 分，超过 6600 元/吨，得 10 分，处在 6500 元至 6600 元之间/吨时，得 50 分。三车间全体职工经过一年奋斗，最终自评成绩是 120 分，成功使成本降至 6400 元/吨以下，在达到目标程度这一因素上取得了最优级，并经过公司考核部门认可。

成本是一个综合项目，涉及企业管理的许多方面。三车间的成本目标定为 6500 元/吨，确属于比较复杂、困难、繁重的目标。公司考核部门在制订评价标准时，把 6500 元/吨订为难度比较大的目标，记为 100 分；6400 元/吨以下为难度极大的目标，记 120 分；6600/吨以上为较为容易目标，记 10 分。在评定时，影响成本的环境和条件没有大的改变，所以，三车间和公司考核部门一致确认，6500 元/吨的成本目标应记为 100 分。

在评定执行目标的努力程度时，公司考核部门也制订了很努力、比较努力、一般努力三个等级，分值分别是 120 分、100 分和 80 分。三车间自评结论是在全车间同心协力，努力奋斗一年，应该记 120 分。

当然，在确定目标的复杂程度和执行的努力程度时，公司考核部门都有一些更多的细分的指标和因素来保证。比如执行努力程度要看出勤率、工时利用率，合理化建议多少，等等。

对于不同层级的部门和岗位，三个因素在评定成果中所占的比例有所不同。一般越是上级职位和部门，第一要素所占比重越大。本例三车间属基层部门，可按 5∶3∶2 比例，对其成果分值最终予以确定。

三车间综合评价分 = 120×50% + 100×30% + 120×20% = 114（分）

（目标达到程度）（目标复杂程度）（执行中努力程度）

由于三车间进行目标管理成绩很大，新宇化工公司对其进行了表彰和奖励。三车间每个职工也通过评定成果，做了一次认真、全面、系统的总结。每个职工也有自己细分目标的评定结果，成绩并非一刀切完全相同。所以后进职工认真总结教训和学习先进职工的经验，以便把下一轮目标管理搞好。

新宇化工公司执行目标管理的第一年就取得了丰硕成果。公司总目标都超额实现。总产值达到 8953 万元，净产值达 1534 万元，上缴税收 680 万元。总目标中对社会贡献的目标全部超过期望目标。在市场目标方面：1996 年比 1995 年销售量增长 9%，市场占有率达到 35%，都超过了必达目标。在公司发展目标方面：销售额达到 7130 万元，比上年增长 85%；资产总额 730 万元，比上年增长 15%；已开发出 6 个新品种系列；职工培训上岗合格率已达 93%。在公司利益和效益目标上，已实现利润总额 630 万元，其他各项经济效益指标也全部达到甚至超过预定目标。

同时，在公司内部的上下级关系和人际关系方面开始变得融洽、和睦，职工群众的积极性、主动性、创造性得以真正发挥出来。全公司呈现一种同心协力、努力奋斗，力争实现公司目标的新景象。

根据以上资料分析：

1. 新宇化工公司为什么要推行目标管理？推行目标管理有哪些作用？

2. 从管理角度分析，目标管理有何特色？

3. 新宇化工公司是如何按照目标管理的程序来操作的？你认为在实际应用目标管理中还要注意什么问题？

4. 你认为目标管理除在企业适用外，是否还适用于其他组织，如学校、机关、研究所等单位？请你设计一个实例进行程序操作。

第6章 组织工作

本章穿针引线

　　组织是管理的一项重要职能，它是为了有效地实现既定的目标，通过建立组织机构，确定职责和职权，协调相互关系，最终将组织内部各个要素连接成一个有机整体，使各种要素得到最合理的使用，最终实现组织目标。我们知道每项管理活动都存在于一个组织范围内，并且都需要运用组织这一基本职能，因此，组织设计和运转机制是否科学直接关系到组织未来的生存状况和竞争力。要使组织高效率的运作，实现组织与环境的动态平衡，必须依据组织的环境、战略、技术、发展规模和人力资源状况等科学合理地进行组织设计，构建合理的组织结构，以协调组织的不同岗位、不同层次、不同部门、集权与分权、正规化与灵活性等要素之间的相互关系，并且要求随着时间的推移和环境的变化，适时地推进组织变革。同时也要看到，在一个现实的组织中既存在正式组织，也存在非正式组织，正式组织是管理者通过组织设计的结果，非正式组织是未经管理者策划而由人们在交往中自发形成的一种个人和社会关系的网络。科学合理的正式组织能够为提高组织活动的效率提供保障，同时管理者也要学会利用非正式组织为正式组织服务，以达到组织活动的目标。

学习目标规划

　　1. 基本了解组织工作的概念、特点及基本问题；

　　2. 基本了解组织设计的依据；

　　3. 基本了解正式组织、非正式组织的概念；

　　4. 基本了解组织生命周期、组织变革的动力和阻力；

　　5. 重点掌握组织设计的要素、组织结构类型及其特点、正式组织与非正式组织之间的联系、组织变革的过程；

　　6. 熟练运用组织设计、组织结构理论等知识分析某一企业的组织设计及组织结构的科学合理性。

课前热身随笔

　　1. 你对组织结构有什么感性经验吗？你的家庭是如何运转的？你能否简要地描述一下自己曾经上过学的某所学校的组织结构吗？其内部职务是如何设置的？设立了哪些机构或部门？有什么样的领导与被领导的关系？

2. 你的问题

_____

_____

_____

引导案例

某造纸厂的组织问题

某市造纸厂要建分厂，总经理田某派李某与谷某去筹备此事，但总经理并未说明何人主持工作。每当两人意见不同时，双方就争论不休。这位总经理经常以长途电话来解决纷争，但也无济于事。同时李某与谷某培养各自的小势力，弄得分厂筹备处乌烟瘴气，人心涣散，不仅私人方面伤了和气，而且分厂建设方面也耽误了时间，建厂工程至少延误了三个月，损失不小。这位不懂组织工作的总经理，最后不得不亲自到分厂坐镇，以求弥补，可惜为时已晚。这位总经理只知道骂李某和谷某两人不能合作，却不知道问题的真正原因何在。

▶▶ 6.1 组织工作概述

目标导引

基本了解组织工作的概念、特点及要解决的基本问题。

6.1.1 组织工作的含义

组织有广义与狭义之分。一般的组织泛指各种各样的社团、企事业单位，是人们进行合作活动的必要条件。管理学中的组织是指按照一定目的和程序组成的一种权责结构（或角色结构），是综合发挥人、财、物等各种资源效用的载体。这一概念包含了三层含义：①组织有一个共同目标；②组织是实现目标的工具；③组织包括不同层次的分工协作。

组织工作是管理的一项重要职能。美国当代著名的管理学大师哈罗德·孔茨指出："为了使人们能为实现目标而有效工作，就必须设计和维持一种职务结构，这就是组织管理职能的目标。"所谓组织工作是指为了有效实现组织的既定目标，通过建立组织机构，确定职责和职权，协调相互关系，从而将组织内部各个要素连接成一个有机整体，使人、财、物得到最合理的使用。组织工作的目的是使人们为实现共同的目标而有效地工作。建立精干、高效的管理组织，并使之正常运行，是实现管理目标的前提条件。

6.1.2 组织工作的特点

组织工作是为了实现组织的共同目标而确定组织内各要素及其相互关系的活动过程, 也就是设计一种组织结构, 并使之运转的过程。一般具有以下的特点。

6.1.2.1 组织工作是一个过程

组织工作是根据组织的目标, 考虑组织内外部环境来建立和协调组织结构的过程。这个过程一般的步骤为:

① 确定组织目标;

② 对目标进行分解, 拟定派生目标;

③ 确认为实现目标所必需的各项业务工作并加以分类;

④ 根据可利用的人力、物力及利用它们的最好方法来划分各种工作, 由此形成部门;

⑤ 将进行业务活动所必需的职权授予各部门的负责人, 由此形成职务说明书, 规定该职务的职责和权限;

⑥ 通过职权关系和信息系统, 把各部门的业务活动上下左右紧密地联系起来。通过组织系统图, 来达到对组织的整体认识。

6.1.2.2 组织工作是动态的

组织内外部环境的变化, 要求对组织结构进行调整以适应变化。因此, 组织工作不可能是一劳永逸的。

6.1.2.3 组织工作要充分考虑非正式组织的影响

这有助于在组织工作中设计与维持组织目标与非正式组织目标的平衡, 避免对立, 并在领导与指导时对非正式组织加以利用。

6.1.3 组织工作要回答或解决的基本问题

① 决定管理幅度从而引起组织结构分级的因素是什么?

② 决定各种类型部门划分的因素是什么? 按各种标志划分部门的优缺点有哪些?

③ 在把各种业务工作指定给既定的部门时, 要考虑哪些因素?

④ 组织中存在着哪些职权关系?

⑤ 为什么应该把组织中的职权分散到组织结构的各部门?

⑥ 委员会在组织中处于什么地位?

⑦ 管理者应该如何把组织理论应用到实际工作中去?

【案例】温特图书公司的组织改组

温特图书公司原是美国一家地方性的图书公司。近 10 年来, 这家公司从一个中部小镇的书店发展成为一个跨越 7 个地区，拥有 47 家分店的图书公司。多年来，公司的经营管理基本上是成功的。下属各分店，除 7 个处于市镇的闹区外，其余分店都位于僻静的地区。除了少数分店也兼营一些其他商品外，绝大多数的分店都专营图书。每个分店的年销售量为 26 万美元，纯盈利达 2 万美元。但是近 3 年来公司的利润开始下降。

2 个月前，公司新聘苏珊任该图书公司的总经理。经过一段时间对公司历史和现状的调查了解，苏珊与公司的 3 位副总经理和 6 个地区经理共同讨论公司的形势。

苏珊认为，她首先要做的是对公司的组织进行改革。就目前来说，公司的 6 个地区经理都全权负责各自地区内的所有分店，并且掌握有关资金的借贷、各分店经理的任免、广告宣传和投资等权力。在阐述了自己的观点以后，苏珊便提出了改组组织的问题。

一位副总经理说道：“我同意你改组的意见。但是，我认为我们需要的是分权而不是集权。就目前的情况来说，我们虽然聘任了各分店的经理，但是我们却没有给他们进行控制指挥的权力，我们应该使他们成为一个有职有权，名副其实的经理，而不是有名无实，只有经理的虚名，实际上却做销售员的工作。”

另一位副总经理抢着发言：“你认为应该对组织结构进行改革，这是对的。但是，在如何改的问题上，我认为你的看法是错误的。我认为，我们不需要设什么分店的业务经理。我们所需要的是更多的集权。我们公司的规模这么大，应该建立管理资讯系统。我们可以透过资讯系统在总部进行统一的控制指挥，广告工作也应由公司统一规划，而不是让各分店自行处理。如果统一集中的话，就用不着花这么多工夫去聘请这么多的分店经理了。”

147

“你们两位该不是忘记我们了吧？”一位地区经理插话说：“如果我们采用第一种计划，那么所有的工作都推到了分店经理的身上；如果采用第二种方案，那么总部就要包揽一切。我认为，如果不设立一些地区性的部门，要管理好这么多的分店是不可能的。”“我们并不是要让你们失业。”苏珊插话说：“我们只是想把公司的工作做得更好。我要对组织进行改革，并不是要增加人手或是裁员。我只是认为，如果公司某些部门的组织能安排得更好，工作的效率就会提高。”

☞ 启示：组织工作是动态的。这个案例中发生的事情告诉我们，曾经运作得很好的组织设计，随着公司规模以及环境的变化，可能会成为组织继续发展的障碍。因此，变革组织结构是推动组织发展的必然选择。

▶▶ 6.2　组织设计

目标导引

1. 基本了解组织设计的概念和依据；

2. 重点掌握组织设计的要素；
3. 熟练运用组织设计的理论知识分析某一企业组织设计的特点。

6.2.1 组织设计的含义

组织设计是一个动态的工作过程，包含了众多的工作内容。科学的组织设计，要根据组织设计的内在规律性有步骤地进行，才能取得良好效果。组织设计是指管理者将组织内各要素进行合理组合，建立和实施一种特定组织结构的过程。组织设计是有效管理的必备手段之一。

组织设计可能有三种情况：新建的企业需要进行组织结构设计；原有组织结构出现较大的问题或企业的目标发生变化，原有组织结构需要进行重新评价和设计；组织结构需要进行局部的调整和完善。

6.2.2 组织设计的依据

根据当代管理理论，管理者进行组织结构设计是为了适应对组织影响最大及带给他们最大不确定性的那些因素或环境。组织设计必须反映每个组织的具体情况，组织活动总是在一定的环境中利用一定的技术条件，并在组织总体战略的指导下进行的。组织设计不能不考虑这些因素。此外，组织的规模及其所处阶段不同，也会要求与之相应的结构形式。

6.2.2.1 组织环境

一个组织的环境是由组织外部可能影响其绩效的多种机构和因素构成的，主要包括供应商、顾客、竞争者、分销商、政府管理机构及社会政治法律、文化等。一般来说，外部环境变化越快，不确定性越大，管理者在管理过程中所面临的问题就越多。在这种条件下，管理人员就很难对各种决策意见的未来结果进行准确预测，决策也就比较困难。为了加快决策和沟通，管理者一般会选择具有灵活性的有机式组织结构。他们很可能采取分权的管理体制，授予低层员工做出重要决策的权力，使他们能够根据实际情况及时采取应对之策。反之，如果外部环境稳定，不确定程度低，那么在各职能部门和人员之间进行沟通与协调的需要就相对较少，因此，管理者可以选择较为稳定的机械式组织结构。在这种情况下，管理者所做的决策一般局限于其职能范围内，并且运用大量的规则和程序来调控其所负责的各项活动。

6.2.2.2 组织战略

组织结构是管理人员用来达到组织目标的一种手段。由于组织目标是由组织的总体战略决定的，因此，组织战略与组织结构的关系非常密切。具体来说，组织结构应该服从组织战略。如果组织战略发生了重大变化，组织结构也应作相应调整，以支持组织战略的变化。现在，大多数组织集中在三种战略的选择上：创新或差异化战略、成本最小化战略和模仿战略。如果一家企业实施旨在为顾客提供高质量高附加值产品的差异化战略，在一个灵活的有机式组织结构中容易获得成功。灵活的组织结构能够促进差异化战略的实施，因为管理者能够迅速地开发出新产品。这种活动需要各个职能部门之间的密切协作。相反，如果一个企业实施旨在为顾客提供低成本产品的低成本战略，在一个更为正式的机械式组织结构中实施会获得更好的效果。因为这种组织结构有利于管理者加强对各个部门费用和活动的控制。而如果一个企业旨在充分利用上述两种战略的优势，追求的是风险最小化，利润最大化，在一种新产品或新市场的开发潜力被创新组织证明之后，他们才进行大胆投资，采纳革新者的成功思想并进行模仿。这种战略所适用的组织结构是有机式与机械式结构的融合，即松紧搭配，对于目前的活动控制较严，对创新活动控制较松。此外，在公司层次上，当管理者决定通过诸如纵向一体化或多元化等战略来扩大组织的活动领域时，也需要设计出一种灵活的组织结构，从而为各个分部提供充分的协调作用。通过形成一个更具灵活性的组织结构，比如产品或地区分部，分部的管理者就能够更有力地控制其所分管的业务。

6.2.2.3　技术

技术是在产品和服务的设计、生产与分销过程中，对管理者所运用的技能、知识、工具、电子计算机和设备的统称。对技术进行区分的一个常用标准是它们的常规性程度。常规性的技术是指技术活动是自动化、标准化的操作。非常规性的技术则是指技术活动内容根据要求而有不同的活动，包括像手工家具制作、机械表的手工制作及科学研究等。

一般来说，一个组织所采用的技术越是常规的，就越适合于规范的组织结构，因为这种技术条件下的任务较为简单，而且生产产品和提供服务所需要的步骤可以事先确定。比如，生产企业的大批量生产和装配作业，工人重复地执行同一作业，管理者也制订出高效率执行一项任务所要求的具体作业程序或标准。在快餐店之类的服务性企业中，服务员在食品加工和服务时所执行的任务也都是常规性的。生产或提供产品与服务的过程对人或机器的依赖程度，是决定技术非常规状况的重要因素。多项研究也表明：常规性技术任务通常与各种操作规则、职务说明及其他正规文件分不开。相反，一个组织所采用的技术越复杂或越是非常规，管理者就越难以对技术进行严格的控制和有效的支配。于是，越是复杂的技术，就越需要那种授权员工根据具体情况予以灵活应对的分权式组织结构来提高管理者应对未曾料及的情况的能力，为他们解决所面临的新问题提供一定的自由。比如，工程技术人员进行工程项目或产品设计，组织的高层管理团队设计组织未来的发展战略，以及外派审计小组对一家公司账目进行评估和报告的审计过程等都是在运用非常规技术进行工作。由于非常规技术更多地依赖专家的知识，因此它与分权化结构相关。但是，一般的结论认为，技术与集权化之间的关系受正规化程度的影响。如果组织中规章制度很少，常规性技术就与集权相联系了，但是，如果正规化程度很高，常规性技术则可以伴随分权化的控制机制。

6.2.2.4　组织规模

观察我们日常生活中所接触到的组织，不难得出这一结论：组织规模对组织结构有很大的影响。一个拥有 1 万人的组织与一个仅仅有 10 个员工的组织，其组织的专业化、部门化及正规化程度是不可同日而语的。一般来说，在组织发展的早期，组织结构往往是简单、灵活而集权的。伴随着组织的发展，组织活动的内容会日趋复杂，人数会逐渐增多，活动的规模和范围会越来越大，这样，组织的层次和部门会越来越多，正规化程度越来越高。例如，大型组织，员工在 2000 人以上，职务专业化、部门化的程度较高，垂直层次较多，规章制度也较多。但规模与结构之间并非简单的线性关系；相反，呈递减的趋势。随着组织规模的扩大，规模的影响会逐渐减小。这是因为，假如一个组织拥有 2000 名员工，其正规化程度已经很高了，再增加 500 人，影响也不会很大。但对于一个只有 300 人的组织而言，再增加 500 人可能会导致组织的正规化程度极大地提高。

6.2.2.5　人力资源

影响组织结构设计的另一个重要因素是组织所拥有的人力资源的特点。一般而言，一家组织的员工队伍的技能水平及综合素质越高，并且有更多的人需要在群体或团队中协同完成其工作，该组织就越有可能采用灵活的分权式组织结构。技能水平较高或由于接受培训而形成了牢固的职业价值观和行为规范等综合素质越高的员工，往往希望工作中的自由和自治，他们渴望在工作上有更大的控制权，并不喜欢被严密监督。比如，会计师们大多懂得应当诚实、公正地报告公司账目，而医生和护士也明确自己有尽心照顾患者的义务。以分权和向员工授权为特点的灵活组织结构，可以很好地满足高技能和高素质员工的需要。在一个灵活的组织结构中，团队成员的坦诚沟通才是可能的。因此，在进行组织结构设计的过程中，管理者必须充分考虑员工队伍的有关特点。

总之，管理者在进行组织设计的过程中，必须考虑到外部环境、组织战略、技术、组织发展阶段和人力资源等这些因素。如果组织外部环境的不确定性越大，实施差异化的竞争战略，采用复杂的技术，以及员工队伍的综合素质和技能水平越高等，那么，设计一个灵活且能迅速变革的组织结构是较好的选择。否则，设计一个规范性和控制性较强的组织结构会取得更好的效果。

6.2.3　组织设计的要素

作为动态的工作过程，组织设计涉及六个方面的关键要素。这些要素是：职务或工作设计、部门化、指挥链、管理幅度、职权分配（集权与分权）和正规化。

6.2.3.1　职务或工作设计

组织设计的第一步是职务或工作设计。现实中，有些职务是常规性的、经常重复的，另一些职务是非常规性的。有些要求变化的、多样化的技能，另一些只要简单单一的技能。有些职务要求员工遵循非常严格的程序，另一些则给予员工工作中充分的自由。有些职务以一组员工按团队的方式进行可取得更好的效果，另一些职务由个人单独承担可以做得更好。因此，职务设计应因任务的不同组合而形成不同的职务设计方案。

1. 职务专业化

职务专业化用于描述组织中把工作任务划分成若干步骤来完成的细化程度。职务专业化的实质是：一个人不是完成一项工作的全部，而是分解成若干步骤，每一步骤由一个人独立去做。也就是说，一个人只负责工作活动的一部分，而不是全部活动。

20 世纪初，亨利·福特通过建立汽车生产线而富甲天下，享誉全球。他的做法是，给公司每一位员工分配特定的、重复性的工作。例如，有的员工只负责装配汽车的右前轮，有的则只负责安装右前门。通过把工作化分成较小的、标准化的任务，使工人能够反复地进行同一种操作，福特利用技能相对有限的员工，每 10 秒钟就能生产出一辆汽车。

福特的经验表明，让员工从事专业化的工作，他们的生产效率会提高。20 世纪 40 年代后期，工业化国家大多数生产领域的工作都是通过工作专业化来完成的。管理人员认为，这是一种最有效地利用员工技能的方式。在大多数组织中，有些工作需要技能很高的员工来完成，有些工作员工不需要训练就可以做好。如果所有的员工都参与组织制造过程的每一个步骤，那么，就要求所有的人不仅具备完成最复杂的任务所需要的技能，而且具备完成最简单的任务所需要的技能。结果，除了从事需要较高的技能或较复杂的任务以外，员工有部分时间花费在完成低技能的工作上。由于高技能员工的报酬比低技能的员工高，而工资一般是反映一个人最高的技能水平的，因此，付给高技能员工高薪，却让他们做简单的工作，这无疑是对组织资源的浪费。

通过实行职务专业化，管理层还寻求提高组织在其他方面的运行效率。通过重复性的工作，员工的技能会有所提高，在改变工作任务或在工作过程中安装、拆卸工具及设备所用的时间会减少。同样重要的是，从组织角度来看，实行职务专业化，有利于提高组织的培训效率。挑选并训练从事具体的、重复性工作的员工比较容易，成本也较低。对于高度精细和复杂的操作工作尤其是这样。例如，如果让一个员工去生产一整架飞机，波音公司一年能造出一架大型波音客机吗？最后，通过鼓励专业领域中进行发明创造，改进机器，职务专业化有助于提高效率和生产率。

20 世纪 50 年代以前，管理人员把职务专业化看作是提高生产率的不竭之源，或许他们是正确的，因为那时职务专业化的应用尚不够广泛，只要引入它，几乎总是能提高生产率。但是到了 20 世纪 60 年代，这种思想受到了挑战。在一些工作中出现了这样的转折点，由职务专业化带来的问题，如厌倦、疲劳、压力、劣质品、高旷工率和离职率等，远远超过了专业化的经济优势，如图 6-1 所示。因此，在决定如何给员工分配工作任务时，管理者必须谨慎，不要过于强调工作简化，即过分地减少每位员工所需完成的任务数目。如果员工觉得简化了的工作单调、乏味，就会变得消极和不愉快，从而表现不佳，那么，这种过分的工

151

作简单化就可能会降低效率而不是提高效率。

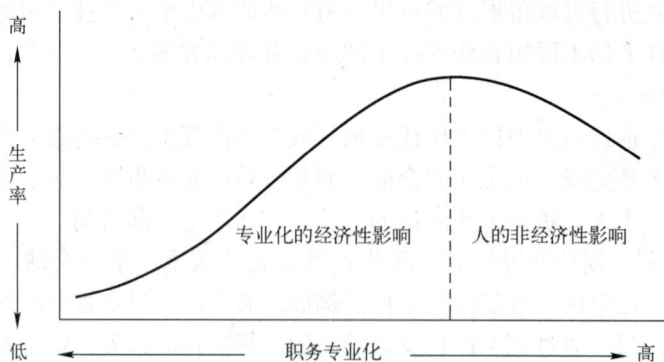

图 6-1　职务专业化的经济性和非经济性

2. 职务扩大化

职务扩大化指的是通过调整劳动分工，使一项既定工作由更多的不同任务构成。比如，在赛百味的三明治店里，员工之间没有劳动上的分工，每位员工都要承担这些作业——加工三明治、包裹三明治、把三明治递给顾客以及收钱。也就是厨师和服务员的角色合二为一。职务扩大化的潜在含义是扩大一位员工执行的任务范围，以此减少其厌倦及疲劳感，调动其努力工作的积极性，从而生产更多的优质产品，提供更多的优质服务。

3. 职务丰富化

职务丰富化指的是通过种种手段加大一位员工的工作责任。如果说职务扩大化是在同一级别上的工作横向扩展，那么职务丰富化则是从纵向上充实和丰富工作内容，即从增加员工对工作的自主性和责任心的角度，使其体验工作的内在意义、挑战性和成就感。对职务进行丰富化设计，就是要将部分管理权限下放给下级人员，使其在完成任务过程中也有参与做决定的权力。例如，美国电话电报公司曾经成功地运用职务丰富化设计方法激励了打字员：以前，公司将八个打字员放在一个没有自主权的小组里，负责打印顾客的订货单。这种小组工作效率很低，人员思想也不稳定。后来改组为工作团队形式，小组长直接由打字员担任，并授予该小组计划和控制其工作质量与进度的权力，这样大家的责任心大大加强了，工作效率和工作满足感随之提高。

6.2.3.2　部门化

一旦管理者决定了将任务放在合适的职务里去完成，他们就面临着下一个组织决策：如何把各种职务组合起来以最好地与组织的环境、战略、技术和人力资源的需要相协调。

部门化是将若干职务组合在一起的依据和方式。每一个组织都可以有自己独特的划分和组合工作活动的方式，包括职能部门化、产品部门化、地域部门化、过程部门化和顾客部门化，这是五种通用的部门化方式。

职能部门化通过把专业技术、研究方向接近的人分配到同一个部门中，来实现规模经济。例如，制造业的经理通过把工程、采购、制造、销售、人事、会计等方面的专家划分成不同的部门来组织其工厂。当然，根据职能进行部门的划分适用于所有的组织。只有职能的变化可以反映组织的目标和活动。一个医院的主要职能部门可能有研究部、护理部、财会部等；而一个职业足球队则可能设有球员人事部、售票部门、旅行及后勤部门等。这种职能分组法的主要优点在于，把同类专家集中在一起，能够提高工作效率。

产品部门化是指根据组织生产的产品类型进行部门划分。例如，在太阳石油产品公司中，其三大主要领域（原油、润滑油和蜡制品、化工产品）各置于一位副总裁统辖之下，这位副总裁是本领域的专家，对与他的生产线有关的一切问题负责，每一位副总裁都有自己的生产和营销部门。这种分组方法的主要优点在于：提高产品绩效的稳定性，因为公司中与某一特定产品有关的所有活动都由同一主管指挥。如果一个组织的活动是与服务而不是产品有关，每一种服务活动就可以自然地成为一个部门。比如，一个会计师事务所多半会有税务部门、管理咨询部门、审计部门，等等，每个部门都会在一个产品或服务经理的指导下，提供一系列服务项目。

地域部门化是指根据地域来进行部门划分。例如，就营销工作来说，根据地域，可分为东、西、南、北 4 个区域，分片负责。实际上，每个地域是围绕这个地区而形成的一个部门。如果一个公司的顾客分布地域较宽，这种部门化方法就有其独特的价值。

过程部门化是指按照组织工作过程来进行部门划分。该方法适用于产品的生产，也适用于顾客的服务。例如，某金属公司的铝试管厂，生产过程由 5 个部门组成：铸造部、锻压部、制管部、成品部和检验包装运输部。这是一个根据生产过程来进行部门化的例子。公司这样做的主要原因在于，在铝试管生产过程中，由每个部门负责一个特定生产环节的工作。金属首先被铸造成巨大的胚料；然后送到锻压部，被挤压成铝管；再把铝管转送到试管部，由试管部负责把它们做成体积各异、形状不同的试管；然后把这些试管送给成品部，由成品部负责切割、清洗工作；最后，产品进入检验、包装、运输。由于不同的环节需要不同的技术，因此这种部门化方法对于在生产过程中进行同类活动的归并提供了基础。

如果你到一个机动车辆管理办公室去办驾驶执照，你必须跑好几个部门。因为一般来说，办理驾照必须经过 3 个步骤，每个步骤由一个独立部门负责：①负责核查工作的机动车辆分部；②负责办理驾照具体工作的驾照部；③负责收费的财务部。

顾客部门化是指根据顾客的类型来进行部门化。例如，一家销售办公设备的公司可下设 3 个部门：零售服务部、批发服务部和政府部门服务部。根据顾客类型来划分部门的理论假设是，每个部门的顾客存在共同的问题和要求，因此通过为他们分别配置有关专家，能够满足他们的需要。百货商店、医院、大学、银行及像戴尔公司等诸如此类的组织，顾客部门化是一种很重要的组合工作岗位的方式。

大型组织进行部门化时，要综合利用上述各种方法，以取得较好的效果。例如，一家大型的日本电子公司在进行部门化时，根据职能类型来组织其各分部；根据生产过程来组织其制造部门；把销售部门分为 7 个地区的工作单位；又在每个地区根据其顾客类型分为 4 个顾客小组。但是，20 世纪 90 年代有两个倾向较为普遍：第一，以顾客为基础进行部门化越来越受到青睐，为了更好地掌握顾客的需要，并有效地对顾客需要的变化做出反应，许多组织更多地强调以顾客为基础划分部门的方法；第二，坚固的职能性部门被跨越传统部门界限的工作团队所替代。

6.2.3.3　指挥链

指挥链是一种不间断的职权线，从组织最高层延伸到最基层，明确谁向谁报告工作。它能够回答员工提出的这种问题："我有问题时，去找谁?""我对谁负责?"

在理解指挥链之前，应先讨论两个辅助性概念：职权和统一指挥。职权是指管理职位所固有的发布命令并期望命令被执行的权力。为了促进协作，每个管理职位在指挥链中都有自己的位置，每位管理者为完成自己的职责任务，都要被授予一定的权力。统一指挥原则有助于组织保持一条持续的职权线。它意味着，一个人应该对一个主管，且只对一个主管直接报告工作。如果统一指挥原则遭到破坏，一个下属可能就不得不穷于应付多个主管不同命令之间的冲突或优先次序的选择。

时代在变化，组织设计的基本原则也在变化。随着电脑技术的发展和给下属充分授权的潮流的冲击，现在，指挥链、职权、统一指挥等概念的重要性大大降低了。现在一个基层雇员能在几秒钟内得到 20 年前只有高层管理人员才能得到的信息。同样，随着电脑技术的发展，组织中任何位置的员工都能同任何人进行交流，而不需通过正式渠道。而且，职权的概念和指挥链的维持越来越无关紧要，因为过去只能由管理层做出的决策现在已授权给操作员工自己作决策。除此之外，随着自我管理团队、多功能团队和包含多个上司的新型组织设计思想的盛行，统一指挥的概念越来越无关紧要了。

6.2.3.4　管理幅度

1. 管理幅度的含义

管理幅度是指一个主管可以有效地指导多少个下属。这种有关管理幅度（控制跨度）的问题非常重要，因为在很大程度上，它决定着组织要设置多少层次，配备多少管理人员。在其他条件相同时，管理幅度越宽，组织效率越高。

假设有两个组织，基层操作员工都是 4096 名，如果一个管理幅度为 4，另一个为 8，那么管理幅度宽的组织比管理幅度窄的组织在管理层次上少两层，可以少配备 800 人左右的管理人员。如果每名管理人员年均薪水为 4 万元，则管理幅度宽的组织每年在管理人员薪水上就可节省 3200 万元。显然，在成本方面，管理幅度宽的组织效率更高。但是，在某些方面宽管理幅度可能会降低组织的有效性，也就是说，如果管理幅度过宽，由于主管人员没有足够的时间为下属提供必要的指导和支持，员工的绩效会受到不良影响。

管理幅度窄也有其好处，管理幅度保持在 5~6 人，管理者就可以对员工实行严密的控制。但管理幅度窄主要有以下 3 个缺点。

第一，正如前面所指出的，管理层次会因此而增多，管理成本会大大增加。

第二，使组织的垂直沟通更加复杂。管理层次增多也会减慢决策速度，并使高层管理人员趋于孤立。

第三，管理幅度过窄易造成对下属监督过严，妨碍下属的自主性。

近几年的趋势是加宽管理幅度。例如，在通用电气公司和雷诺金属公司这样的大公司中，管理幅度已达 10~12 人，是 15 年前的 2 倍。加宽管理幅度，与各个公司努力降低成本、削减企业一般管理费用、加速决策过程、增加灵活性、缩短与顾客的距离、授权给下属等的趋势是一致的。但是，为了避免因管理幅度加宽而使员工绩效降低，各公司都大大加强了员工培训的力度和投入。管理人员已认识到，自己的下属充分了解了工作之后，或者有问题能够从同事那儿得到帮助时，他们就可以驾驭宽管理幅度的控制问题。

2. 管理幅度与管理层次之间的关系

管理层级是随着组织规模的扩大和关系的复杂化而产生的，与规模、管理幅度密切相关。在组织规模一定的情况下，管理幅度与组织层次成反比关系。管理者直接控制的下属越多，则管理层次越少；反之，管理幅度减少，则管理层次增加，如图 6-2 所示。

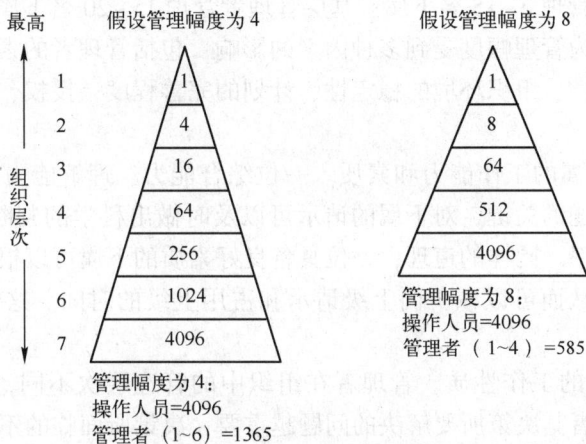

图 6-2　管理幅度与管理层次

管理幅度和管理层次之间的反比关系决定了两种基本的组织结构形态的存在，即扁平型组织结构和高耸型组织结构，如图 6-2 所示。扁平型组织结构是指在一定的组织规模下管理者的管理幅度较大、组织的管理层次较少的一种组织结构形态。其优点是：组织层次少，信息的传递速度快，从而可以使管理者能够尽快地发现信息所反映的问题，并及时采取相应的纠偏措施；同时，由于信息传递的层次少，传递过程中的失真程度也较小。此外，较大的管理幅度，使管理者对下属不可能控制得过多过死，从而有利于下属的主动性和创造性的发挥。但是，较大的管理幅度，也会带来一些局限性，比如，管理者不一定能对每位下属进行充分、有效地指导和监督；管理者从众多的下属处获得信息，增加了过滤信息的时间，从而可能影响信息的及时利用。

高耸型组织结构是管理幅度较小、而管理层次较多的高尖的金字塔形态。其优点和局限性正好与扁平型组织结构相反。较小的组织管理幅度可以使管理者仔细地研究从每个下属处得到的有限信息，并能够对每个下属的工作进行详尽的指导；但是过多的管理层次，不仅影响了信息从基层传递到高层的速度，而且由于经过的层次太多，每次传递都被各层管理者加进了许多他们自己的理解和认识，从而可能使信息在传递过程中失真。同时，过多的管理层次，可能使各层管理者感到自己在组织中的地位相对渺小，从而影响积极性的发挥。四是，过多的管理层次也往往容易造成控制和监督工作的复杂化。

3. 影响管理幅度的因素

由于管理层次的多少取决于管理幅度的大小，因此，管理幅度是组织结构中必须首先考虑的问题。任何组织都需要解决管理者直接指挥与监督的下属数量问题，但是，在同样获得成功的组织中，每位管理者直接管理的下属数量却往往是不同的。美国管理协会对 100 家公司所做的调查认为：一个管理者管理 3~20 名直接下属比较合适。其中，高层管理者管理 3~10 名下属；中层管理者管理 6~15 名下属；基层管理者管理 15~20 名下属比较合理，但也并不绝对。其中主要是因为管理幅度受到多种因素的影响，包括管理者的素质和能力、下属的素质和能力、工作相似性、组织环境的稳定性、计划的完善程度、授权、人员空间分布、配备助手，等等。

① 管理者及其下属的工作能力和素质。一位综合能力、理解能力、表达能力强的管理者可以迅速地把握问题的关键，对下属的请示可以及时做出科学的判断并给予明确的指示，从而可以提高工作效率。同样的道理，一位具备良好素质的下属可以根据自己符合组织要求的主见去解决问题，从而可以减少向上级请示和占用上级的时间。这样，管理幅度就可以大些。

② 管理者和下属的工作性质。管理者在组织中的管理层次不同，其工作性质也不同。处于组织高层的管理者其决策所要解决的问题越重要，决策所面临的不确定性越明显，决策的工作量越大，用于指导、协调下属的时间就越少，其管理幅度就比中层和基层管理者小。

下属从事的工作内容和性质相近，则对每位下属工作的指导和建议也大体相同。在这种情况下，同一管理者就可以对较多的下属实行直接的指挥和监督。

③ 计划的完善程度。如果下属单纯执行计划，而且计划本身详尽周到，下属对计划的目的和要求很了解，那么，管理者指导下属所需的时间就可以减少；相反，如果下属不仅要执行计划，而且还要将计划进一步分解，或计划本身不尽完善，那么，对下属的指导时间就会增加，从而减少有效管理幅度。

④ 助手的配备情况。如果管理者配备有能力强的助手，可以由助手和下属进行一般的沟通联络并直接处理一些明确的次要问题，则可以减少管理者的工作量，增加其管理幅度。

⑤ 信息传递手段。如果管理者配备了先进的信息收集传递工具，就可以利用先进的技术去收集、处理、传送信息。这样，既可以使管理者及时有效地收集下属的建议和意见，又可以及时向下属传达工作指示，提高组织工作的效率，从而扩大管理幅度。

⑥ 工作地点的相近性。不同下属的工作岗位地点在地理上的分散会增加下属与管理者及下属之间的沟通难度，从而会影响管理者直接管理下属的数量。

⑦ 组织环境因素。组织环境稳定与否会影响组织结构的稳定性的高低。组织面临的环境变数越多，下属向上级的请示就必然会增加，这样，上级既要花费更多的时间去关注环境的变化，考虑应变的对策，又要花费时间去指导下属的工作。因此，组织的环境越不稳定，管理者的管理幅度就越小。

在管理实践中，一个管理者的管理幅度到底应该多大，应以是否有利于提高组织的工作效率为准。

6.2.3.5　集权与分权

在有些组织中，高层管理者制订所有的决策，低层管理人员只管执行高层管理者的指示。另一种极端情况是，组织把决策权下放到最基层管理人员手中。前者是高度集权式的组织，而后者则是高度分权式的组织。

集权化是指组织中的决策权集中于一点的程度。这个概念只包括正式权威，即某个位置固有的权力。一般来讲，如果组织的高层管理者不考虑或很少考虑基层人员的意见就决定组织的主要事宜，则这个组织的集权化程度较高。相反，基层人员参与程度越高，或他们能够自主地做出决策，组织的分权化程度就越高。

集权式与分权式组织在本质上是不同的。在分权式组织中，采取行动、解决问题的速度较快，更多的人为决策提供建议，所以，员工与那些能够影响他们的工作生活的决策者隔膜较少，或几乎没有隔膜。

近年来，分权式决策的趋势比较突出，这与使组织更加灵活和主动地对环境变化做出反应的管理思想是一致的。在大公司中，基层管理人员更贴近生产实际，对有关问题的了解比高层管理者更翔实。例如，像中国香港百佳超市这样的大型零售公司，在库存货物的选择上，就对他们的商店管理人员授予了较大的决策权。这使得他们的商店可以更有效地与当地商店展开竞争。与之相似，蒙特利尔银行把它在加拿大的 1164 家分行组合成 236 个社区，即在一个有限地域内的一组分行，每个社区设一名经理，他在自己所辖各行之间可以自由巡视，各个分行之间最长距离不过 20 分钟的路程。他对自己辖区内的问题的反应远远快于公司总部的高级主管，处理方式也会更得当。IBM 的欧洲总监瑞纳托·瑞沃索采取类似的办法把欧洲大陆的公司分成 200 个独立自主的商业单位，每个单位都有自己的利润目标、员工激励方式、重点顾客。"以前我们习惯于自上而下的管理，像在军队中一样。"瑞沃索说，"现在，我们尽力使员工学会自我管理。"

6.2.3.6 正规化

正规化是指组织中的工作实行标准化的程度。如果一种工作的正规化程度较高，就意味着做这项工作的人对工作内容、工作时间、工作手段没有多大自主权。人们总是期望员工以同样的方式投入工作，能够保证稳定一致的产出结果。在高度正规化的组织中，有明确的工作说明书，有繁杂的组织规章制度，对于工作过程有详尽的规定。而正规化程度较低的工作，相对来说，工作执行者和日程安排就不是那么僵硬，员工对自己工作的处理许可权就比较宽。由于个人许可权与组织对员工行为的规定成反比，因此工作标准化程度越高，员工决定自己工作方式的权力就越小。工作标准化不仅减少了员工选择工作行为的可能性，而且使员工无须考虑其他行为选择。

组织之间或组织内部不同工作之间正规化程度差别很大。例如，一种极端情况是，众所周知，某些工作正规化程度很低，如大学书商（向大学教师推销公司新书的出版商代理人）工作自由许可权就比较大，他们的推销用语不要求标准划一。在行为约束上，不过就是每周交一次推销报告，并对新书出版提出建议。另一种极端情况是那些处于同一出版公司的职员与编辑位置的人。他们上午8点要准时上班，否则会被扣掉半小时工资，而且，他们必须遵守管理人员制定的一系列详尽的规章制度。

▶▶ 6.3 组织结构

目标导引

1. 基本了解组织结构的含义；
2. 重点掌握不同类型组织结构的特点；
3. 熟练运用组织结构的知识分析某一企业组织结构的特点及潜在问题。

6.3.1 组织结构的含义

组织结构是指正式的任务和隶属关系系统，这个系统决定了员工如何利用资源实现组织目标。组织结构是表明组织各部分排列顺序、空间位置、聚散状态、联系方式及各要素之间相互关系的一种模式，是整个管理系统的"框架"。组织结构是组织的全体成员为实现组织目标，在管理工作中进行分工协作，在职务范围、责任、权利方面所形成的结构体系，如政府组织结构、企业组织结构、军队组织结构，等等。

就本质而言，组织结构反映的是组织成员之间的分工协作关系。设计组织结构的目的是更有效、更合理地把组织成员组织起来，即把一个个组织成员为组织贡献的力量有效地结合起来，形成组织合力，为实现组织目标而协同努力。

6.3.2 组织结构的基本类型

一般来说，按照组织结构的实践情况，组织结构的类型可以分为以下几种：直线制结构、职能制结构、分部制或事业部制结构、矩阵制结构、委员会制结构及其他新型组织结构。

6.3.2.1 直线制结构

直线制是一种最早也是最简单的组织结构形式。它的特点是企业各级行政单位从上到下实行垂直领导，下属部门只接受一个上级的指令，各级主管负责人对所属单位的一切问题负责。厂部不另设职能机构（可设职能人员协助主管人工作），一切管理职能基本上都由行政主管自己执行。如图6-3所示，这是一家零售店的组织结构图，总经理张德辉雇用了5个销售员和1个现金出纳员（职能人员）。直线制组织结构的优点是：结构比较简单，责任分明，命令统一。缺点是：它要求行政负责人通晓多种知识和技能，亲自处理各种业务。这在业务比较复杂、企业规模比较大的情况下，把所有管理职能都集中到最高主管一人身上，显然是难以胜任的。因此，直线制只适用于规模较小，生产技术比较简单的企业，而对生产技术和经营管理比较复杂的企业并不适宜。直线制也多用于组织基层的组织设计。

159

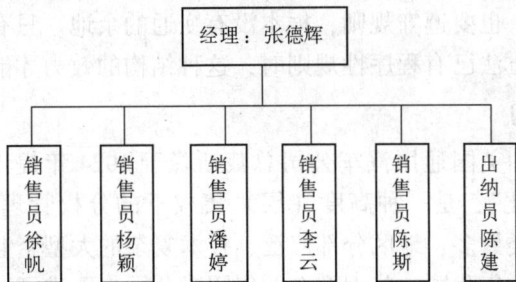

图6-3 直线制组织结构

6.3.2.2 职能制结构

职能制结构，也称为官僚制结构，它是一种将相似或相关职能的专家们组合在一起的组织设计。它是为了将按职能划分部门的方法应用到整个组织范围而设计出来的，如图6-4所示。

这种组织结构的特点是：通过职务专业化，制订非常正规的制度和规则；以职能部门划分工作任务；实行集权式决策，管理幅度狭窄；通过指挥链进行经营决策，来维持日常的组织运营顺利进行。

```
              ┌──────────┐
              │  总 经 理  │
              └──────────┘
                   │
              ┌──────────┐
              │ 总经理助理 │
              └──────────┘
                   │
    ┌──────┬──────┬──────┬──────┬──────┬──────┐
  ┌────┐┌───────┐┌────┐┌────┐┌────┐┌────┐
  │工程││采购与库存││生产││销售││财务││人事│
  └────┘└───────┘└────┘└────┘└────┘└────┘
```

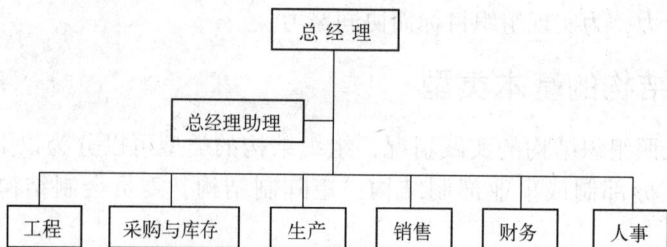

图 6-4 职能制结构

职能制结构的优点是：既保证了企业管理体系的集中统一，又可以在各级行政负责人的领导下，充分发挥各专业管理机构的作用。它能够高效地进行标准化活动的组织管理。把同类专家配置在一个职能部门，能够实现规模经济，使人事与机器的重复配置降到最低限度。这种结构对中低层的管理人员的要求较低，因此可以节约成本。规章制度在组织中的渗透在某种程度上使管理人员处理问题比较容易。实行标准化操作和高度正规化经营，使决策可以集权化。因此，对中低层管理人员的创新能力、决策、工作经验的要求不高。

职能制结构的缺点是：职能部门之间的协作和配合性较差，工作专业化导致了各个分部之间的冲突，职能人员专注于部门目标的完成，将部门目标的重要性凌驾于组织的整体目标之上，形成所谓的"隧道视野"。职能部门的许多工作要直接向上层领导报告请示才能处理，这一方面加重了上层领导的工作负担，另一方面，对于在这种结构中工作的人员来说，即使规则与事实不相符，也要遵守规则，根本没有变通的余地。只有在员工面临他们所熟悉的问题，而且问题解决方法已有程序性规则时，这种结构的效力才能发挥出来。

6.3.2.3 分部制结构

分部制结构最早是由美国通用汽车公司总裁斯隆于 1924 年提出的，故有"斯隆模型"之称，也叫"联邦分权化"，是一种高度（层）集权下的分权管理体制。它适用于规模庞大、产品品种或业务种类繁多、地区分部广泛、技术复杂的大型企业，是国外大型公司所采用的一种组织形式，近几年我国一些大型企业集团或公司也引进了这种组织结构形式。分部制结构是分级管理、分级核算、自负盈亏的一种形式，即一个公司按地区或按产品类别分成若干个事业部，从产品设计、原料采购、成本核算、产品制造，一直到产品销售，均由事业部及所属工厂负责，实行单独核算，独立经营，公司总部只保留人事决策、预算控制和监督大权，并通过利润等指标对事业部进行控制。各个事业部都是由诸多职能或部门组成的，这些职能或部门为生产产品一同工作。在组织内部设置较小、更易于管理的单位是转而采取分部制结构的目的所在。

分部制结构有三种形式，如图 6-5 所示。当管理者按照他们提供的产品或服务的类型来组建分部时，他们所采用的就是产品结构；当管理者按照经营地点所在的国家或地区来组建分部时，他们采用的是地域结构；当管理者按照他们所重点服务的顾客类型来组建分部时，他们所采用的是市场结构。

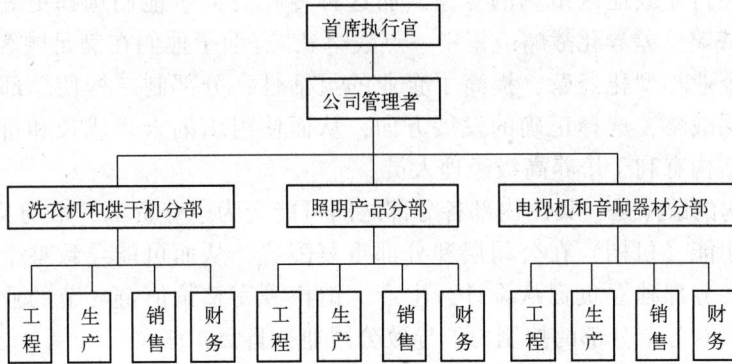

A.产品结构

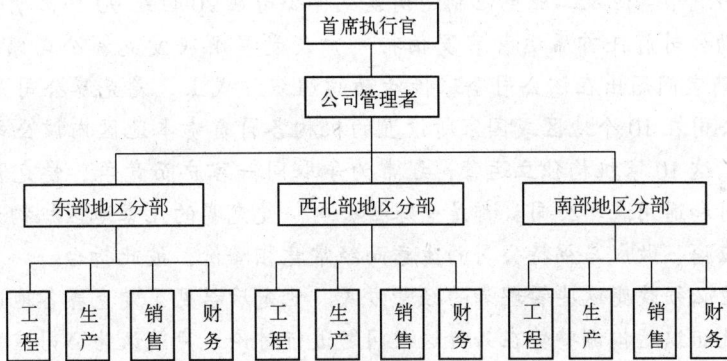

B.地域结构

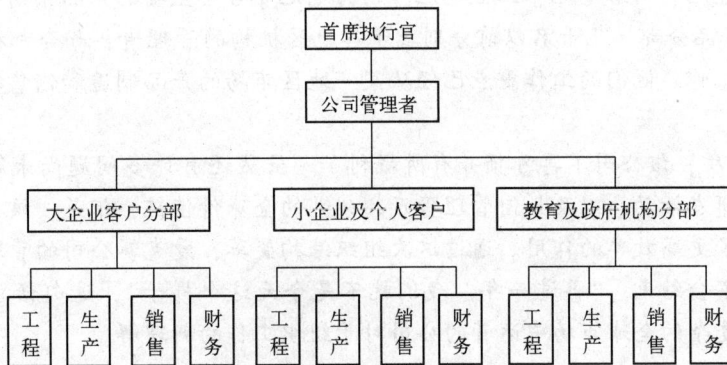

C.市场结构

图 6-5　分部制组织结构

分部制结构的优点：分部管理者集中精力于某一产品、地区或顾客，每个分部的管理者可能成为所在行业或地区市场的专家，而这种专长有助于他们选择更好的业务层次战略（如低成本战略、差异化战略或集中一点战略），有助于他们在满足顾客需要的同时降低成本；大型企业小型化经营，提高了企业的灵活性；分部制结构使总部高级主管能专心致力于公司层战略，选择正确的发展方向，从而使组织的未来成长和价值创造能力最大化；分部制结构有利于培养高级经理人员。

分部制结构的缺点是：集团内部各分部之间可能会为争夺资源、市场及其他利益而相互竞争；管理职能（机构）在公司层和分部重复配置，从而可能导致整个集团管理成本的上升；由于各分部独立负责从设计、生产、销售等完整价值链环节的业务，公司最高管理层可能失去对各个分部的控制力，导致公司业务盲目扩张。

【案例】爱克赛公司新的全球性结构

全球最大的汽车电池及工业电池制造商爱克赛公司在20世纪90年代期间一直处于亏损状态。克莱斯勒公司前任首席运营官罗伯特·卢茨受雇解决爱克赛公司绩效低下的问题，2000年，卢茨断定问题出在该公司全球性活动的组织方式上。爱克赛公司是按地区划分组织结构的。该公司在10个地区或国家所设置的机构各自负责本地区内该公司所有电池产品的生产和销售。这10家机构独立运营，经常为争取同一客户而竞争。爱克赛公司的许多客户，如福特公司和通用汽车公司，都是全球性公司。爱克赛的几家地区机构为成为福特公司主要的全球供应商、做成与福特公司的生意而经常竞相降价，彼此拆台。

卢茨发现他必须改变这些管理者的经营方式。他先后召见了爱克赛各地区机构的高层管理者，与他们就组织结构调整势在必行这个问题进行讨论。卢茨认为公司应当采取一个全球性的产品结构，按照公司在世界各地制造和销售的电池种类来组织公司的经营活动。此后，围绕诸如汽车电池、网络电池、工业电池、动力电池等6个主要的产品系列，该公司成立了6个全球性的产品分部。几千名以前分别属于各地区机构的管理者，如今都被分配到某个全球性产品分部工作。他们的工作重点已经从某一地区市场的产品制造和销售转移到对世界市场的服务上。

到了2001年，该公司不再亏损并有所赢利了。虽然还有许多问题尚未解决，比如，应当在哪里开展研发活动，以及如何管理跨产品分部的全球价值链，但是，该公司的全球性结构的确发挥出了更高效率的作用。通过这次组织结构变革，爱克赛公司的管理者认识到组织工作过程永远不会结束。"再过一年，我们就不是今天这个样子"，这句话总结了包括爱克赛在内所有在复杂的全球市场中运营的公司对于组织工作的新理解。

☞ **启示**：组织结构对组织绩效具有非常重要的影响。爱克赛公司的全球地区结构在公司的发展过程中曾经发挥了积极作用，但是到了20世纪90年代，随着全球化市场的形成，这种地区结构已经不能适应公司的战略需要，组织变革势在必行。

6.3.2.4 矩阵制结构

在组织结构上，把既有按职能划分的垂直领导系统，又有按产品（项目）划分的横向领导关系的结构，称为矩阵制结构，如图6-6所示。

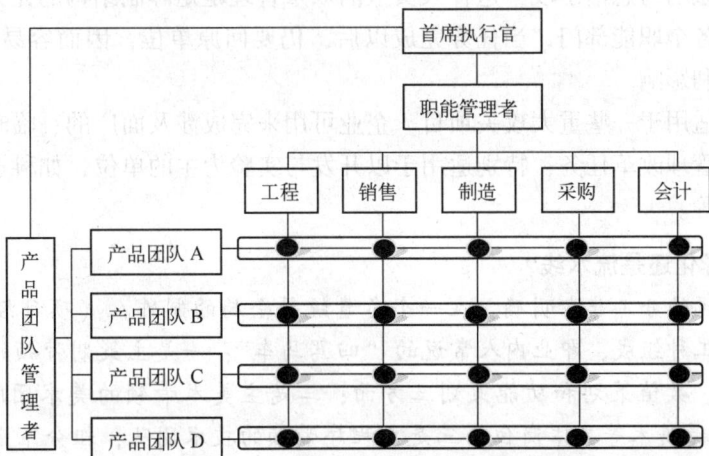

图 6-6 矩阵制结构

矩阵制结构是为了改进职能制结构横向联系差，缺乏弹性的缺点而形成的一种组织形式。它的特点表现在围绕某项专门任务成立跨职能部门的专门机构上，例如组成一个专门的产品（项目）小组去从事新产品开发工作，在研究、设计、试验、制造各个不同阶段，由有关部门派人参加，力图做到条块结合，以协调有关部门的活动，保证任务的完成。这种组织结构形式是固定的，任务、人员却是变动的，需要谁，谁就来，任务完成后就可以离开。项目小组和负责人也是临时组织和委任的。任务完成后就解散，有关人员回原有的职能部门工作。因此，这种组织结构非常适用于横向协作和攻关项目。在广告公司、医院、大学、政府机关、管理咨询公司、娱乐服务公司中，都可见到这种结构形式的存在。矩阵结构是对职能部门化和产品部门化的融合。

矩阵制结构的优点是：机动、灵活，可随项目的开发与结束进行组织或解散。由于这种结构是根据项目组织的，任务清楚，目的明确，各方面有专长的人都是有备而来。因此，在新的工作小组里，各方面专业人员能更好地沟通、融合，能把自己的工作同整体工作联系在一起，为攻克难关、解决问题而献计献策。由于从各方面抽调来的人员有信任感、荣誉感，使他们增加了责任感，激发了工作热情，促进了项目的实现。它还加强了不同部门之间的配合和信息交流，克服了职能结构中各部门互相脱节的现象。这种结构还有一个优点：便于专家资源的高效配置和使用。当专家们各自处于职能部门中时，他们的才能被垄断难以得到充分发挥。矩阵制结构则通过为组织提供最好的资源，并有效配置人、财、物资源，实现规模经济，提高组织资源的使用效率。

矩阵制结构的缺点是：项目负责人的责任大于权力，因为参加项目的人员都来自不同部门，隶属关系仍在原单位，只是为"会战"而来，所以项目负责人对他们的管理有一定困难，没有足够的激励与惩治手段，这种人员上的双重管理是矩阵制结构的先天缺陷；由于项目组成人员来自各个职能部门，当任务完成以后，仍要回原单位，因而容易产生临时观念，对工作有一定不利影响。

矩阵制结构适用于一些重大攻关项目。企业可用来完成涉及面广的、临时性的、复杂的重大工程项目或管理改革任务，特别适用于以开发与实验为主的单位，如科学研究，尤其是应用性研究单位等。

【案例】差异化还是流水线？

游戏研发阶段的分工非常明确，在一个负责统筹全局的制作人（项目经理）下属的团队，主要由四个工种组成，即业内人常说的"四驾马车"：一是主策划带领的策划团队，主要包括剧情策划、数值策划和功能策划三方面；二是主美术带领的美术团队，分为2D美术、3D美术、场景美术等具体岗位；三是主程序带领的技术团队，粗分下来，包括客户端程序和服务器端程序；最后，是游戏测试团队，负责游戏后期调试工作。

虽然分工并不复杂，但是当下排名靠前的几家大型网游公司，研发的管理风格却各有千秋。按照项目成立平行的工作室或事业部的扁平化管理模式，是目前网游公司最常使用的组织模式。以老牌网游公司金山为例，旗下的各个游戏分别由不同的工作室研发，一个新的项目立项后，就增加一个工作室，简单明确。这些工作室被分别设立在珠海、北京、成都、大连等城市，各设有独立的制作人。工作室之间的关联不强、生产出来的产品往往差异很大。

独立工作室模式的优点在于包干到户、责任分工明确，对于各个工作室而言，项目做得好，收益就会好。由于目标清晰，制作人的责任心一般较强。但这种各自为政的研发模式也有短板——公司内部的资源调配不流畅，由于团队的搭建主要由工作室自己完成，即便是在一个公司内部，人力、技术成果、资源也很难做到共享。所以，经常会出现一个公司旗下的几款游戏，优劣势却截然相反的状况。正如游戏谷公司的创始人张福茂所说的，"除了一起在走廊抽烟的几个，员工大多都相见不相识"。

与扁平化的"横向"工作室管理模式不同，以研发立足的完美时空则采用"纵向切割"的流水线式管理模式，将策划、美术、程序、测试四个环节切开，分别搭建大组进行管理，游戏从策划到测试，实行流水线式生产，各项资源由公司统一进行调配。在完美时空，一个游戏的项目经理会以工作单的形式向各个大组来要资源，由每个组的调配中心进行统一规划、调配。"你递交工作单，我给你派人，双方的关系就像是一个短期合同。"张福茂说。

与横向切分的工作室模式相比，纵向的流水线模式最大的优点就是能在全公司范围内更好地配给资源，并将整体的研发能力控制在企业手中，减少人员流动给企业研发能力带来的冲击。但在业内，采用这种管理方式的公司仍只完美时空一家。

"其实网易一开始也是采取完美时空的方式，后来感觉行不通，就改成了以项目组为单位的方式。"多年前曾在网易工作过，如今已是广州一家游戏公司创始人的梁耀堂表示，"比如说梦幻西游这个项目组，早期的时候，它的程序员来自技术部，美术师来自美术部，测试人员来自测试部。如此一来，这位程序员就要受到双重管理：一是梦幻工作组，一是他所在的技术部。技术部可以很随意地把原先的程序员抽调回去，然后派出另外一位程序员过来，但这个人未必是项目组想要的。"对于这种可以"灵活"调配资源的管理方式，梁耀堂反而认为，对公司的管理是一大挑战。

流水线的生产模式体现到产品层面，则有标准化生产、产品雷同大、创新不足的风险。即便是以研发著称的完美时空，其陆续推出的完美世界、诛仙、武林外传，因玩法和功能的类似性，也让业内出现了"完美的产品都是在换壳"的说法，这让一直坚持"流水线"模式的完美时空也开始松动。据了解，目前完美新引进的项目，也尝试采用独立项目组的方式进行管理，这些独立项目组与原有团队之间的共享并不大，究其原因，对产品差异化的追求或许是其中之一。

"现在不少公司都希望能打破原有模式，做到横向和纵向的穿插，让研发的流程更为'矩阵'。"张福茂说。类似的相互借鉴同样发生在张福茂的团队，目前，游戏谷旗下同时进行着7个项目的运营和开发，按照张的计划，除了策划和程序环节依然按照工作室的模式独立组织外，美术和测试环节将被抽出，由公司统筹安排，激励从工资和奖金中体现，不享受项目回馈。

☞ **启示：**不同的网游公司在产品开发上采用不同的组织结构模式，其中团队结构和矩阵结构被多数公司使用。案例中所说的工作室并不是理论意义上事业部，管理实践中的组织结构模式不像理论那么纯粹，其展现出来的特点往往更加多样化。

6.3.2.5 委员会制结构

委员会制也是一种常用的组织结构形式。委员会由一群人所组成，委员会中各个参与者的权利是平等的，并依据少数服从多数的原则进行决策。它的特点是集体决策、集体行动。

委员会可以有多种形式。按存续时间的长短，可以分为常设委员会和临时委员会。常设委员会是为了促进协调、沟通和合作而组成的，行使制订和执行重大决策的职能；临时委员会是为了解决某一特定的目的而组成的，达到既定的目标，委员会即解散。按职能可以划分为直线式和参谋式，直线式委员会如董事会，其决策下级必须执行；参谋式委员会主要是为直线人员提供咨询和建议。委员会还有正式和非正式之分，凡是属于组织结构的一个组成部分并授予特定的职责权力的委员会都是正式的，反之，则为非正式的委员会。

委员会作为组织管理的一种手段，主要是为了达到以下的目的：集思广益，产生解决问题的更好方案；集体决策，以防个别人员或部门权力过大，滥用职权；加强沟通，了解和听取不同利益集团的要求和建议，协调计划和执行过程中的矛盾，以有效分配和使用资源，提高资源的利用效率；通过鼓励参与，激发决策执行者的积极性。

委员会制的主要优点是：可以充分发挥集体的智慧，避免由于组织中的个别领导判断失误而造成组织决策的失误；少数服从多数，可以防止滥用职权；集思广益，有利于从不同层次、不同侧面考虑问题，并反映各个方面人员的利益，有助于沟通和协调；可在一定程度上满足下属的参与感，有助于激发组织成员的积极性和主动性。

委员会制的缺点是：决策周期长；集体决策，个人责任不清；有委曲求全、折中调和的危险；有可能被组织中的某一个特殊成员所把持，形同虚设。

委员会制结构已被越来越多的大型组织所采用，对于处理权限争议问题和确定组织目标，委员会制是比较好的一种结构形式。

6.3.2.6 新型组织结构

1. 网络型组织结构

网络型组织结构是利用现代信息技术手段而建立与发展起来的一种新型的组织结构。网络型组织结构是目前正在流行的一种新型组织设计，它使组织对于新技术、时尚，或者来自海外的低成本竞争具有更大的适应性和应变能力。网络结构是一种很小的中心组织，依靠其他组织以合同为基础进行制造、分销、营销或其他重要业务的经营活动。在网络型组织结构中，组织的大部分职能从组织外"购买"，这给管理者提供了高度的灵活性，并使组织集中精力做最擅长的事。被联结在这一结构中的两个或两个以上的组织之间并没有正式的资本所有关系和隶属关系，但通过相对松散的契约纽带，透过一种互惠互利、相互协作、相互信任和支持的机制来进行密切的合作。卡西欧是世界著名的制造手表和袖珍计算器的公司，却一直只是一家设计、营销和装配公司，在生产设施和销售渠道方面投资很少。其他如戴尔、耐克、GE 等世界著名的公司都是采用这种结构的成功范例。

图 6-7 所示是组织将其经营的主要职能都外包出去的一种网络结构。该网络组织结构的核心是一个小规模的经理小组，他们的工作是直接监督公司内部开展的各项活动，并协调同其他制造、分销和执行网络组织的其他重要职能的外部机构之间的关系。图中的直线代表这种合同关系。从本质上讲，网络型组织结构的管理者将大部分时间都花在协调和控制这些外部关系上。

网络型组织结构极大地促进了企业经济效益实现质的飞跃，表现在：一是降低管理成本，提高管理效益；二是实现了企业全世界范围内供应链与销售环节的整合；三是简化了机构和管理层次，实现了企业充分授权式的管理。但同时，网络型组织结构需要科技与外部环境的支持。

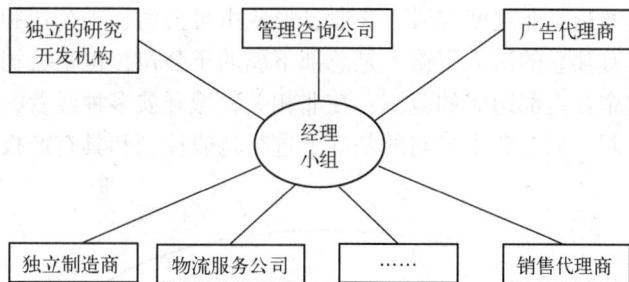

图6-7 网络型组织结构

网络型组织结构并不是对所有的企业都适用的，它比较适合于玩具、电子产品和服装制造企业。它们需要相当大的灵活性以对时尚的变化做出迅速反应。网络组织也适合于那些制造活动需要低廉劳动力的公司。

【案例】 耐克等公司"哑铃形"的虚拟结构

耐克公司有其独特的运作理念，钟情于汤姆·彼得斯所言："做你做得最好的，剩下的外包。"众所周知，耐克采用"哑铃形"——一端是产品研发创新，另一端是品牌整合营销，中间细长部分是产品的生产制造。戴尔、GE也采取了同样的结构，只保留企业中增值最大的技术研发和营销功能，而将其他的功能虚拟化——通过各种方式结合外力进行整合弥补。

中国制造企业的结构为"橄榄形"，即企业发展是沿着"技术开发—生产—市场营销"的结构无限膨胀，并将核心放在生产上。与此相反，欧美的企业追求的是一种"哑铃形"的结构。

耐克公司是没有制鞋车间的鞋业公司。耐克贩卖的是个人的成功，宣传一种生活理念。耐克公司的经理们坐着飞机来往于世界各地，把设计好的样品和图纸交给不知名的生产商，要求他们根据耐克的标准体系和设计要求进行生产。最后验收产品，贴上"耐克"的商标，销售到每个喜爱耐克的人手中。耐克的模式实质上是一个品牌运营商的模式：只有一千多人，没有自己的工厂，但拥有两个无价的网络——前端的开发网络和后端的营销网络。

☞**启示**：虚拟的网络型组织结构是未来组织发展的趋势，无论是否愿意，大部分企业很可能是某个供应链网络中的某一个环节，承担非常专业化的生产或销售、设计、物流等活动，每家企业都将选择自己最擅长的业务作为自己的核心业务，只有这样，企业才能在市场中谋得自身的一席之地。

2. 集团控股型组织结构

集团控股型组织，是在非相关领域开展多种经营的企业所常用的一种组织结构形式。集

167

团控股型组织结构是通过企业之间控股、参股，形成由母公司、子公司和关联公司构成的企业集团。各个企业具有独立的法人资格，是总部下属的子公司，也是公司分权的一种组织形式。一些大公司超越企业内部边界的范围，在非相关领域开展多种经营，对各业务经营单位不进行直接管理和控制，只在资本参与的基础上进行持股控制和具有产权管理关系的结构形式，如图 6-8 所示。

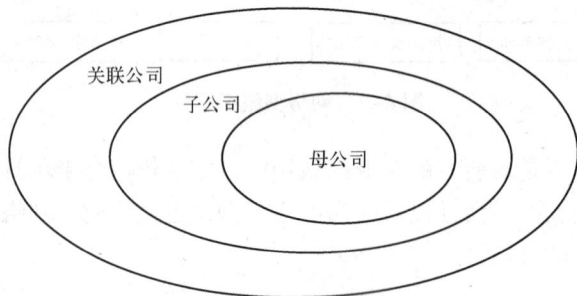

图 6-8　集团控股型组织结构

集团控股型组织结构中，对企业单位持有股权的大公司成为母公司。持股比例大于 50% 为绝对控股；持股比例不足 50% 但对企业经营决策发生实质性影响的公司为相对控股；持股比例很低且对另一企业的生产经营没有实质性影响的公司为一般参股。母公司（或称集团公司）为集团核心企业。被母公司控制和影响的绝对和相对控股的企业为子公司，是集团的紧密层。一般参股企业为关联公司，是集团的半紧密层。通过长期契约和业务协作关系连接的协作企业为集团的松散层。母公司凭借股权向子公司派遣产权代表和董事、监事，通过在股东会、董事会、监事会中发挥积极作用来影响子公司的经营决策。

集团控股型组织结构的优点是：总公司对子公司负有限的责任，风险得到控制；大大增加企业之间联合和参与竞争的实力。其缺点是：战略协调、控制、监督困难，资源配置也较难，缺乏各公司的协调，管理变得间接。

3. 项目型团队结构

矩阵结构中存在的双重隶属关系给管理者和员工的工作带来了一定的困难。职能部门主管与项目小组负责人对团队成员的要求往往是相互冲突的，团队成员也往往不知道应该首先服从谁的要求。为了避免这些问题，人们设计了对人员和资源进行组织的另一种组织结构，即项目型团队结构，如图 6-9 所示。

在这种结构下，员工持续地变换工作项目小组。与矩阵结构不同，项目型团队结构不设正式的职能部门。矩阵结构中，完成了某一项目任务的员工可以回到所属的职能部门，而项目型团队结构中的员工则直接带着他们的技巧、能力和经验到另一个项目工作。在项目型团队结构中，所有工作活动都是由员工团队来承担的，员工是因为他们拥有需要的工作技巧和能力才成为项目团队的一员。因此，项目型团队结构通常是极富流动性和灵活性的一种组织设计。它没有职能部门的划分和刻板的组织层级，因而避免了决策和行动迟缓的问题。在这种组织结构下，管理者成为促进者、导师和教练这样的人物。他们"服务"于项目团队，帮助取消或减弱组织壁垒，确保团队取得有效完成工作所需的各种资源。

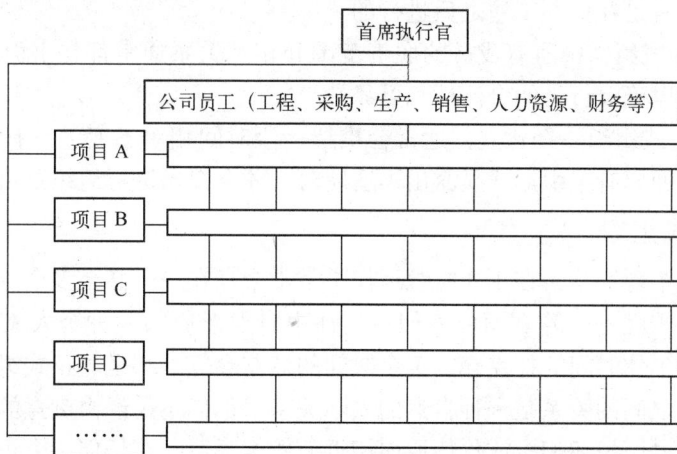

图 6-9　项目型团队结构

169

6.4　正式组织和非正式组织

目标导引

1. 基本了解正式组织与非正式组织的概念及其特征；
2. 重点掌握正式组织与非正式组织之间的关系；
3. 熟练运用非正式组织的理论知识处理工作、学习中遇到的各种人际关系。

6.4.1　正式组织与非正式组织的含义

组织的类型多种多样，正式组织与非正式组织是其中一种划分方法。

6.4.1.1　正式组织

巴纳德提出，如果有两个以上的人，按照某一既定目标而有意识地协调他们的活动时，就可以看成是正式组织。组织是一个协作系统，它必须具备三个要素：共同的目标、信息沟通和协作的意愿。孔茨认为，正式组织是通过对职务结构的理解而设计出来的。组织工作就是把为达到目标而必需的各项活动进行组合。由此可见，正式组织是组织设计的结果，是经由管理者通过正式的筹划，并借助组织图和职务说明书等文件予以明确规定的。它具有严密的组织结构，主要表现在指挥链、职权与责任的关系及功能作用。例如：国家行政机关组织、军队组织、学校组织、企业组织，等等。正式组织具有以下三个基本特征。

① 目的性。正式组织是为了实现组织目标而有意识建立的，因此，正式组织要采取什么样的结构形态，从本质上说应该服从于实现组织目标、落实战略计划的需要。这种目的性决定了组织工作通常是在计划工作之后进行的。

② 正规性。正式组织中所有成员的职责范围和相互关系通常都在书面文件中加以明文的、正式的规定，以确保行为的合法性和可靠性。

③ 稳定性。正式组织一经建立，通常会维持一段时间相对不变，只有在内外环境条件发生了较大变化而使原有组织形式显露出不适应时，才会提出进行组织重组和变革的要求。

6.4.1.2 非正式组织

组织生活的一个现实是，在正式组织运作中常常会存在一个甚至多个非正式组织。所谓非正式组织，就是未经正式筹划而由人们在交往中自发形成的一种个人关系和社会关系网络。例如：机关里午休时间的扑克会、工余时间的球友会等，都是非正式组织的例子。在非正式组织中，成员之间的关系是一种自然的人际关系，他们不是经由刻意的安排，而是由于日常接触、感情交融、情趣相投或价值取向相近而发生联系。在任何一个正式组织里，都会产生一个非正式组织，为了人际关系的满足和个人遭遇挫折时，得到感情上的支持。非正式组织是在满足需要的心理推动下，比较自然地形成的心理团体。非正式组织的最大特性在于感情的联系和信息传播的速度。一般来说，非正式组织在一个组织中的基层最容易发生，因为在正式组织的最基层最容易体会到不安、挫折、威胁等，当个人遭受上述情形时，喜欢接近别人，想从别人那里得到安慰、安全和支持。与正式组织相对应，非正式组织的基本特征是：自发性、内聚性和不稳定性。

非正式组织在下述情况下容易形成：①正式组织的目标与成员的基本需求不相一致；②正式组织不能有效地达到目标；③正式组织缺乏合理的领导机构。

非正式对许多管理者而言，常是一个头痛的名词，但它与正式组织，有如一把剪刀的两面刀刃，无论喜欢与否，只要有人群的地方必然有它的存在。非正式组织的作用是：①弥补不足——任意一个正式组织无论其政策与规章制定得如何严密，总难巨细无遗，非正式组织可与正式组织相辅相成，弥补正式组织的不足；②协助管理——正式组织若能得到非正式组织的支持，则可提高工作效率而促进任务的完成；③加强沟通——非正式组织可使员工在受到挫折或遭遇困难时，有一个发泄的通道，而获得社会的安慰与满足；④纠正管理——非正式组织可促使管理者对某些问题做合理的处置，产生制衡的作用。

非正式组织在管理上值得注意的问题有四个：①抵制变革——非正式组织往往变成一种力量，刺激人们产生抵制革新的心理；②滋生谣言——谣言在非正式组织中，极易牵强附会，以讹传讹，信以为真；③阻碍努力——某一成员在工作上特别尽力，可能会受到非正组织中其他成员的压制，使他不敢过分努力。④操纵员工——有些人员居然成了非正式组织的领袖，常利用其地位，对员工施以压力从中操纵，容易在企业不景气的时候造成员工的流失率升高。

6.4.2　正式组织与非正式组织的关系

巴纳德在 1938 年出版的《经理人员的职责》中阐述道："无论在什么地方都存在着正式组织与非正式组织。"非正式组织是伴随着正式组织的运转而形成的。组织活动中，人与人之间除了按照正式确定的组织关系交往外，还会产生正式组织关系之外的交往和接触，这种人与人之间的接触、交往、相互作用会给个人的经验、知识、态度、感情等心理因素以重要影响。正式组织中某些成员，由于工作性质相近，社会地位相当，对一些具体问题的认识基本一致、观点基本相同，或者由于性格、业余爱好和感情比较相投，他们在平时相处中会形成一些被小群体成员所共同接受并遵守的行为规则，从而使原来松散、随机形成的群体渐渐成为趋向固定的非正式组织。任何组织，不论规模多大，都可能有非正式组织存在。

在任何组织或社会的构成中，非正式组织的存在既具有客观性，又具有必然性，其作用对正式组织来讲是一把双刃剑：当非正式组织的组织结构和行为取向与正式组织保持一致或基本一致时，非正式组织往往能发挥积极的作用，有助于营造良好融洽的领导关系。当非正式组织不配合正式组织的工作时，特别是非正式组织的领导行为与正式组织的领导行为发生严重冲突时，非正式组织就会产生消极作用，破坏既有的良好的领导关系，或者激化矛盾，使得已经出现问题的领导关系进一步恶化，最终阻碍组织目标的实现。

正式组织是以组织的目标为基础建立起来的，强调效率原则；非正式组织则以共同的价值观为基础，强调感情关系，两者有较大的区别。但是，两者又有相当密切的关系，非正式组织对正式组织有一定的影响作用。如果管理者能够善于利用非正式组织，那么它具有正式组织无法达到的正面功能。由于非正式组织的发展具有一个过程，在规模方面也存在很大的区别，从内部成员的结构关系来看，非正式组织还可以分为紧密型和松散型两种。所以，管理者需要对非正式组织的情况进行评估，有针对性地实施有效的管理，以实现正式组织的发展目标。

首先，在管理中要谨防非正式组织的"紧密化"。一般来说，松散的非正式组织对于企业或部门的发展是有利的，能提升人性化管理，改善员工间关系，创造轻松融洽的工作氛围，激发员工的创造性。而当非正式组织逐渐演变成紧密型时，其对企业和部门发展的危害将不容忽视，员工内部及员工和管理者之间的工作关系紧张，存在安于现状、消极怠工的现象，并且员工普遍缺乏创新意识，工作效率不断下降，从而无法实现管理目标。当非正式组织在内部形成后，管理人员需要定期对非正式组织的紧密程度进行考察评估，根据评估结果做出相应的决策，谨防非正式组织的紧密化。

其次，让管理层融入非正式组织。由于骨干员工所具有的一些特点，如创新意识和独立性较强，并且非正式组织对他们的行为方式和工作表现往往会产生很大的影响，这时，管理人员就要对骨干员工进行适当的引导，使他们融入某些松散的非正式组织中，或者弱化紧密型非正式组织对骨干员工的影响，尽量避免或消除非正式组织对企业和部门管理所造成的不利影响。一些可资参考的做法包括：工作调动，把非正式组织的核心员工调离原来的岗位，减弱非正式组织的影响，使非正式组织由紧密型向松散型演变；管理人员成为非正式组织的成员，融入非正式组织中，施展个人影响，逐渐使非正式组织的行为和利益与正式组织管理目标保持一致；关注关系相对独立的员工，经常与他们进行交流沟通，听取他们的意见，以保持考核的公正性；在正式组织内开展各种活动，如集体培训、学习讨论等，强化正式组织的凝聚力，弱化非正式组织的影响。

最后，关注中层的管理方式。在企业管理中，有的管理人员为强化自己的管理职能，通过采用笼络员工的方式来培育自己的亲信，增强管理效力，客观上已形成了非正式组织。这类部门，虽然从表面上看来，能较好地进行日常运作，对一般性经营目标也能完成，但对于企业或部门的长期发展非常不利，营造了不好的人员关系和工作氛围，结果是企业或部门员工缺少创新精神，工作效率低下，优秀人才逐渐流失，不再有建设性的意见和建议，员工要么刻意奉承，要么被约束。因此，企业领导要定期评估企业内部中层经理们的管理方式，防止管理行为中所滋生的非正式组织。

172

总之，善于利用非正式组织能够取得意想不到的益处，否则，则有可能会对正式组织的活动产生不利影响。因此，正式组织的领导者应善于因势利导，最大限度地发挥非正式组织的积极作用，克服其消极作用。一句话，对非正式组织必须妥善地加以管理。

【案例】办公室里来的年轻人
——非正式群体规范对正式组织绩效的影响

小张于1998—2002年在某重点大学学习行政管理专业。在校期间品学兼优，多次获得奖学金及"三好学生"、优秀团员称号，并于2001年光荣地加入中国共产党。2002年，小张参加了某市公务员考试，顺利通过，被该市政府法制办录用。

进入了公务员系统，小张认为从此有了稳定的收入，而且自己的所学又能派上用场，感到很高兴，暗自下定决心：要好好地做出一番事业。于是，小张每天早早地来到办公室，扫地打水，上班期间更是积极主动承担各种工作任务，回家还钻研办公室业务。

法制办公室是一个有五个人的大科室，包括主任甲，副主任乙，三位年纪较长的办事员A、B、C。几位老同志听说办公室要来这么一个年轻人，顾虑重重，他们认为现在的大学生从小娇惯，自命甚高，很难相处，而且业务又不熟，还需要他们手把手地教，来了他无异于来了一个累赘。令他们没有想到的是，这个年轻人热情开朗，待人谦虚，很容易相处。更重要的是，小张有行政学专业背景，再加上聪明好学，很快就熟悉了业务，成为法制办工作的一把好手。而且小张很勤快，承担了办公室大量工作，让几位老同志一下子减轻了许多压力。几位老同志渐渐喜欢上了这个年轻人，主任、副主任也经常在办公室会议上表扬小张。

可是聪明的小张发现，随着主任表扬的次数增多，几位老同志对自己越来越冷淡。有一次，忙着赶材料，B 居然冷冷地对他说："就你积极！"小张一时间丈二和尚摸不着头脑。

一年很快就过去了，小张顺利转正。

市政府办公室年终考核的时候认为，法制办工作能按量优质提前完成，被评为"优秀科室"。并且在制订下一年度（2004 年）计划时，又增加了法制办的工作量。法制办的几位老同志本来因为小张的到来轻松了许多，这下子又忙起来。而且他们发现，虽然繁忙依旧，但是"名"却给夺走了，每次得到表扬的总是小张。小张更加被排斥了。随着 2004 年小张被评为法制办第一季度的先进个人，A、B、C 对小张的反感达到了顶点。从此，几位老同志再也不邀请小张参加集体活动，还在背后称小张是"工作狂""神经病""都这么大了还不谈恋爱，是不是身体有毛病"。话传到小张耳朵里，小张很伤心，"我这么拼命干不也是为办公室吗？要不是我，去年办公室能评上先进科室？怎么招来这么多怨恨？"他一直都不能理解。有一次，小张把自己的遭遇同另外一个部门的老王讲了。老王叹了口气说："枪打出头鸟，你还年轻，要学的还很多啊！"小张恍然大悟，正是自己的积极破坏了办公室原有的某些东西，让几位老同志倍感压力，才招来如今的境遇。

从此，小张学"乖"了，主任不布置的任务，再也不过问了；一天能干完的事情至少要拖上两天甚至三天。办公室又恢复了平静与和谐，先进个人大家开始轮流坐庄，几位老同志见到小张的时候又客气起来了，集体活动也乐意邀请上他。小张觉得，这样很轻闲，与大家的关系也好多了，心理压力骤减，生活也重新有了快乐。

☞ 启示：这是一个典型的非正式群体规范对正式群体绩效产生消极影响的案例。在非正式群体里，人们在工作中自发形成了一些共同遵守的准则，如干活不能过于积极，也不能过于偷懒。这些约定俗成的准则对非正式群体中的成员具有普遍约束力。

▶▶ 6.5　组织变革

目标导引

1. 基本了解组织生命周期理论和组织变革的动力与阻力；
2. 重点掌握组织变革的过程。

组织变革是对组织的调整、改革与再设计，它属于组织工作过程中的反馈与修正。设计得再完美的组织，在运行了一段时间以后都必须进行变革，这样才能更好地适应组织内外条件变化的要求。组织变革实际上是而且也应该成为组织发展过程中的一项经常性的活动，有

173

人认为,"组织"的准确名称应该叫"再组织"。由于组织变革是任何组织发展过程中不可回避的问题,因此,能否抓住时机推进组织变革就成为衡量管理工作是否有效的重要标志之一。

6.5.1 组织的生命周期

组织作为有机体也有其生命周期。根据格林纳的观点,可以将一个组织的成长过程分为五个阶段,即创立阶段、聚合阶段、规范化阶段、成熟阶段和成熟后阶段。每个阶段的组织结构、领导方式、管理体制和职业心态都有其特点。每个阶段后期都会面临某种危机和管理问题,只有采取一些管理策略才能化解这些危机,达到组织成长的目的。

6.5.1.1 组织创立阶段

这个阶段是组织的幼年时期,规模小、反应灵活、人员心齐、工作关系简单、组织的大小事情均由创建者直接决策指挥。创建者一般业务熟,能力强,但不太重视也不太懂得管理,因此,组织的生存与发展完全取决于创业者的素质、精力、魅力、经验、眼光和能力。然而随着组织的发展壮大,管理对象越来越复杂,创业者常常会感觉难以驾驭整个组织。到了创业后期会出现领导危机,并直接导致组织的成长危机。

6.5.1.2 组织聚合阶段

这个阶段是组织的青年期。这时组织人员迅速增加,规模不断壮大并具有很强的凝聚力,组织在市场中获得了初步的成功,经营业绩不断改善。在这个过程中,或者是创业者不断得到磨炼,已经具有一定的管理经验和领导才能;或是引进了具有专业技能和管理经验的专家,并提拔他们成为助手或部门主管。在这个阶段,创业者基本上仍以集权方式指挥控制中下层的管理者,严格控制着组织的各个部分,因此组织的成长主要依靠高级主管的集权和命令。到了本阶段的后期,中下层的管理人员由于长期无决策权和自主权,会产生不满情绪,出现所谓的自主性危机。

6.5.1.3 组织规范化阶段

这个时期是组织的中年期。此时组织已有相当的规模,从经营、制度建设、人员安置、信息渠道等方面基本形成了稳定格局。这个时期,组织的官僚主义、文牍主义、本位主义非常严重,决策层、执行层和操作层之间经常脱节。为了使组织继续成长,必须采取分权式的组织结构,容许各级管理者拥有较大的决策权,换句话说,组织的最高管理层必须向下授权。但是,随着各种决策权、自治权的下放,各个部门常常会出现各自为政、仅考虑本部门利益的现象,组织又出现了控制性危机。

6.5.1.4 组织成熟阶段

组织经过前三个阶段,逐渐完善了组织制度。为了防止控制性危机,组织将许多原属于中层和基层的管理决策权重新收回，但不可能恢复到第二阶段的命令式管理，只有采取其他组织方式予以弥补。例如建立管理信息系统、成立协调委员会等，加强高层管理者对整个组织的监督和控制，又充分发挥了中下层的能动作用。在这个阶段，组织的成长更多依赖于组织各部门上下左右的协调。然而，该阶段后期，随着职能部门的增多、关系的复杂化，以及各种规章制度的制定，在某种程度上降低了组织的运行效率和灵活性，这样便产生了僵化和官僚危机。

6.5.1.5 组织的成熟后阶段

这个阶段组织已处于中年后期并逐渐进入老年期，因而具有很大的不确定性。通过组织变革与创新，组织可能重新再获得发展，也可能趋向更成熟、更稳定，也可能由于环境的变化而走向衰退。为了使组织继续保持成熟、稳定，并避免出现危机，人员和各个部门的相互合作尤为重要。在可能的条件下，要努力进行组织变革，更新组织成员观念，开拓新领域。

6.5.2 组织变革的动力和阻力

6.5.2.1 变革的动力

一般来说，组织结构应相对稳定，频繁而不必要的变动对于实现组织目标是不利的。但是，今天越来越多的组织面对的是一个动态的、变化不定的环境，这就要求组织通过调整来适应这样的环境。我们在第 3 章分析了环境对管理者的制约作用，在本章分析了组织设计应考虑组织环境、组织战略、技术、组织规模及人力资源状况等影响因素，也正是这些因素的变化产生了对组织变革的需要，成为组织变革的主要动力。这里不再赘述。

6.5.2.2 变革的阻力

组织变革必然会打破组织内部现有的利益格局，对于组织中的成员来说，变革可能就是一种威胁。因此，组织往往在长期的发展过程中会形成某种惯性，诱发人们反对改变现状，尽管这一改变可能是有利的。组织变革的阻力主要来源于个体和组织两个方面。

1. 个体阻力

变革中的个体阻力来源于以下 3 个方面。

（1）习惯。人类是习惯的动物。由于生活很复杂，为了应对各种复杂情况，人们往往依赖于习惯化或模式化的反应。但是，当面对变革时，以习惯的方式做出反应的趋向会成为阻力源。

（2）安全心理。安全需要较高的人可能会抵制变革，因为变革通常会使确定的东西变得模糊和不确定，这意味着要承担一定的风险。对未来不确定性的担忧，对失败风险的惧怕，会使员工产生不安全感，从而形成心理上的变革阻力。例如，我国事业单位的人事与分配制度改革，许多人都会感到自己工作保障和各种利益受到威胁，因而改革的阻力重重。

（3）经济因素。变革会改变现有的利益格局，某些人的利益可能会减少。如果人们担心自己不能适应新的工作岗位或新的工作规范，尤其是当报酬和生产率息息相关时，工作任务或工作规范的改变会引起人们的恐惧。

2. 组织阻力

组织就其本质来说是保守的，它们往往抵制变革。抵制变革的组织阻力主要来源于以下5个方面。

（1）结构惯性。组织有其固有的机制以保持其稳定性。例如，组织的员工甄选系统选择符合要求的员工进入，然后组织会通过培训及其他社会化技术塑造和引导他们的行为，组织的规范化提供了职务说明书、规章制度和员工遵从的程序。当组织面临变革时，结构惯性就充当了维持稳定的反作用。

（2）群体惯性。即使个体想改变他们的行为，群体规范也会成为约束力。例如，单个员工可能乐于接受组织提出的薪资分配方案，但由于未达到群体（利益相关的一些部门或人群）的目标要求，员工迫于群体压力可能还是会抵制变革。另外，变革可能改变或破坏群体原有的人际关系，群体领导人物与组织变革的发动者之间的恩怨、摩擦和利害冲突等都会成为变革的制约力量。

（3）对专业知识的威胁。组织变革可能会威胁到专业群体的专业技术知识。例如，新的工艺技术的引入可能会威胁员工在原有技术上的投入，使原有技术变得没有价值，员工要么投入时间和精力学习新技术，要么被淘汰出局。学校专业调整会使某些专业撤销，同时增加某些新专业，教师开设多年的课程可能就会被新课程取代，某些教师积累多年的专业知识可能不再是学校所需要的。因此，这些专业知识因变革受到威胁的员工就会抵制变革。

（4）对已有权力关系的威胁。组织变革会涉及决策权力的重新分配，威胁组织长期以来形成的权力平衡。在组织由集权化结构演化到分权化结构，就可能受到来自组织中上层管理人员的抵制。在组织中引入员工参与决策或自我管理的工作团队的变化，也可能会被中基层管理人员视为一种威胁。

（5）对已有的资源分配的威胁。组织中控制一定数量资源的群体常常视变革为威胁。它们倾向于维持既有的状态。变革可能意味着它们的预算被减少。那些最能从现有资源分配中获利的部门往往会对可能影响未来资源分配的变革感到焦虑。

3. 变革阻力的克服

当管理者识别了有害的变革阻力之后，就可以采取以下措施来加以应对。

（1）教育与沟通。通过与员工进行沟通，帮助他们了解变革的理由，由此使变革的阻力减弱。员工反对的原因往往在于信息失真或员工对所要进行的变革不知情。如果员工了解了全部事实并消除了所有误解的话，阻力就会自然消失。当变革的阻力确实来自沟通不良，并且管理层与员工关系建立在相互信任的基础上，通过教育与沟通可以有效地克服变革阻力。

（2）参与。员工个体一般很难抵制他们参与作出的变革决定。在变革之前，应该把持反对意见的人吸收到变革决策过程中来。如果参与者具有一定的专业知识，能为决策做出有益的贡献，那么他们的参与就不仅可以减少阻力，而且还能提高变革决策的质量。但是，这种策略也可能由于参与者素质原因及各种利益平衡的缘故，产生劣质的决策。

（3）促进与支持。变革推动者可以通过提供一系列支持性措施来减少阻力。当员工对变革感到十分恐惧和忧虑时，为员工提供心理咨询和治疗、新技术培训等措施会有利于他们的调整。

（4）谈判。处理变革的潜在阻力的另一种方法，就是以某些有价值的东西换取阻力的减少。例如，如果阻力主要来自少数有影响力的个人，可以通过商定一个特定的报酬方案满足他们的个人需要。当变革的阻力非常强大时，谈判是一种必要的策略。但是，这种策略可能面临高成本其他权威个体的要挟。

（5）其他策略，如操纵、收买和强制。操纵的典型例子有：歪曲事实使事件显得更有吸引力，封锁不受欢迎的信息，制造谣言使员工接受某种有利的变革。收买是通过让某个变革阻力群体的领导者在变革决策中承担重要角色，以便获得他们支持变革的承诺。强制是指直接对变革抵制者实施威胁和压力，如威胁关闭工厂、调职、不予提拔等。以上策略的风险在于，如果对象意识到自己被欺骗和被利用时，会产生适得其反的结果。

6.5.3 组织变革的过程

著名的组织理论学家库尔特·卢因认为，成功的变革是可以策划的，这个过程一般要经过解冻、改革、再冻结三个有机联系的过程。解冻阶段就是要打破现有的平衡状态，使员工了解组织所处环境的变化，指出变革的必要性，建立员工危机感，使员工理解和支持变革，减少变革的阻力，加速解冻过程。变革阶段就是要将激发起来的变革热情转化为变革行为，调动员工参与变革的积极性，随时解决变革过程中出现的问题。再冻结阶段就是巩固变革成果，把变革后的状态稳定下来。卢因的三步骤变革模型将组织变革视为对组织平衡状态的打破，并且建立与环境相适应的新的组织平衡，适应于相对平稳的社会经济环境条件。

今天，有关变革过程的研究形成了各种不同的方法，斯蒂芬·P. 罗宾斯在其《组织行为学》教材中介绍了"活动研究"的变革过程，这个过程包括 5 个阶段：诊断、分析、反馈（参与）、行动和评价。这里介绍一种由多位专家提出的包括评估变革需要、确定要进行的变革、实施变革和评价组织变革等四个步骤的变革模型。

6.5.3.1 评估变革的需要

评估变革的必要性包括两项重要的活动：识别存在的问题和确定产生该问题的原因。当一个组织的绩效显著下降和低效时，变革的需要是显而易见的。然而，问题往往是逐渐形成的，因而发现问题并不是那么容易。一个问题在明朗化之前，组织绩效可能已经下滑了多年。因此，在变革的这个阶段，管理者应该识别存在着这样一个需要加以变革的问题是非常重要的。

为了找出问题的根源所在，管理者应该对组织的内外部情况进行调查分析。在考察组织外部环境时，管理者需要仔细检查外部环境因素的变化可能给组织造成的机会和威胁。例如，新的低成本竞争者的出现造成了组织产品市场份额的下降。管理者还需要考察组织内部的情况，以明确是否是组织结构和文化导致了部门之间难以协调，从而使得组织难以应对低成本竞争者的竞争。

6.5.3.2　确定要进行的变革

当管理者找到了问题及其根源，他们就必须决定他们所期望的组织未来理想状态是什么。换句话说，他们必须对自己所期望的组织未来状况进行定位——它将提供哪些产品和服务，它将采取什么样的业务层次战略，它的组织结构模式是什么，等等。组织变革的这一阶段包括识别抵制变革的因素或阻力。正如前面内容所分析，这些阻力可能来自个体，也可能来自组织。这些阻力使组织变革的过程变得漫长。管理者必须清楚地了解和认真分析这些潜在的变革阻力。如前所述，一些变革阻力可以通过教育与沟通，使所有组织成员意识到变革的必要性来加以克服；授权员工，让员工参与变革决策，以及通过促进与支持等措施也有助于克服员工对变革的抵制情绪，打消他们对变革的顾虑。

6.5.3.3　实施变革

一般而言，变革的实施有两种方式可供管理者选择，即自上而下和自下而上。自上而下的变革实施起来速度快，高层管理者确定变革的需要，决定变革的方案，然后在整个组织内迅速实施这些变革方案。例如，高层管理者可能决定进行组织重构并缩减人员编制，然后为分部和职能部门的管理者确定他们要达到的具体目标。自上而下的变革强调快速地实施变革，及时处理所出现的问题。

自下而上的变革一般是以渐进的方式进行。高层管理者与中、基层管理者商讨变革的需要；然后，基层管理者与非管理人员一同制订详细的变革计划。自下而上的变革的一个主要好处在于弱化变革的阻力。因为自下而上的变革强调基层员工参与和及时沟通变革信息，从而可以最大限度地降低由变革所带来的不确定性和阻力。

6.5.3.4　评价组织变革

变革过程的最后一个步骤是评价变革活动在组织绩效的提高方面取得了哪些成就。可以运用诸如市场份额、利润、新产品开发周期、交货速度及可靠性、产品质量等衡量标准来比较变革前后组织绩效所发生的变化。管理者还可以利用标杆管理方法，把自己所在组织某些方面的绩效与高绩效组织相应方面的绩效进行比较，以判断所开展的变革活动是否取得成效。

本章小结

　　组织设计是做好管理工作的关键因素之一，然而要做好组织设计工作就必须理解组织的内涵。不同的组织由于其环境、战略、规模、所使用的技术及人力资源状况等不同，在组织的职务设计、部门划分、管理幅度与层次划分、指挥链设计、集权与分权尺度、规范化设计等方面表现出不同的特点，形成了不同类型的组织结构模式。其中，直线制和职能制结构仍然是大多数中小规模企业通用的基本结构模式，分部制结构是业务多元化及在全球化的大型企业组织采用的业务组织方式。随着环境变化加剧和技术的发展，组织结构呈现分权化、扁平化的变化趋势，管理者已设计出更具灵活性的组织结构模式，包括控股型结构、网络型结构、项目型团队结构等。今天，管理者必须认识到组织变革的重要性，组织变革是一件长期的持续性的工作。与传统结构相比，这些新型的组织结构模式更具流动性和灵活性，能更好地满足员工心理需求，适应组织变革的需要，能够更好地平衡集权与分权及正式组织与非正式组织的关系。

同步测试

一、单项选择

1. 管理幅度与管理层次的关系是（　　）。
   A. 正比关系　　　　B. 反比关系　　　　C. 不一定　　　　D. 以上都对

2. 矩阵制组织结构的优点是（　　）。
   A. 组织关系简单明了　　　　　　　　B. 稳定性强
   C. 促进部门间的了解与协调　　　　　D. 有利于各种人才的培养

3. 对非正式组织的评价是（　　）。
   A. 一无是处　　　B. 有利的一面　　　C. 说不清楚　　　D. 以上都错

4. 如果组织面临的环境是动态的，适合于它的结构模式是（　　）。
   A. 职能制结构　　　　　　　　　　　B. 事业部制结构
   C. 有机式的分权结构　　　　　　　　D. 机械式的集权结构

5. 如果一个组织实施低成本战略，那么比较适宜的组织结构模式是（　　）。
   A. 职能制结构　　　　　　　　　　　B. 矩阵制结构
   C. 网络型结构　　　　　　　　　　　D. 集团控股型结构

6. 如果一个企业处于生命周期的创立阶段，适宜采用的组织结构模式是（　　）。
   A. 职能制结构　　　　　　　　　　　B. 矩阵制结构
   C. 分部制结构　　　　　　　　　　　D. 直线制结构

7. 如果一个组织所采用的是常规性技术，那么较为适合的组织结构模式是（　　）。

　　A. 职能制结构　　　　B. 矩阵制结构　　　　C. 委员会制结构　　D. 项目型团队结构

8. 统一指挥原则意味着（　　）。

　　A. 一个领导只有一个下属

　　B. 一个群体或一项活动只有一个领导

　　C. 一个下属应该对一个主管，且只对一个主管直接报告工作

　　D. 窄管理幅度

9. （　　）将使管理幅度变宽。

　　A. 下属的工作地点分散　　　　　　　B. 工作所面临的不确定性高

　　C. 下属素质比较高　　　　　　　　　D. 指向性的工作计划

10. 福特的经验表明，（　　）是利用员工技能的最好方式。

　　A. 职务扩大化　　　　　　　　　　　B. 职务丰富化

　　C. 职务专业化　　　　　　　　　　　D. 职务轮换

11. 将同类专家集中在一起形成部门，这样的部门化方式是（　　）。

　　A. 职能部门化　　　　　　　　　　　B. 产品部门化

　　C. 人数部门化　　　　　　　　　　　D. 顾客部门化

12. （　　）是几乎适用于所有类型组织的部门化方式。

　　A. 职能部门化　　　　　　　　　　　B. 产品部门化

　　C. 人数部门化　　　　　　　　　　　D. 顾客部门化

13. 通过增加员工的工作内容，使其工作不那么单调乏味，这种职务设计的方式是（　　）。

　　A. 职务专业化　　　　　　　　　　　B. 职务扩大化

　　C. 职务丰富化　　　　　　　　　　　D. 职务模糊化

二、多项选择

1. 组织设计的依据是（　　）。

　　A. 战略　　　　　　　　　　　　　　B. 环境

　　C. 技术　　　　　　　　　　　　　　D. 规模

　　E. 人力资源

2. 基本的组织结构类型有（　　）。

　　A. 直线制　　　　　　　　　　　　　B. 职能制

　　C. 事业部制　　　　　　　　　　　　D. 矩阵制

　　E. 网络型

3. 从个体角度看，组织变革的阻力主要有（　　）。

　　A. 习惯　　　　　　　　　　　　　　B. 安全心理

　　C. 经济因素　　　　　　　　　　　　D. 对已有权力关系的威胁

E. 对已有专业知识的威胁

4. 卢因的组织变革过程由（　　）构成。

  A. 诊断　　　　　　　　　　　B. 分析

  C. 解冻　　　　　　　　　　　D. 变革

  E. 再冻结

5. 如果一个企业实施多元化的发展战略，较为适宜的组织结构选择有（　　）。

  A. 职能制结构　　　　　　　　B. 矩阵制结构

  C. 分部制结构　　　　　　　　D. 控股型结构

  E. 团队结构

6. 组织工作有（　　）等特点。

  A. 组织工作是动态的　　　　　B. 组织工作的目的性

  C. 组织工作是一个过程　　　　D. 组织工作的经济性

  E. 组织工作要考虑非正式组织的影响

7. 扁平化组织结构具有（　　）等特点。

  A. 管理幅度窄　　　　　　　　B. 管理层次少

  C. 员工自主性高　　　　　　　D. 灵活性好

  E. 信息传递速度比较快

8. （　　）等将加大管理幅度。

  A. 组织环境是动态的　　　　　B. 下属素质好，业务能力强

  C. 管理者自身素质好，业务能力强　　D. 制订了完善的工作计划

  E. 先进的信息沟通系统

9. 组织的正规化程度越高，意味着（　　）。

  A. 员工在工作中的选择性越少　　B. 员工在工作中的自主性越多

  C. 需要更高素质的员工　　　　　D. 对员工的创新能力要求相对比较低

  E. 组织的规章制度、工作程序等越繁多

10. （　　）是职能制结构所固有的一些特质。

  A. 确保组织的统一指挥　　　　B. 发挥专业化优势

  C. 能高效率地完成常规性的工作　　D. 形成"隧道视野"

  E. 部门间的协调比较差

11. 非正组织有（　　）等消极作用。

  A. 弥补不足　　　　　　　　　B. 阻碍变革

  C. 操纵员工　　　　　　　　　D. 增进沟通

  E. 滋生谣言

12. 组织变革的群体阻力主要来自（　　）等方面。

　　　　A. 习惯　　　　　　　　　　　　　B. 结构惯性

　　　　C. 对专业知识的威胁　　　　　　　D. 安全心理

　　　　E. 对权力关系的威胁

13. 影响管理宽度（幅度）的因素有（　　　）。

　　　　A. 管理者与其下属双方的能力　　　B. 工作的性质

　　　　C. 面对问题的种类　　　　　　　　D. 组织层次数量

　　　　E. 计划的完善程度

三、思考题

1. 在组织生命周期的聚合与规范化阶段，较为适宜的组织结构是什么？为什么？
2. 管理者如何利用非正式组织为正式组织服务？
3. 为了成功地实施组织变革，管理者应如何有效地克服变革阻力？
4. 请分析为什么大多数大学机构选择职能制结构模式。
5. 请分析环境如何影响组织职务设计。

▶▶ 实践与训练

本章内容是企业管理学中核心部分之一。

实训内容：

1. 根据不同的模拟公司的业务类型，做出各自公司的组织结构图；
2. 进行模拟任务，试验此组织结构的可靠性和工作效率；
3. 在确定公司组织结构可行性之后，对各岗位进行授权；
4. 进行模拟任务，试验授权的可行性；
5. 分组进行 PK，看哪个组的组织架构和授权体系最有利于提高工作效率（如沙盘模拟等）。

评分标准：

1. 是否利用了本章及前几章的内容进行组织架构设计与授权；
2. 是否能对理论知识合理使用；
3. 设计过程的逻辑性与完整性。

▶▶ 讨论案例

老王的烦恼

老王是一家汽车销售分销公司的中层领导，后来他承包了公司下属的一家分销处——腾达公司。在头几年，主要采取原公司的管理模式与方法。

当公司规模尚小时，一切都运转顺利。随着公司销售量增加，规模不断扩大，公司并购了一家汽车出租公司，不久又兼并了另一家汽车代理处。规模的扩张，增加了老王的工作量，也花费了他大量的时间和精力。但公司的运行仍是按照以前的一套，组织结构也没有变化，结果有些事情不能得到很好的解决，有些会议通过的决议也没有得到执行，许多重要的项目被推迟。老王意识到必须在尽可能短的时间内，重新建立起精简高效的组织机构。对于组织的一些概念他也听说过，可是，应该怎样设置部门、管理层级与管理幅度是怎么回事、有哪些可供选择的组织形式等问题，弄得老王一头雾水。

根据以上资料分析：

1. 你认为腾达公司目前存在哪些问题？这些问题是怎么产生的？

2. 在组织设计方面，你认为老王应该怎么做？

第7章 领导工作

本章穿针引线

"什么是领导""怎样才能成为一个好的领导者",这些问题已经困扰人类数千年之久。领导是管理的重要职能,是贯穿于管理活动中的一门非常奥妙的艺术。领导能力、领导水平的高低直接决定组织是否能生存和发展。本章主要内容包括领导理论、激励理论、沟通理论等。领导理论主要介绍领导的概念、影响力基础、职能作用和各种领导理论的主要内容。激励理论主要讲解激励的含义、过程、原则和基本内容,以及作为一个成功的领导者应掌握的有效的激励方法。沟通理论主要介绍沟通的概念、过程和类别,领导者如何克服沟通的障碍,掌握有效沟通的技巧和方法,实现组织内外的有效沟通。通过领导、激励、沟通等活动,其最终目的是确保组织目标的实现。

学习目标规划

1. 基本了解领导、激励、沟通的基本概念及相关的类型、功能作用;
2. 重点掌握领导、激励理论和沟通过程、克服沟通障碍的方法及有效沟通的技巧;
3. 熟练运用领导、激励和沟通理论分析组织潜在的领导行为、激励行为和沟通行为问题。

课前热身随笔

1. 以自己所在的学校为例,你认为哪些人是领导者?你们的辅导员、课程老师是领导者吗?作为领导者,他们实施了哪些领导行为?他们是如何激励员工的?效果如何?他们是否设计了畅通的沟通渠道?沟通效果如何?

2. 你的问题

引导案例

刘邦论得天下之道

公元前 202 年二月，楚汉战争结束，刘邦在洛阳东面要塞汜水（成皋）称帝，他就是西汉开国皇帝汉高祖。刘邦虽然称帝于汜水，可汜水一个小小的城堡远不能作为西汉王朝的政治中心。关中咸阳虽是刘邦的根据地，但秦宫早被项羽火焚。相比之下，洛阳宫室完整，正好为刘邦建都做了准备。不久，汉高祖全师西入洛阳，以洛阳为汉都。汉高祖刘邦在洛阳南宫摆酒宴，说："各位王侯将领不要隐瞒我，都说说真实的情况：我得天下的原因是什么呢？项羽失天下的原因是什么呢？"高起、王陵回答说："陛下让人攻取城池取得土地，就把它（城镇、土地）赐给他们，与天下的利益相同；项羽却不是这样，杀害有功绩的人，怀疑有才能的人，这就是失天下的原因啊。"刘邦说："你只知道其中一个方面，却不知道另一个方面。（就拿）在大帐内出谋划策，在千里以外一决胜负（来说），我不如张良；平定国家，安抚百姓，供给军饷，不断绝运粮食的道路，我不如萧何；联合众多的士兵，打仗一定胜利，攻占一定取得，我不如韩信。这三个人都是人中豪杰，我能够利用他们，这是我取得天下的原因。项羽有一位范增而不利用（他），这就是他被我捉拿的原因。"众大臣都被说服了。

185

▶▶ 7.1 领导理论

目标导引

> 1. 基本了解领导的概念、领导与管理的联系和区别、领导的权力基础及领导的职能作用；
> 2. 重点掌握领导特质理论、行为理论和权变领导理论；
> 4. 熟练运用领导特质理论、领导行为理论和领导权变理论分析组织中存在的领导行为问题。

7.1.1 领导概述

现代社会的大生产建立在整体化、系统化和科学化的基础上，表现为形成一个规模巨大，变化快速的庞大的社会系统。这些规模庞大、结构复杂的社会经济活动，它们之间既有复杂的分工，又有高度的协作，要实现高效率的运作目标，就必须实行科学的领导。

7.1.1.1 领导的含义

《辞海》里没有收录"领导"一词的含义，《现代汉语词典》里对"领导"一词的定义是："率领并引导朝一定方向前进。"其实在现代社会经济发展过程中，"领导"一词既是名词（指实施领导行为的人），又是动词（指实施领导活动的过程），有着极其丰富的内涵。

"什么是领导""怎样才能成为一个好的领导者""如何成功领导一个组织"，这些问题已经困扰人类数千年之久，许多先贤圣达从不同的角度、不同的层次给出不同的、多维的答案。

毛泽东认为：领导就是用人、出主意想办法。

邓小平认为：领导就是服务。

彼得·德鲁克认为：领导者的唯一定义就是其后面有追随者。

泰勒认为：领导是影响人们自愿努力以达到群体目标所采取的行动。

阿克利斯认为：领导即有效的管理。

孔茨认为：领导是促使其下属充满信心、满怀热情来完成任务的艺术。

菲尔德曼认为：领导是一个影响过程，包括影响他人的一切行动。

以上这些说法是仁者见仁、智者见智，都从不同视角解答和说明领导的本质。综合上述各家的解释，本书给出领导的定义为：领导是领导者运用自身的影响力（包括权力影响力和非权力影响力）并利用组织的有效资源，引导组织成员为实现组织目标而努力的活动过程。而领导者是指那些能够影响他人并拥有管理职权的人。

理解这个概念需要把握几个要素：

① 领导者是实施领导活动的个人；

② 领导是指挥下属的过程；

③ 领导活动必须充分利用组织的有效资源；

④ 领导是对制订和完成组织目标的各种活动施加影响的过程；

⑤ 领导是一个动态的过程，是领导者个人品质、下属个人品质和某种特定环境的函数。

领导者的任务是要促使被领导者实现组织目标。好的领导者不是高高在上进行命令和指挥，他们时而站在所领导群体的后面进行激励和推动，时而置身于群体之前，引导和鼓舞群体为实现组织目标而努力。本质上说，领导就是通过人与人之间的相互作用，使被领导者能义无反顾地追随他前进，自觉自愿而又充满信心地把自己的力量奉献给组织，促进组织目标的更有效实现。

7.1.1.2 领导者与管理者的联系与区别

关于领导者与管理者的争论由来已久，一直以来，在组织工作中二者常常被混淆。

领导者是一种社会角色，特指领导活动的行为主体，即能实现领导过程的人。领导者要做正确的事——务虚者，策划变革，制订战略，把握方向，目的是推动变革，举重若轻。管理者是在组织中从事管理活动、履行管理职能的人，即负责对他人的工作进行计划、组织、领导和控制等工作，以期实现组织目标的人。管理者要正确地做事——务实者，执行领导者的战略部署，完成领导者的战略任务；举轻若重。

管理者是被任命的，他们拥有合法的权力进行奖励和处罚，其影响力来自他们所处的职位和组织所赋予的正式权力。与此形成对照，领导者则可以是任命的，也可以是从一个群体中自发产生出来的，领导者可以不运用正式权力而以自身影响力和魅力来影响他人的活动。是否所有的管理者都应该是领导者？或相反，是否所有的领导者都应该是管理者？从理论上说，所有的管理者都应该是领导者。但是，未必所有领导者都具备有效管理者应具备的能力或技能，也就是说，并不是所有的领导者同时也是管理者。一个能够影响他人的领导者，并不意味着他同样也能够计划、组织和控制。

对于领导和管理的区别，美国著名管理学家约翰·科特是这样说的："领导是用来做什么的？是用来构建一个远景和策略的，是用来协调、拟定策略和协调相关人士的，他要排除障碍，要提升员工的能力，以实现远景。什么是管理？管理不仅仅是上面的这些内容，管理是运用计划、预算、组织、人事、控制及问题来解决、维持既有的体系。"具体表现在：领导者是变革者与规划师，管理者是维持秩序的执行者；领导者应能超越现实与制度，管理者是无情与遵照；领导者在队伍前面示范，管理者在队伍中间控制；领导者给出方向，管理者寻找方法。

综上所述，领导者与管理者虽有相同之处，但绝不可以混为一谈，正确认识两者的区别与联系有助于对日常的管理活动进行更好的把握，从而促进组织的发展。

7.1.1.3　领导的权力基础

权力是指一个人在与他人的交往中，影响和改变他人的思想、态度和行为的潜在能力。而要产生这种影响，领导者就必须拥有某种被领导者所不具有的权力。这种权力是领导者对他人施加影响的基础。领导者对个人和组织的影响力来自两方面：一是职位权力（又称为制度权力）影响力，二是非职位权力（又称为个人权力）影响力。

职位权力是指由于领导者在组织结构中所处的位置，上级或组织制度所赋予的权力，具有很强的职位特性。这种权力与领导者的职位相对应，退位后相应的权力便会消失。职位权力影响力包括法定权、强制权和奖赏权等，它由组织正式授予领导者，并受组织规章的保护。

职位权力影响力是通过正式的渠道发挥作用的。当领导者担任管理职务时，由传统心理、职位、资历构成的权力影响力会随之产生，当领导者失去管理职位时，这种影响力将大大削弱甚至消失。这种权力之所以被大家所接受，是因为大家了解这种权力是实现组织共同目标所必需的。

非职位权力影响力是指由于领导者的个人经历、地位、人格特殊品质和才能而产生的影响力，它可以使下属心甘情愿地和自觉地跟随领导者。这种权力对下属的影响比职位权力更具有持久性。非职位权力影响力不是外界附加的，它产生于个人的自身因素，与职位没有关系。非职位权力影响力包括专长（家）权和感召权。

构成非职位权力影响力的主要因素包括品格、才能、知识和感情等，是由领导者自身素

187

质与行为造就的。在领导者从事管理工作时，它能增强领导者的影响力。在不担任管理职务时，这些因素仍对人们产生较大的影响。由于这种影响力来源于下属服从的意愿，有时会比职位权力显得更有力量。

1. 法定权

法定权是由组织机构正式授予领导者在组织中的职位所引起的、指挥他人并促使他人服从的权力。组织正式授予领导者一定的职权，从而使领导者占据权势地位和支配地位，使其有权力对下属发号施令。法定权是领导者职权大小的标志，是领导者的地位或在权力阶层中的角色所赋予的，是其他各种权力运用的基础。

法定权具有四个突出的特点：一是层次性，二是固定性，三是自主性，四是单向性。

2. 强制权

强制权又叫惩罚权，是领导者在具有法定权的基础上，强行要求下级执行的一种现实的用权行为，是和惩罚相联系的迫使他人服从的力量。服从是强制权的前提；法律、纪律、规章是强制权的保障；处分、惩罚是强制权的手段。这种权力的基础是下属的惧怕。管理者对下属给予扣发工资奖金、降职、批评乃至开除等惩罚性措施，就是在运用强制权纠正下属不合要求的行为。但是，应该认识到强制权并不仅仅局限于职位固有的权力，当一个人或一群人对某个人表现出冷淡、隔离及威胁等，也是这种权力的表现形式。

3. 奖赏权

奖赏权是一种建立在良好希冀心理之上的权力，在下属完成一定的任务时给予相应的奖励，以鼓励下属的积极性。奖赏属于正刺激，是领导者为了肯定和鼓励某一行为，而借助物质或精神的方式，以达到使被刺激者得到心理、精神及物质等方面的满足，从而激发出前进性行为的最大动力。管理者对下属提供奖金、提薪、升职、赞扬、理想的工作安排等诸如此类令人愉悦的东西，都是在运用奖赏权来强化下属的合乎组织要求的行为。与强制权相同，奖赏权也并不仅仅局限于职位的权力，当一个人或一群人对某个人表现出赞赏、认可等行为，也是在运用这种影响力。

4. 专长（家）权

专长权是指领导者具有各种专门的知识和特殊的技能、学识渊博或经验丰富而获得同事及下属的尊重和佩服，从而在各项工作中显示出的在学术上或专长上的一言九鼎的影响力。这种影响力的影响基础通常是狭窄的，仅仅被限定在专长范围之内。诸如律师、医生、教授、工程师、经济学家等都可能在相关领域拥有很大的影响力。

5. 感召权

感召权是指由于领导者优良的领导作风、思想水平、品德修养，而在组织成员中树立的德高望重的影响力。这种影响力是建立在下属对领导者承认的基础之上的，由领导者本身的素质，诸如品格、知识、才能、毅力和气质所决定的，它通常与具有超凡魅力或名声卓著的领导者相联系。这种影响力对人们的作用是通过潜移默化而变成被领导者内驱力来实现的，因赢得了被领导者发自内心的信任、支持和尊重，对被领导者的影响和激励作用不仅很大，而且持续的时间也较长。例如，特蕾莎修女，尽管她不具有任何的法定权力，但凭她的人格魅力，有力地影响着世界各地千千万万人的慈善行为。同样的情形还见于电影明星、战斗英雄和其他具有表率作用的榜样人物身上。

总之，一个领导者获得影响力的途径是多种多样的。正式组织中的有效领导者应该是兼具职位权力和个人权力的领导。仅有职位权力的领导者只会是指挥官，而不能成为令人信赖和敬佩的领袖。因此，作为正式组织的领导者应该加强个人素质的修炼，以便在拥有职位权力的同时获得更大的个人权力影响力。

7.1.1.4　领导的职能作用

在带领、引导和鼓舞下属为实现组织目标而努力的过程中，领导的职能具体表现在指挥、协调、激励和沟通等四个方面的职能作用。

1. 指挥作用

在人们的集体活动中，需要有思路清晰、放眼全局，能高瞻远瞩、运筹帷幄的领导者帮助人们认清所处的环境和形势，指明组织活动的目标和达到目标的途径。领导者只有站在组织员工前面，用自己的行动带领员工为实现组织目标而努力，才能真正起到指挥作用。

2. 协调作用

在许多人协同工作的集体活动中，即使有了明确的目标。但因各人的才能、理解能力、工作态度、进取精神、性格、作风、地位等不同，加上外部各种因素的干扰，人们之间在思想上发生各种分歧、行动上出现偏离目标的情况是不可避免的。因此就需要领导者来协调人们之间的活动，把大家团结起来，朝着共同的目标不断前进。

3. 激励作用

领导者要取得被领导者的追随与服从，首先必须能够了解被领导者的愿望并帮助他们实现各自的愿望。领导者不仅要对各种各样的激励因素做出反应，而且常常需要利用所创造的组织气氛和组织文化去激发或抑制某些激励因素，使组织成员保持高昂的士气和良好的工作意愿，这样他们就有可能成为有效的领导者。

4. 沟通作用

沟通是领导者和被领导者进行信息交流的活动。通过沟通，领导者不仅可以使所发布的命令、指示得到下属的准确理解和贯彻执行，而且还能更好地察觉下属需要什么及他们为什么会如此行事。虽然管理工作的各个方面都离不开信息沟通，但在领导职能中，沟通的作用尤其重要。

带领组织成员共同努力朝向组织目标，协调不同员工在不同时空的贡献，激发员工的工作热情，沟通员工的不同思想，使员工在为实现组织目标的活动中保持高昂的积极性，这就是领导者在组织和率领员工为实现组织目标而努力工作的过程中必须发挥的具体作用。

7.1.2 领导理论

有关领导的理论很多，随着管理理论的发展，领导理论大致有四种理论学派：早期的特质理论和行为理论、近期的权变理论及当前的领导风格理论。按照时间的顺序：20 世纪 40 年代末，在领导理论出现的初期，主要研究领导的特质理论，其核心观点是领导能力是天生的；从 40 年代末至 60 年代末，主要研究领导行为理论，其核心观点是领导效能与领导行为有关；从 60 年代末至 80 年代初，主要研究领导权变理论，其核心观点是有效的领导受不同情景的影响；从 80 年代初至今，主要研究领导风格理论，其核心观点是有效的领导需要提供愿景、鼓舞和注重行动。

7.1.2.1 领导特质理论

西方研究领导者素质的成果被叫作"领导特质理论"，又称为领导性格理论。它集中回答了这样的问题：领导者应该具备哪些素质？怎样正确地挑选领导者？这种理论首先是由心理学家开始研究的，他们的出发点是：根据领导效果的好坏，找出好的领导人与差的领导人在个人品质或特性方面有哪些差异，由此确定优秀的领导人应具备哪些特质。研究者认为，只要找出成功领导人应具备的特点，再考察某个组织中的领导者是否具备这些特点，就能断定他是不是一个优秀的领导者。这种归纳分析法成了研究领导特质理论的基本方法。

190

领导特质理论按其对领导特性来源所作的不同解释，可分为传统特质理论和现代特质理论。

1. 传统领导特质理论

传统领导特质理论认为，领导者的品质基本上是天生的，与后天的培养、训练和实践无关。为发现那些生来具有领导者特质的人，许多心理学家对社会上特别成功的领导者进行了深入的案例分析和档案资料分析，试图找出天才领导者的个体特征。例如，美国领导特质理论研究者爱德文·吉赛利通过对美国境内 90 家不同企业的 300 多名经理人的调查研究，认为有效领导的 6 种特质（依次排序）是：监督能力、对职业成就的需要、智慧、果断力、自信与主动性等。又如，美国的诺尔弗·斯多基尔则认为领导者应具有以下特质：具有良知、诚实可靠、勤奋勇敢、有责任心、富有理想、人际关系、风度优雅、干练胜任、体格健壮、高度智力、有组织力、有判断力等。

2. 现代领导特质理论

现代领导特质理论认为，成功领导者的许多品质和特征是在后天的领导实践中逐步培养、锻炼出来的。根据现代领导特质理论，为了获得有效的领导者，需要建立明确的选拔标准，制订具体的培训方案，采取严格的考核指标。近年来，领导理论研究者又提出了以领导魅力理论为核心的新特质理论，"魅力"是一种领导者个人具备的带有鼓励性的人际吸引力，包括个性、能力、经验和坎坷经历中形成的综合素质。在其他条件均等的情况下，具有魅力的领导者将更能够成功地影响下属行为，并实现组织目标。

大半个世纪以来的大量研究使我们得出这样的结论：具备某些特质确实能提高领导者成功的可能性，但没有一种特质是导致领导成功的必然，这说明特质论在解释领导行为方面并不成功。20 世纪 40 年代开始，研究者把注意力转向其他方向，特质理论就已不再占据主导地位了。到了 20 世纪 40 年代末至 60 年代中期，有关领导的研究着重于对领导者偏爱的行为风格进行考察。

【案例】幽默的王嘉廉

CA 公司被美国媒体称为 "世界上规模最大，却不为人知的软件公司"。从 1976 年王嘉廉开始创业至今，25 年来 CA 已成为在 43 个国家拥有 11 000 名员工，市场资本近 300 亿美元，年营业额达 45 亿美元的软件王国。

从当年白手起家，到如今创建成一个世界级的信息产业公司，王嘉廉伴随 CA 公司已经走过了 25 年的风风雨雨。尽管他现在已经成为世界级大公司的领导者，王嘉廉仍然以充满人情味的方式来关怀下属，并借此发挥出不可思议的神奇力量。他并不像我们想象的那种大老板，板着面孔，满脸严肃，而是脸上总带着迷人的微笑，显得和蔼可亲，平易近人。

王嘉廉对员工的情况非常了解。他尊重员工的每一分付出，他清楚地了解每一位员工的姓名、特点和为公司服务的时间，还常常以自己特有的幽默方式主动拉近自己和员工的距离。员工们都直呼他的英文名 "查尔斯"，十分喜爱这个与众不同的老板。在公司已经工作了 10 年的一名员工说："他知道你是谁，关心你的工作，他能照顾到每一个人，这真是很不容易。我的一些朋友在大公司做事，上层管理人员知道员工名字的很少，查尔斯不但知道关于你的一切，还可以和你轻松地开玩笑，这是很令人佩服的。"

在王嘉廉看来，寻找杰出的人才是未来管理阶层最大的挑战。为了吸引、保留与激励高品质的工作人员，公司必须创造一个有利的工作环境。这个工作环境除了包括挑战性、刺激性之外，还要充满乐趣。他要在幽默中提高员工的工作效率。

王嘉廉常常在工作中以幽默的语言、诙谐的举动来打破沉闷，创造乐趣。公司经常嘉奖优秀的销售人员，表彰他们超额完成销售任务的工作业绩。因此，员工们养成了以愉快、高昂的情绪对待工作的态度，公司所有员工的效率都很高。

☞ 启示：魅力型领导固然与他的某些先天性心理特质有关，但从王嘉廉做人做事的举动中难道没有可以学习的地方吗？

7.1.2.2 领导行为理论

领导行为理论着重于研究和分析领导者在工作过程中的行为表现及其对下属行为和绩效的影响，以确定最佳的领导行为。领导行为理论认为：如果具备一些具体的条件，则可以培养领导者，即通过设计一些培训项目把有效的领导者所具备的行为模式植入个体身上。这种思想显然前景更为光明，它意味着领导者的队伍可以不断壮大。通过培训，我们可以拥有无数有效的领导者。

1. 三种极端领导行为理论

20 世纪 30 年代，美国心理学家和行为学家库尔特·勒温、诺那德·利比特、诺尔弗·怀特等共同研究，确定出以下三种极端的领导风格。

一是独裁型或专制型领导，即领导者把一切权力集中于个人，一切由领导者个人决定，下属执行，即靠权力和强制命令让人服从。

二是民主型领导，即领导者鼓励下属参与管理，共同讨论商议，集思广益后做出决策。

三是放任型领导，即领导者对下属采取自由放任的态度，下属愿怎样工作就怎样工作，领导者不采取任何后续跟进工作。

勒温根据试验结果证明，不同领导风格对群体行为产生不同的影响：放任型领导风格下的工作效率最低；独裁型领导风格下，虽然通过严格管理使员工达到了工作目标，但员工的消极态度和情绪显著增强；民主型领导风格下的工作效率最高。领导者应根据自身素质、能力，以及客观环境、工作性质、被领导者等条件，确定以某种领导方式为主，并辅之其他方式。实际管理情境中，大多数领导者所采取的领导风格是一种混合型风格。

2. 领导连续统一体理论

坦南鲍母与施密特指出，民主与专制仅是两个极端的情况，这两者中间还存在着许多种领导行为，他们提出了领导连续统一体理论，如图 7-1 所示。图的左端是独裁的领导行为，右端是民主的领导行为。

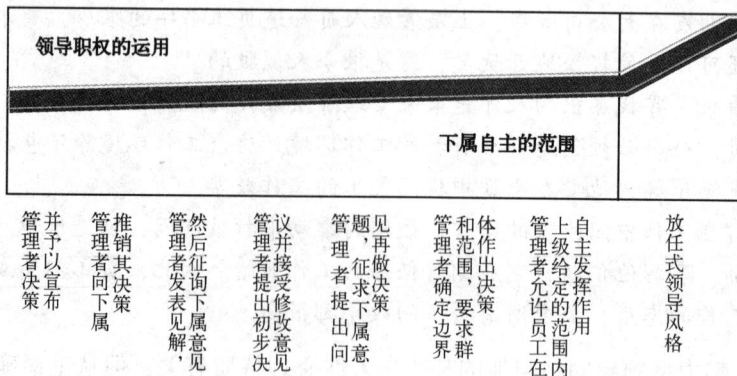

图 7-1　领导行为风格的连续变化

领导行为连续统一体从左至右，领导者运用职权逐渐减少，下属的自由度逐渐加大，从以工作为重逐渐变为以关系为重。图的下方依据领导者把权力授予下属的程度不同，决策的方式不同，形成了领导方式"连续流"。因此可供选择的领导方式不是仅民主与独裁两种，而是七种。

领导方式连续流理论并未提出某种领导方式好与不好，而是提供了一系列可供选择的领导行为，具体采用哪种行为由领导者根据自身的因素、下属方面的因素和环境方面的因素而定。

3. 利克特的四种领导风格理论

1947 年以后，行为科学家利克特将领导行为连续统一体做了进一步的推演，并和他的同事们以数百个组织为对象，对领导方式进行了大量研究，以确定领导者行为特征及其与工作绩效的关系。通过研究，他们发现了以下 4 类基本的领导形态。

① 剥削式的集权领导。在这种领导形态中，管理层对下级缺乏信心，下级不能过问决策的程序。凡属决策，大都是由管理上层做出，然后以命令的形式宣布，必要时以威胁和强制的方法执行。上级和下级之间的接触都是在一种互不信任的气氛下进行的。机构中如有非正式组织，对正式组织的目标通常持反对态度。

② 仁慈式的集权领导。在这种领导形态中管理阶层对下层职工有一种谦和的态度，决策权力仍控制在最高一级，下层能在一定的限度内参与，但仍受高层的制约。对员工的激励有奖励也有实际的惩处。至于机构中的非正式组织，可能会反对正式组织的目标，但却不一定会反对正式组织。

③ 协商式的民主领导。在这种领导形态中，上级对下级有相当程度的信任，但不完全信任。虽然主要的决策权掌握在高层手里，可是下级也能作具体问题的决策。双向沟通显然可见，且在相当信任的情况下进行。机构中的非正式组织，有时对正式组织的目标表示支持，有时也会作轻微的阻挠。

④ 参与式的民主领导。在这种领导形态中，管理阶层对部属有完全的信任，决策采取高度的分权化。既有自上而下的沟通，也有自下而上的沟通，还有横向和斜向的沟通。上下级之间的交往体现出充分的友谊和信任，正式组织和非正式组织往往融为一体。

利克特认为，剥削式的集权领导和参与式的民主领导是两种极端的领导方式。前者具有高度的以工作为中心的意识，为集权式的领导者；后者则为高度的以人为中心的民主式的领导者。经过调查研究发现，具有高成就的领导者，其领导风格大部分趋向参与式的民主领导；而低成就的领导者，则大部分趋向剥削式的集权领导。他们得出结论：凡是有最佳绩效的领导者，都是以职工为中心的领导者，他们在从事领导工作中，都会关心职工中的"人情面"，同时设法在职工中结成一种有效的工作群体，着眼于高度绩效的目标。

4. 领导行为四分图理论

1945 年，美国俄亥俄州立大学商业研究所发起了对领导行为进行研究的热潮。研究人员从 1000 多种刻画领导行为的维度，通过逐步概括和归类，最后将领导行为的内容归纳为两个方面，即定规维度与关怀维度，如图 7-2 所示。所谓定规维度是指领导者规定他与工作群体的关系，建立明确的组织模式、意见交流渠道和工作程序的行为。它包括设计组织机构，明确职责权力，相互关系和沟通办法，确定工作目标与要求，制订工作程序、工作方法与制度。所谓关怀维度是建立领导者与被领导者之间的友谊、尊重、信任关系等方面的行为。它包括尊重下属的意见、给下属以较多的工作主动权、体贴他们的思想感情、注意满足下属的需要、平易近人、平等待人、关心员工、作风民主等。

图 7-2　领导风格四分图

研究者认为，上述这两类维度不是互相排斥的，可以而且应该把它们结合起来。一个领导者必须在组织的要求和职工的个人需要、工作和关怀之间加以调节，找出最恰当的结合方式。研究发现，一个在定规和关怀方面均高的领导者（高—高型领导者）常常比其他三种类型的领导者更能使下属达到高绩效和高满意度。不过，高—高风格也并不总能产生积极的效果。研究者发现了足够的例外情况表明在领导理论中还需加入情境因素。

5. 管理方格理论

美国得克萨斯州立大学教授罗伯特·布莱克与珍妮·莫顿发展了领导风格"二维观"，在"关心人"和"关心生产"的基础上，于 1964 年提出了管理方格理论。管理方格理论如图 7-3 所示，横坐标表示领导者对生产的关心程度，纵坐标表示领导者对人的关心程度，各分成 9 等，从而生成了 81 种不同的领导类型。但是，管理方格理论主要强调的并不是产生的结果，而是领导者为了达到这些结果应考虑的主要因素。在评价领导者时，可根据其对

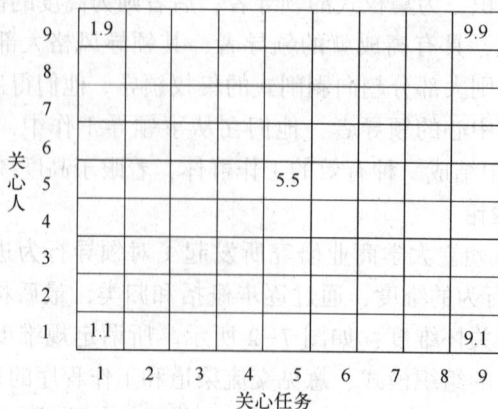

图 7-3　管理方格

生产和员工的关心程度在图上寻找交叉点，即他的领导行为类型。布莱克和莫顿在81个方格中，主要阐述了最具有代表性的五种类型。

贫乏型（1.1型）领导：以最小的努力完成必须做的工作，以维持组织成员的身份。

乡村俱乐部型（1.9型）领导：对员工的需要关怀备至，创造了一种舒适、友好的组织氛围和工作基础，但不重视生产。

任务型（9.1型）领导：只注重任务效果而不重视下属的发展和下属的士气。由于工作条件的安排达到高效率的运作，使人的因素的影响降到最低程度。

团队型（9.9型）领导：工作的完成来自员工的奉献，由于组织目标的"共同利益关系"而形成了相互依赖，创造了信任和尊重的关系，通过协调和综合相关活动而提高任务效率与工作士气。

中庸之道型（5.5型）领导：通过保持必须完成的工作和维持令人满意的士气之间的平衡，使组织的绩效有实现的可能。

到底哪一种领导形态最佳呢？布莱克和莫顿组织了许多研讨会。参加者中绝大多数人认为9.9型最佳，但也有不少人认为9.1型最佳，还有人认为5.5型最佳。后来布莱克和莫顿指出哪种领导形态最佳要看实际工作效果，最有效的领导形态不是一成不变的，要依情况而定。

7.1.2.3 领导权变理论

权变理论认为，领导是在一定环境条件下通过与被领导者的交互作用去实现某一特定目标的一种动态过程。领导的有效行为应随着被领导者的特点和环境的变化而变化，权变理论因此也叫情境理论。

1. 费德勒权变模型

费德勒模型是心理学家费德勒经过15年的研究于1967年提出的，通常称为费德勒权变模型（或变理论）。费德勒权变模型指出，有效的群体绩效取决于以下两个因素的合理匹配：一是与下属相互作用的领导者的风格，二是领导者能够控制和影响情境的程度。费德勒开发了一种工具，叫作最难共事者问卷（least preferred coworker questionnaire，LPC），用以测量个体是任务取向型还是关系取向型。另外，他还分离出3项情境因素：领导者—成员关系、任务结构和职位权力，他相信通过操作这3项因素能与领导者的行为取向进行恰当匹配，如图7-4所示。

该模型内容描述如下。

（1）确定领导风格

费德勒相信影响领导成功的关键因素之一是个体的基础领导风格，因此，他首先试图发现这种基础领导风格是什么。为此，他设计了LPC问卷，让作答者回想一下自己共事过的所有同事，并找出一个最难共事者，在LPC问卷回答的基础上，可以判断出最基本的领导

195

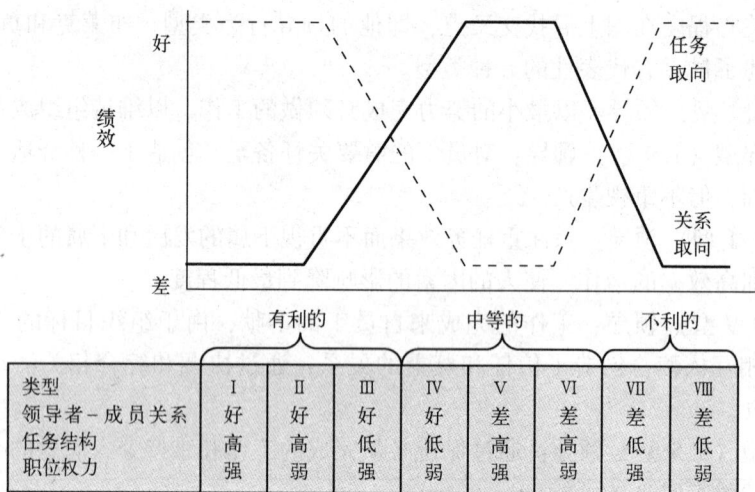

图 7-4　费德勒权变模型

风格。如果很乐于与同事形成友好的人际关系，也就是说，如果把最难共事的同事描述得比较积极，则称为关系取向型；相反，如果对最难共事的同事看法比较消极，可能主要关注的是生产，因而被称为任务取向型。

费德勒认为一个人的领导风格是与生俱来的，个人不可能改变自己的风格去适应变化的情境。这意味着如果情境要求任务取向的领导者，而在此领导岗位上的是关系取向型领导者时，要想达到最佳效果，则要么改变情境，要么替换领导者。

（2）确定情境

用 LPC 问卷对个体的基础领导风格进行评估之后，需要再对情境进行评估，并将领导者与情境进行匹配。费德勒列出了 3 项维度，即领导者—成员关系、任务结构和职位权力，他认为这是确定领导有效性的关键要素。具体定义如下。

领导者—成员关系：领导者对下属信任、信赖和尊重的程度。

任务结构：工作任务的程序化程度（即结构化或非结构化）。

职位权力：领导者拥有的权力变量（如聘用、解雇、训导、晋升、加薪等）的影响程度。

费德勒模型的下一步是根据这 3 项权变变量来评估情境。领导者—成员关系或好或差，任务结构或高或低，职位权力或强或弱。他指出，领导者—成员关系越好，任务的结构化程度越高，职位权力越强，则领导者拥有的控制和影响力也越高。比如，一个非常有利的情境（即领导者的控制力很高）可能包括：下属对领导者十分尊重和信任（领导者—成员关系好），所从事的工作（如薪金计算，填写报表）具体明确（工作结构化高），工作给他提供了充分自由来奖励或惩罚下属（职位权力强）。相反，如果一个资金筹措小组不喜欢他们的主管则为不够有利的情境，此时，领导者的控制力很小。总之，3 项权变变量总和起来，便得到 8 种不同的情境类型，每个领导者都可以从中找到自己的位置。

（3）领导者与情境的匹配

费德勒模型指出，领导者与情境二者相互匹配时，会达到最佳的领导效果。费德勒研究了 1200 个工作群体，对 8 种情境类型的每一种，均对比了关系取向和任务取向两种领导风格，他得出结论：任务取向的领导者在非常有利和非常不利的情境下工作更有利。也就是说，当面对 Ⅰ 、Ⅱ 、Ⅲ 、Ⅶ 、Ⅷ类型的情境时，任务取向的领导者干得更好。而关系取向的领导者则在中等有利的情境，即Ⅳ 、Ⅴ 、Ⅵ型的情境中干得更好。

费德勒由此得出以下结论。

① 在不同的情境下，各种领导方式的有效性不同。在情境对领导者是否有利处于中间状态时，以人际关系为中心的领导方式比较有效；在对领导者非常有利或不利的情境中则以工作为中心的领导方式比较有效。因而不能说哪种方式一定好，哪种方式一定不好，要有权变观点，要视情境状况而定。

② 领导的有效性既然取决于两方面的因素，那么提高领导有效性需要从两方面努力：一是改变情境状况，如改善上下级关系、健全责任制等；二是改变领导方式，这正是研究领导方式的目的所在。

2. 领导的生命周期理论

领导生命周期理论由美国学者科曼于 1966 年首先提出，后由美国学者保罗·赫塞和肯尼斯·布兰查德进一步予以发展。该理论认为有效的领导应根据下属的成熟程度及环境的需要采取不同的领导方式，所以又称为情境领导理论。

这一理论认为，领导的有效性应按照下属成熟程度的具体情况具体分析，如图 7-5 所示。横坐标表示以任务为主的任务行为，纵坐标代表以关心人为主的关系行为，第三个坐标则为成熟度。根据下属的成熟度（低到高），有四种不同的情况。成熟度、工作行为及关系行为间有一种曲线关系。随着下属成熟程度的提高，领导方式应按顺序逐步转移。

四种不同的领导方式为：低关系-高工作（指示型的领导方式），高关系-高工作（推销型的领导方式），低工作-高关系（参与型的领导方式），低工作-低关系（授权型的领导方式）。

对于低成熟度的职工，他们通常由于缺少工作经验，因此不能也不会对工作自觉承担责任，这时应使用指示型的领导方式，领导者可以明确规定其工作目标和工作规程，告诉他们做什么，如何做，在何地、何时完成。

对于较不成熟的下属，虽然他们已开始熟悉工作，并愿意担负起工作责任，但他们尚缺乏工作技能，不能完全胜任工作，这时，推销型的领导方式更为有效，领导者对绝大多数工作做出决定，并把决定推销给下属，通过解释和说服以获得下属心理上的支持。此时的领导者应对其下属充分信任，并不断给予鼓励。

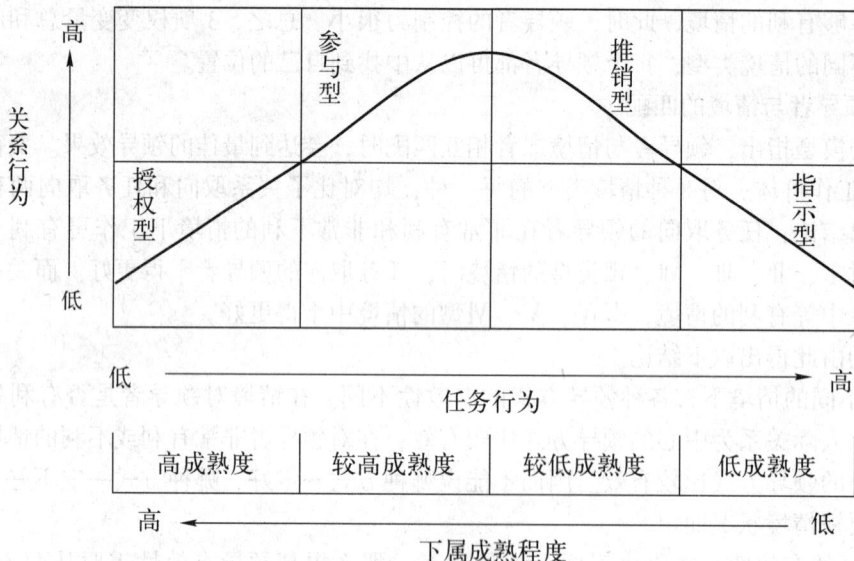

图 7-5　领导生命周期模型图

当下属比较成熟了，他们已具备了完成工作所需的技术和经验，但缺乏完成任务的主动性。由于他们已能胜任工作，因此不希望领导者对他们有过多的控制与约束。这时，领导者应减少过多的工作行为，鼓励下属共同参与决策，继续提高对下属感情上的支持，不必再去具体指导下属的工作。因此，参与型的领导方式是恰当的。

授权型领导，则适用于高度成熟的下属。由于下属已具备了独立工作的能力，也愿意并具有充分的自信来主动完成任务和承担责任。此时，领导者应充分授权下属，放手让下属"自行其是"，由下属自己决定何时、何地和如何完成任务。

3. 途径-目标理论

途径-目标领导理论是加拿大多伦多大学的组织行为学教授罗伯特·豪斯和米切尔等人提出的一种领导权变模型。该理论的核心在于，领导者的工作是帮助下属达到他们的目标，并提供必要的指导和支持以确保他们各自的目标与群体或组织的总体目标相一致。"路径-目标"的概念即来自这种信念，即有效的领导者通过明确指明实现工作目标的途径来帮助下属，并为下属清理路程中的各种路障和危险，从而使下属的这一"旅行"更为顺利。该理论模型如图 7-6 所示。

该模型内容描述如下。

（1）领导者行为

按照路径-目标理论，领导者的行为被下属接受的程度取决于下属将这种行为视为获得满足的即时源泉还是作为未来获得满足的手段。领导者行为的激励作用在于：第一，它使下属需要的满足与有效的工作绩效联系在一起；第二，它提供了有效的工作绩效所必需的辅导、指导、支持和奖励。为了考察这些方面，豪斯确定了以下 4 种领导行为。

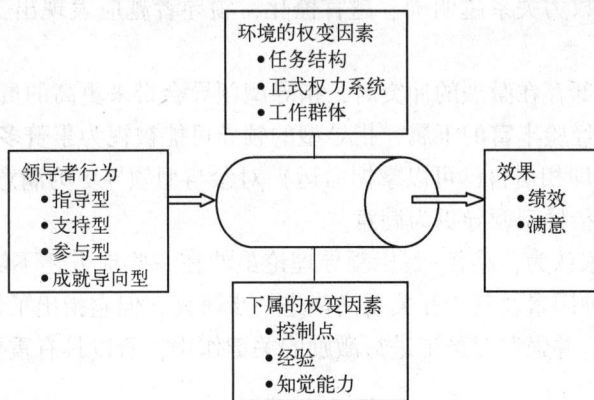

图 7-6 路径-目标模型

① 指导型领导：让下属知道期望他们做的是什么，以及完成工作的时间安排，并对如何完成任务给予具体指导。

② 支持型领导：十分友善，并表现出对下属需求的关怀。

③ 参与型领导：与下属共同磋商，并在决策之前充分考虑下属的建议。

④ 成就取向型领导：设置有挑战性的目标，并期望下属实现自己的最佳水平。

（2）情景因素

与费德勒的领导行为观点相反，豪斯认为领导者是弹性灵活的，同一领导者可以根据不同的情境表现出任何一种领导风格。他提出了两类情境或权变变量作为领导者行为与结果之间关系的中间变量。

① 下属的权变因素：控制点、经验和知觉能力。即下属对于自身行为结果的原因的解释（内因或者外因）及员工对于自身完成任务能力的评价。

② 下属控制范围之外的环境权变因素：任务结构、正式权力系统及工作群体。情景因素中更关键的是环境的权变因素，这些因素形成领导者所面临的不确定性，从而影响了员工的工作动机。

（3）结论

这一理论指出，当环境结构与领导者行为相比重复多余或领导者行为与下属特点不一致时，效果均不佳。由此该理论得出以下结论。

① 与具有高度结构化和安排完好的任务相比，当任务不明或压力过大时，指导型领导会带来更高的满意度。

② 当任务低结构化时，成就取向型领导将会提高下属的期待水平，使他们坚信努力必

199

会带来成功的工作绩效。

③ 当下属执行结构化任务时，支持型领导会带来员工的高绩效和高满意度。

④ 组织中的正式权力关系越明确、越官僚化，领导者越应表现出支持型行为，降低指导型行为。

⑤ 当工作群体内部存在激烈的冲突时，指导型领导会带来更高的员工满意度。

⑥ 对于能力强或经验丰富的下属，指导型的领导可能被视为累赘多余。

⑦ 内控型下属（即相信自己可以掌握命运）对参与型领导更为满意。

⑧ 外控型下属对指导型领导更为满意。

西方一些管理学家认为，路径-目标领导理论虽然在一些地方还不够完备，如对确定领导方式时应考虑的多种因素及其相互关系尚待进一步研究，但它指出了领导者行为在管理领域中今后的发展趋向，并强调对员工进行激励的关键作用，所以具有重要意义。

▶▶ 7.2　激励理论

目标导引

1. 基本了解激励的含义、作用与过程；
2. 重点掌握激励理论的主要内容和方法；
3. 能够熟练运用激励理论分析组织管理中潜在的激励问题。

对于领导者而言，其所面临的首要任务是引导和促使员工为实现组织的共同目标做出贡献。因此，如何激发、调动组织成员的工作积极性，是领导工作中的一个基本课题。

7.2.1　激励的含义

7.2.1.1　激励的实质和功能

所谓激励，在一般的管理著作中都将其定义为"调动人们积极性的过程"。通常认为，一切内心要争取的条件：欲望、需要、希望、动力等都构成对人的激励。激励作为一种内在的心理活动或状态，不具有可以直接观察的外部形态。但是，由于激励对人的行为具有驱动和导向作用，因此，通过行为的表现及效果可以对激励的程度加以推断和测定。例如，两个技能水平相同的员工，前者完成的工作定额大大超过后者，则可以推测这个职工受到了激励。激励的这一特点决定了激励过程总是与人的行为过程紧密结合在一起，是在行为过程中发生和进行的。由此可以得出结论，人的行为表现和行为效果很大程度上取决于他所受到的激励程度或水平，激励水平越高，行为表现越积极，行为效果也就越好，二者呈正相关关系。激励在组织管理中具有多方面的重要功能，大量的管理实践已经证实了这一点。具体来讲，激励具有以下功能。

1. 有助于激发和调动职工的工作积极性

积极性是职工在完成工作任务时一种能动的自觉的心理和行为状态。这种状态可以促进职工智力和体力能量的充分释放，并导致一系列积极的行为后果，如提高劳动效率、超额完成任务、精湛的工作技能、良好的服务态度等。美国哈佛大学教授威廉·詹姆士研究发现，在缺乏科学、有效激励的情况下，人的潜能只能发挥出 20%～30%，科学有效的激励机制能够让员工把另外 70%～80%的潜能也发挥出来。企业组织的发展需要每一个成员长期的协同努力，一些管理者把缺乏激励的员工看作懒惰者，这样的标签意味着一个人始终是懒惰的或缺乏动机的，激励知识告诉我们这是不正确的。

2. 有助于将员工的个人目标导向实现组织目标的轨道

个人目标及个人利益是职工行动的基本动力。它们与组织的目标和总体利益之间既有一致性，又存在着诸多差异。当二者发生背离时，个人目标往往会干扰组织目标的实现。激励的功能就在于以个人利益和需要的满足为基本作用力，诱导职工把个人目标统一于组织的整体目标，推动职工为完成工作任务做出贡献，从而促进个人目标与组织目标的共同实现。

3. 有助于增强组织的凝聚力，促进内部各组成部分的协调统一

组织是由若干职工个体、工作群体及各种非正式群体组成的有机结构。为保证组织整体像一部机器一样协调运转，除用严密的组织结构和严格的规章制度加以规范外，还需要运用激励的方法，满足职工在尊重、社交等多方面的心理需要，鼓舞职工士气，协调人际关系，进而增强组织的凝聚力和向心力，促进各个部门、群体、人员之间的密切协作。

7.2.1.2 激励的过程

心理学研究表明，人的行为具有目的性，而目的源于一定的动机，动机又产生于需要。由需要引发动机，动机驱动行为并指向预定的目标，是人类行为的一般过程，也是激励赖以发生作用的心理机制和基础。激励过程如图 7-7 所示。

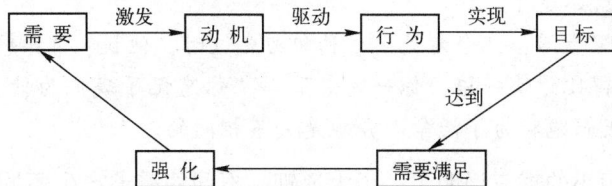

图 7-7 激励过程

1. 需要

需要是指人对某种事物的追求或欲望。当人们缺乏所需事物而产生生理或心理紧张时，就会产生需要，并为满足需要而采取行动。因此，需要是一切行为的最初原动力。在领导工作中运用激励的方法，正是利用需要对行为的原动力作用，通过提供外部诱因，满足职工的

需要，进而激发职工的工作积极性。

2. 动机

动机是在需要基础上产生的，引起和维持着人的行为，并将其导向一定目标的心理机制。在人的行为过程中，需要具有原动力作用。但是需要作为一种潜在的心理状态，并不能直接引起行为。只有当需要指向特定目标，并与某种客观事物建立起具体的心理联系时，才能由潜在状态转为激发状态，成为引发人们采取行动的内在力量。动机的产生依赖于两个条件：一是个体的生理或心理需要；二是能够满足需要的客观事物，又称为外部诱因。在组织中，职工的各种积极或消极行为同样受到各种动机的支配。运用激励手段调动职工积极性，就是利用动机对行为的这种驱动和支配作用，通过外部诱因激发动机，直接引导职工产生积极行为。

3. 目标

目标是行为所要实现的结果。人们采取的一切行为，总是指向特定的目标。目标在行为过程中具有双重意义：一方面，目标表现为行为的结果，目标达到，需要得到满足，行为即结束；另一方面，目标又表现为行为的诱因，在管理实践中利用目标对行为的诱导作用，通过合理选择和设置目标，可以有效地激励和改善职工的行为。

由此可见，需要、动机和目标作为激励的主要心理机制分别处于行为的不同阶段。三者既彼此独立，又相互依存，并按照所处阶段密切连接，顺次对行为发挥激励功能，由此构成一个完整的激励过程。处于过程起点的是人的各种需要，当需要萌发而未得到满足时，会引发生理或心理紧张，从而激发寻求满足的动机，在动机的驱使下人们采取行动，行动的结果达到预定目标，使需要得到满足，从而进一步强化原有需要，或促进生成新的需要，新的需要导致新的激励过程。

【案例】寓言：野兔和猎狗

有一天，野兔躲在树下面被狗发现了，野兔飞快地穿过田野跑了，狗在后面紧追。可是狗跑得不够快，不久就不追了。

有一个农夫在地里干活，他全看见了。狗匆匆走过时，他说："真想不到你会跑不过这么一只小动物。它跑得比你快一倍，你一定老了。""你忘记了我们为什么跑吗？"狗平静地回答道，"为了吃顿饭而跑和为了活命而奔跑是大不相同的。"

☞启示：这则短小的寓言说明了一个大道理，不同的需求产生不同的行为动机（动机强度不同），动机最终影响个体行为。

7.2.2 激励理论

7.2.2.1 内容型激励理论

内容型激励理论从心理学的角度着重研究人类行为动机的原因，关注个体内部的激发、定向、保持和停止行为的因素，试图通过分析人的内在需求和动机是如何推动行为的，从而确定能够激励个体的特定需要。在第 2 章介绍的马斯洛需要层次论、赫茨伯格的激励和保健理论及阿尔得弗的 ERG 理论都是这种类型的激励理论。这里再介绍一种理论，即戴维·麦克莱兰的**成就需要理论**。

美国心理学家戴维·麦克莱兰和其他人在观察和分析了人们在工作中的表现后，提出了与管理工作联系更加紧密的成就需要理论。该理论认为在人的生存需要基本得到满足的前提下，人在工作中有以下三种主要的需要。

1. 成就需要

成就需要是一种力求把每一件事情做得更完美，不断获得新的成功的强烈内驱力。有高度成就需要的人，有极强的事业心，他们总是寻求能够独立处理问题的工作机会，并且希望及时地了解自己工作的成效。他们具有获得成功的强烈动机。高成就者不是赌徒，他们不喜欢靠运气获得成功。他们喜欢接受困难的挑战，能够承担成功或失败的个人责任，而不是将结果归于运气或其他人的行为。重要的是，他们规避那些他们认为非常容易或非常困难的任务。他们想要克服困难，但希望感受到成功或失败是由于他们自己的行为。这意味着他们喜欢具有中等难度的任务。

2. 权力需要

权力需要是一种发挥影响力和控制他人的愿望。研究者们发现，具有高权力需要的人，往往会追求组织中的高层职位，他们大多能言善辩、性格刚强、头脑冷静，总是希望他人服从自己的意志并证明自己是正确的。具有高权力需要的人喜欢承担责任，努力影响其他人，喜欢处于竞争性和重视地位的环境。与有效的绩效相比，他们更关心威望和获得对其他人的影响力。

3. 合群（归属）需要

合群需要是一种寻求被他人喜爱和接纳，力图建立友好亲密的人际关系的愿望与要求。具有高合群需要的人往往热心肠，乐于帮助别人，努力寻求友爱，喜欢合作性的而非竞争性的环境，渴望有高度相互理解的关系。

怎样才能判断一个人是否是高成就需要者？通过大量广泛的研究，可以在成就需要和工作绩效的关系基础上得出一些有相当可信度的预言。尽管对权力需要和合群需要的研究较少，但也得出了一些一致性的结论。

① 具有高成就需要的人更喜欢具有个人责任、能够获得工作反馈和适度冒险的环境。当具备了这些特征，高成就需要者的激励水平会很高。

② 高成就需要的人不一定就是一个优秀的管理者，尤其是在一个大型组织中。高成就需要者感兴趣的是他们个人如何做好工作，而不是如何影响其他人做好工作。高成就需要的销售人员不一定必然是优秀的销售管理者，大型组织中出色的总经理并不一定是高成就需要的人。

③ 合群和权力需要与管理者的成功有密切关系。最优秀的管理者有高权力需要和低合群需要。实际上，高权力动机可能是管理有效性的一个必要条件。一个人在组织中的位置越高，权力动机就越强。结果是，有权力的职位会成为高权力动机的刺激因素。

④ 已经有成功的办法可以训练员工激发自己的成就需要。如果工作需要高成就需要者，管理者可以选拔具有高成就需要的人，也可以通过业务技能培训来开发原有的下属。

内容型激励理论大多没有论及需要和激励的过程，也就是说，他们没有就为什么某些因素能激励人们，而某些不能激励人们做出回答。当然，这都要涉及行为、目标和对满足程度的理解，等等。所以我们称前面这些理论为内容型激励理论，即研究的都是激发动机的诱因。而把研究从动机的产生到采取行动的心理过程的理论称为过程型激励理论，把研究行为改造和行为修正的激励理论称为行为改造理论。

7.2.2.2 过程型激励理论

过程型激励理论侧重于从行为科学的角度研究人的行为受到哪些因素的影响，如何引导与改变人的行为方向等问题，注重动机与行为之间的心理过程。主要包括期望理论、公平理论和波特—劳勒综合激励模式等。

1. 期望理论

这一模式的理论基础源于美国心理学家维克多·弗鲁姆提出的期望理论。

期望理论认为：激励是评价选择的过程，人们采取某项行动的动力或激励力取决于他们对行动结果的价值评价和预期实现目标可能性的估计。换言之，激励力的大小取决于效价与期望值的乘积大小。用公式表述即：

$$M = V \times E$$

式中，M 表示激励力，V 表示效价，E 表示期望值。

所谓效价，是指一个人对某项工作及其结果（可实现的目标）能够给自己带来满足程度的评价，即对工作目标有用性（价值）的评价，效价反映个人对某一成果或奖酬的重视与渴望程度。在现实生活中，对同一个目标，由于各人感受到的需要不同，所处的环境有异，从而对其有用性的评价也往往不一样。比如，有人希望通过努力工作得到职务晋升的机会，其升迁欲望高，于是晋升的可能性就会对他具有很高的效价；如果一个人对职务晋升毫不关心，没有升迁的要求，那么"担任更高的职务"对他没有任何吸引力，晋升的效价很低，甚至为零；甚至另一些人可能不仅不希望职务提升，甚至害怕提升，担心因此而担负更多的工作和责任，失去更多的家庭生活的时间，因而晋升的效价甚至是负值。

所谓期望值，是指人们对自己能够顺利完成这项工作可能性的估计，即对工作目标能够实现概率的估计，亦称期望概率。在日常生活中，人们往往根据过去的经验来判断一定行为能够导致某种结果或满足某种需要的概率。如果行为主体估计目标实现的可能性极大，这时期望概率接近于 1；反之，如果考虑到主观能力的制约和客观竞争程度的激烈，估计目标实现的可能性极小，则期望概率趋近于零。

激励力则是直接推动或使人们采取某一行动的内驱力。效价和期望值的不同结合，会产生不同的激发力量。分析表明，要收到预期的激励效果，不仅要使激励手段的效价足够高，而且要使激励对象有足够的信心去获得这种满足。只要效价和期望概率中有一项的值较低，就难以使激励对象在工作中表现出足够的积极性。为了说明此结论，我们用一个例子来说明。

某公司为了激励推销员更好地完成营销指标，营销主管发布了这样一项奖励措施：年终销售业绩排在最靠前的两位员工可得到一次公司出资到夏威夷旅游的奖励。这项措施在 A、B、C 三人身上产生了不同的反应。

A 先生从来没有去过夏威夷，听到这项措施以后非常高兴，心想一定得努力工作。A 先生的效价如果用满分为 1 来计算，凭 A 先生的能力，在三个人当中成功的可能性是 50%，那么 A 先生的积极性 $M = 1 \times 0.5 = 0.5$。

B 先生去过夏威夷，遗憾的是他的夫人没去过。他的夫人得知营销主管有这项政策后，开始给 B 先生鼓劲，"老公，你好好努力，也把我带去玩玩吧"，夫人的命令作用很大，因此 B 先生去的效价虽然不是 1，但也很高，为 0.9，凭 B 先生的能力，在三个人中成功的可能性是 70%，那么 B 先生的积极性 $M = 0.9 \times 0.7 = 0.63$。

C 是一位女士，是三位中最出色的一个推销员。凭 C 的能力，在三个人当中成功的可能性是 100%。但她也去过夏威夷，2003 年冬天她与她的未婚夫结婚，并已到北欧度蜜月，此刻去夏威夷对她已经失去了价值，因此对于 C 而言奖励夏威夷旅游的效价是 0，那么 C 的积极性 $M = 0 \times 1 = 0$。

由此可见，同一项政策在不同的员工身上产生的作用是不同的，为了达到最佳的激励效果，营销主管应在权力允许的范围内因人而异地制订一些奖励措施，以调动全体员工的积极性。

这个模型实际提出了在进行激励时要处理好的三方面的关系，这些也是调动人们工作积极性的三个条件。

第一，努力与绩效的关系。人总是希望通过一定的努力能够达到预期的目标，如果个人主观认为通过自己的努力达到预期目标的概率较高，就会有信心，就可能激发出很强的工作力量。但是如果他认为目标太高，通过努力也不会有很好的绩效时，就失去了内在的动力，导致工作消极。

第二，绩效与奖励的关系。人总是希望取得成绩后能够得到奖励。如果他认为取得绩效后能够获得合理的奖励，就有可能产生工作热情，否则就可能没有积极性。

第三，奖励与满足个人需要的关系。人总是希望自己所获得的奖励能满足自己某方面的需要。然而由于人们在年龄、性别、资历、社会地位和经济条件等方面都存在着差异，他们对各种需要要求得到满足的程度就不同。因而对于不同的人，采用同一种办法给予奖励能满足其需要的程度不同，能激发出来的工作动力也就不同。

从上面模式可以看出：效价和期望值两者结合才产生激励力；如果其中之一为零，激励力就等于零。所以，某些目标即使非常有吸引力，但如果没有实现的可能就无人问津。同样，目标虽然容易实现，但个人如果对实现目标后所得报酬的兴趣不大，则这类目标对个人仍不能形成真正的激励。因此，为了能真正达到激励员工的目的，管理者不但要使员工有行动成果的强度（效价），或加大其强度，即促进其采取行动的积极性，同时又要带动职工实现期望，即提高期望概率。只有这样，才能真正起到激励作用。

2. 公平理论

公平理论又称社会比较理论，它是美国行为科学家亚当斯在《工人关于工资不公平的内心冲突同其生产率的关系》等著作中提出来的一种激励理论。该理论侧重于研究工资报酬分配的合理性、公平性及其对职工生产积极性的影响。

公平理论的基本观点是：当一个人做出了成绩并取得了报酬以后，他会把他的付出（包括所作努力、用于工作的时间和精力、教育程度、经验、资历、地位）与获得（薪水、福利、赞美、肯定、升迁、被提升的地位等）同相应的参照对象进行比较，从而判断自己所获报酬的公平性，并进一步做出相对应的反应。

该理论把工作情景的公平性比较过程描述为以下方式（见表 7-1）。

表 7-1　公平理论

觉察到的比较结果	评价结果
$Q_I/P_I < Q_X/P_X$	不公平（报酬偏低）
$Q_I/P_I = Q_X/P_X$	公平
$Q_I/P_I > Q_X/P_X$	不公平（报酬偏高）

表 7-1 中，Q 为收入，P 为付出，I 代表本人，X 代表参照对象。在公平理论中，参照对象 X 是个重要的变量，一般将其划分为三种类型：他人、自我和规则。

"他人"包括同事、朋友、邻居、同行等，人们大多选择那些与自己年龄、能力、受教育水平相近的人来比较。

"自我"是指自己过去的情况，也就是将自己目前的收入与付出同过去的收入及工作相比较。

"规则"是指组织中的付酬制度及虽未明文规定，却在实际中执行的利益分配惯例，人们会分析规则本身的公平性并将自己的状况与之比较。

人们是通过将自己所获得的收入与相应付出的比率同相关参照对象进行比较来作出判断的。当二者相等时，则为公平状态；如果二者的比率不同，就会产生不公平感。当他们认为自己的收入偏低或偏高时，便会调整自己的行为来保持公平感。

如果比较的结果是 $Q_I/P_I > Q_X/P_X$，员工会感到自己的付出有高于一般比率的回报，多半会更加努力工作，珍惜自己的岗位。但其积极性不一定会持久，他可能会因重新高估自己的投入而获得公平感，对高报酬心安理得，于是其产出又会恢复到原先的水平。

如果比较的结果是 $Q_I/P_I < Q_X/P_X$，员工会感到不公平，从而要求增加报酬，或者自动地减少投入以便达到心理上的平衡，对工作采取消极态度乃至去寻找其他的就业机会。

公平理论对管理人员具有以下几点启示。

① 影响激励效果的不仅有报酬的绝对值，还有报酬的相对值。

② 激励时应力求公正，使等式在客观上成立，尽管有主观判断的误差，也不致造成严重的不公平感。

③ 在激励过程中应注意对被激励者公平心理的疏导，引导其树立正确的公平观，使大家认识到绝对的公平是没有的，不要盲目攀比，多听听别人的看法，也许会客观一些。

④ 不要按酬付劳，按酬付劳是在公平问题上造成恶性循环的主要杀手。

公平理论的主要贡献在于提出了人们对于公平与否的感受并不只是取决于绝对收入的多少，而是取决于自己的收入与付出的比率与参照对象比较的结果。就一个组织内部来说，不考虑贡献大小，简单化地普遍增加薪金报酬，其激励作用很有限。

【案例】 企业如何实施有效的激励

某房地产集团属下一家物业经营管理公司，成立初期，该公司非常注重管理的规范化和充分调动员工积极性，制订了一套较科学完善的薪酬管理制度，公司得到了较快的发展，短短的两年多时间，公司的业务增长了110%。随着公司业务的增加和规模的扩大，员工也增加了很多，人数达到了220多人。但公司的薪酬管理制度没有随公司业务发展和人才市场的变化而适时调整。公司领导原以为公司的发展已有了一定的规模，经营业绩理应超过以前，但事实上，整个公司的经营业绩出现持续滑坡，客户的投诉也不断增加，员工失去了往日的工作热情，部分技术、管理骨干离职，其他人员也出现不稳定的预兆。其中：公司工程部经理在得知自己的收入与后勤部经理的收入相差很少时，感到不公平，他认为工程部经理这一岗位相对后勤部经理，工作难度大、责任重，应该在薪酬上体现出这种差别，所以，工作起来没有了以前那种干劲，后来辞职而去。因为员工的流失、员工工作缺乏积极性，致使该公司的经营一度出现困难。在这种情况下，该公司的领导意识到问题的严重性，经过对公司内部管理的深入了解和分析，发现问题出在公司的薪酬系统上，而且关键的技术骨干力量的薪酬水平较市场明显偏低，对外缺乏竞争力；公司的薪酬结构也不尽合理，对内缺乏公平，从而导致技术骨干和部分中层管理人员流失。针对这一具体问题，该公司就薪酬水平进行了市场调查和分析，并对公司原有薪酬制度进行调整，制订了新的与企业战略和组织架构相匹配的薪资方案，激发了员工的积极性和创造性，公司发展又开始恢复良好的势头。

☞ 启示：这个案例说明了公平报酬的感觉对于员工积极性和企业生产率的影响有多么显著。员工不仅会将自己所获得报酬与付出在企业内和其他员工进行比较，而且也会和其他企业进行比较。通过这个案例，也可以反思一下赫茨伯格的"激励-保健"理论的有效性。

3. 波特-劳勒综合激励模式

美国管理学家波特和劳勒建立了他们的激励模式，其特点是将激励看成是一个循环的完整过程，从内容看实际上是前述多种激励理论研究成果的综合，如图7-8所示。

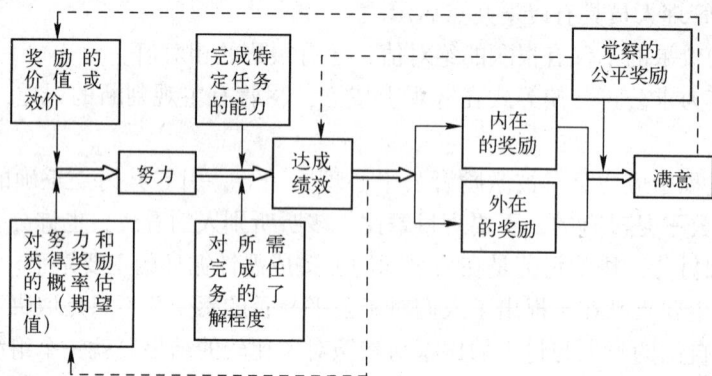

图 7-8　波特-劳勒激励模式

该激励模式的主要观点如下。

（1）个人是否努力及努力的程度不仅仅取决于奖励的价值，而且还受到个人觉察出来的努力（指认为需要或应付出的努力）和对受到奖励的期望值（指其对于付出努力之后得到奖励的可能性的期望值）的认知的影响。

很显然，过去的经验、实际绩效及奖励的价值将对此产生影响。如果个人有较确切的把握完成任务或曾经完成过并获得相当价值的奖励的话，那么他将乐意付出相当的或更高程度的努力。

（2）个人实际能达到的绩效不仅仅取决于其努力的程度，还受到个人能力的大小以及对任务了解和理解程度深浅的影响。特别是对于比较复杂的任务，如高难技术工作或管理工作，个人能力以及对此项任务的理解比其实际付出的对努力所能达到绩效的影响更大。

（3）个人所应得到的奖励应当以其实际达到的工作绩效为价值标准，尽量剔除主观评估因素。要使个人看到：只有当完成组织的任务或达到目标时，才会受到精神和物质上的奖励。不应先有奖励，后有努力和成果，而应当先有努力的结果，再给予相应的奖励。这样，奖励才能成为激励个人努力达到组织目标的有效刺激物。

（4）个人对于所受到的奖励是否满意以及满意的程度如何，取决于受激励者对所获报酬是否感觉公平。如果受激励者感到不公平，则会导致不满意。

（5）个人是否满意以及满意的程度将会反馈到其完成下一个任务的努力过程中。满意会导致进一步的努力，而不满意则会导致努力程度的降低甚至离开工作岗位。

综上所述，波特和劳勒的激励模式是对激励系统比较全面和恰当的描述，它告诉我们，

208

激励和绩效之间并不是简单的因果关系。要使激励能产生预期的效果，就必须考虑奖励内容、奖励制度、组织分工、目标设置、公平考核等一系列的综合性因素，并注意个人满意程度在努力中的反馈。

7.2.2.3 行为改造激励理论

行为改造理论是从分析外部环境入手来研究如何改造并转化人的行为，使其朝向组织所希望的方向发展，故又称之为结果反馈型激励理论。这类理论包括强化理论、归因理论等。这里介绍斯金纳的强化理论。

强化理论是由美国行为科学家斯金纳提出来的。该理论认为人的行为是对其所获刺激的函数。如果这种刺激对他有利，则这种行为就会重复出现；若对他不利，则这种行为就会减弱直至消失。因此管理者要善于采取各种强化方式，使人们的行为符合组织目标。根据强化的性质和目的，强化可以分为正强化、负强化、惩罚和消退四大类型。

正强化就是奖励那些符合组织目标或为达到组织目标做出贡献的行为，以便使这些行为得到进一步加强。正强化的刺激物不仅包含奖金等物质奖励，还包含表扬、提升、改善工作关系等精神奖励。通过将正强化物与员工行为的绩效联系起来，管理者可以激励员工表现出组织所期望的行为。

负强化就是通过建立一种对员工来说是令人不快的环境，使员工产生领导者或组织所期望的行为，以避免给自己带来不合意的结果。这些不想要的结果可称为负强化物，诸如管理者严厉的批评指责、令人不快的工作安排和解雇的威胁等。当进行负强化时，人们就会有做出组织所期望行为的积极性，因为他们不想得到或避免得到所不期望的结果。例如，对违反某一规定的人"杀鸡给猴看"，这种对"鸡"的惩罚实际上意味着对"猴子"起到了行为约束作用，即遵守规定，否则会受到类似的惩罚。

惩罚就是当员工做出不符合组织要求的不良行为时，管理者会让其承担他不愿得到或令其不快的结果。组织中所应用的惩罚办法包括口头警告、减薪、降职、解雇、暂停工作等。应注意的是，惩罚会产生一些意想不到的副作用，如愤恨、"破罐破摔"、产生报复的念头、丧失自信心、缺勤率上升等。如果管理者经常使用惩罚的手段，会使员工把管理者与某种不愉快的结果联系在一起，使员工对管理者产生疏远感，减弱管理者对员工的影响力。因此，惩罚必须在必要时才使用。

消退就是当员工行为对提高组织绩效不起作用时，管理者不施以任何强化，任其反应频率逐渐降低，以至自然消失。消退也是一种强化方式。时间证明，某种行为长期得不到肯定或否定的反应，行为者就会轻视该行为的意义，以致丧失继续行为的兴趣。

科学有效的激励在调动人们积极性方面的作用是不容忽视的。对于领导者来说，把握激励的过程，掌握激励理论，在实践中正确选择和运用科学有效的激励理论并形成独特有效的方法对员工进行激励，是领导者的重要任务之一。本节介绍的内容激励理论、过程激励理论、行为改造激励理论，均从不同的切入点阐述了激励的作用机制，给我们以启发。实际工作中，领导者应根据组织情况、员工情况，选择最有效的方法激励员工，充分发挥和挖掘员工的工作潜能，提高组织运作的效率。

▶▶ 7.3 沟通

目标导引

1. 基本了解沟通的含义、作用及其类型；
2. 基本了解沟通中常见的障碍及克服方法；
3. 重点掌握沟通的过程和技巧；
4. 能够熟练运用沟通理论和技巧分析组织管理中潜在的沟通问题，改善自己学习工作中的沟通效果。

7.3.1 沟通的概念

1. 沟通的含义

信息沟通，是指人与人之间传达信息和思想的过程。沟通一般有两种类型：人际沟通和管理沟通。所谓人际沟通是人与人之间的沟通。所谓管理沟通，是指一定组织中的人，为达成组织目标而进行的管理信息交流的行为和过程。组织不能生存于没有沟通的状态之中。无论是计划、组织、领导、控制等管理职能都必须以有效的沟通作为前提。

2. 沟通的功能

在群体或组织中，沟通有四种主要功能：控制、激励、情绪表达和传递信息。

（1）控制。沟通可以通过多种方式来控制员工的行为。员工们必须遵守组织中的权力等级和正式指导方针，比如，他们要首先与直接上级主管交流有关工作方面的不满和抱怨，要按照工作说明书工作，要遵守公司的政策、规章制度等等，通过沟通可以实现这种控制功能。

（2）激励。沟通通过下面的途径来激励员工：明确告诉员工做什么，如何来做，没有达到标准时应如何改进，具体目标的设置、实现目标过程中的持续反馈及对理想行为的强化，这些过程都有激励作用，而这些过程又都需要沟通。

（3）情绪表达。对很多员工来说，工作群体是主要的社交场所，员工通过群体内的沟通来表达自己的挫折感和满足感。因此，沟通提供了一种释放情感的情绪表达机制，并满足了员工的社交需要。

（4）传递信息。沟通的最后一个功能与决策角色有关，它为个体和群体提供决策所需要的信息，使决策者能够确定并评估各种备选方案。

这四种功能无轻重之分。要使群体运转良好，就需要在一定程度上控制员工，激励员工，提供情绪表达的手段，并做出决策。在群体或组织中几乎每一次沟通都能实现这四种功能之中的一种或几种。

3. 沟通的过程

沟通过程是一个发送者把信息通过沟通渠道传递给另一个接收者的过程。因此，信息沟通必须具备四个基本要素：发送者、接收者、媒介和信息。信息沟通的过程如图7-9所示。

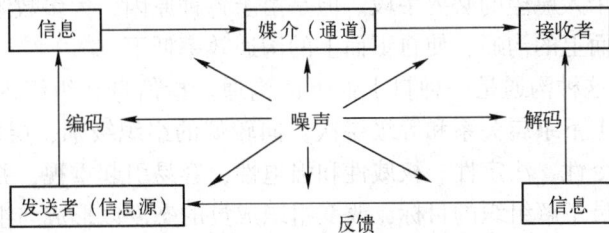

图 7-9 信息沟通过程

信息沟通是一个传递信息的过程，可分为以下六个步骤。

（1）发送者获得某种观点、想法或事实，并且有发送出去的意向。这一环节很重要，必须谨慎行事，一个不正确的观点或未经证实的事情，若被轻率传送出去，可能会产生严重的后果。

（2）发送者将这些信息编译成易于理解的符号，如语言、文字、图表或手势等，力求表达准确完整，避免信息失真，这需要一定的知识和技能（编码）。

（3）发送者选择适当的信息媒介或通道（书信、文件、电话、讲演等）将上述符号传递给接收者。

（4）接收者由信息媒介或通道接收这些符号。

（5）接收者将这些符号译为具有特定含义的信息（解码）。

（6）接收者对信息做出自己的理解并据此采取相应的行动。接收者的理解取决于接收人的知识、技能、态度，必要时接收者可做出信息反馈，表述自己的理解和意见。

7.3.2 沟通的类型

在管理系统中进行的沟通，根据不同的划分标准，有不同的类型。

7.3.2.1 按沟通渠道产生方式分类

根据沟通渠道产生方式的不同，可以分为正式沟通和非正式沟通。

1. 正式沟通

正式沟通是通过组织正式结构或层级系统运行，由组织内部明确的规章制度所规定的渠道进行的信息传递与交流，例如组织与组织之间的信函来往，组织内部的文件传达、召开会议、上下级之间的定期情报交换，以及组织正式颁布的法令、规章、公告等。正式沟通包括上行沟通、下行沟通、横向沟通和斜向沟通。

（1）上行沟通。这种沟通是一种自下而上的沟通。指的是信息从组织内部较低级别、层次开始，按照组织的上下隶属关系和等级序列，向较高的组织级别层次传递的沟通过程。它通常表现为下级对上级信息的反馈和下层情况的反映。这种沟通往往带有非命令性、民主性、主动性和积极性，在下情上传、培养感情、确认信息等方面有着重要作用，是上级掌握基层动态和下级反映个人愿望的必要手段。但是由于各种原因，大多数组织较重视自上而下的沟通，而忽视自下而上的沟通，使自下而上的沟通效率低下。

（2）下行沟通。这种沟通是一种自上而下的沟通。指信息在组织内部从较高的组织级别层次，按照组织的上下隶属关系和等级层次，向较低的组织级别、层次传递的沟通过程。这种沟通往往带有指令性、法定性、权威性和强迫性，容易引起重视，并严肃对待。沟通的主要目的是使组织成员了解组织的目标，改变组织成员的态度以形成与组织目标一致的观点并加以协调，从而消除组织成员的疑虑和不稳定心理。下行沟通在发布命令、明确任务、协调行动等方面起着重要作用，因而被广泛采用。但是这种沟通存在诸如传递路线过长，浪费时间，信息在传递过程中发生遗漏和曲解，上层的信息传到底层，因和底层情况不合而造成失误等问题。

（3）横向沟通。这种沟通指的是发生在组织内部同级层次成员之间相互的信息沟通，以谋求相互之间的了解和工作上的协作配合。这种沟通往往带有非命令性、协商性和双向性。

（4）斜向沟通。这种沟通指的是发生在组织内部既不属于同一隶属序列，又不属于同一等级层次之间的信息沟通，这样做有时也是为了加快信息的交流，谋求相互之间必要的通报、合作和支持。这种沟通往往更带有协商性和主动性。

2. 非正式沟通

非正式沟通是指通过正式组织途径以外的信息流通程序进行的信息传递与交流。例如同事之间任意交谈，甚至家人之间的闲聊等，都算是非正式沟通。非正式沟通实际上就是信息通过小道消息的方式传播，它有三个特点。首先，它不受管理层控制；其次，大多数员工认为它比通过正式沟通渠道传递的信息更可信、更可靠；最后，它在很大程度上有利于人们的自身利益。有调查发现，75%的员工是通过小道消息的传播而在第一时间得到信息的。

非正式沟通或小道消息是任何组织沟通网络的重要部分，值得管理者去认真考察。人们常常认为小道消息来自搬弄是非者的好奇心，其实不然。小道消息至少要实现四个目标：建构和缓解焦虑，使支离破碎的信息能够说得通，把群体成员甚至局外人组成一个整体，表明信息发送者的地位（我是圈内人，你是圈外人）或权力（我有权力使你成为圈内人）。有研究表明，如果事情对员工很重要，但得到的信息又是模棱两可的，必然会激起员工的焦虑情绪，此时小道消息会作为对情境的反应而出现。小道消息还具有过滤和反馈的双重机制，它使管理者认识到哪些事情员工认为很重要。由于只有少部分人（不足 10%）积极向其他人传递消息，管理者通过了解信息联络人及其所传递的信息，就能够更准确地预测小道消息的传播模式。但是，如果一个组织内部小道消息满天飞，也会造成非常不利的局面。管理者可以也应该能够使小道消息的范围和影响限定在一定区域内，并使其消极结果减少到最低。比如，管理者通过公布进行重大决策的时间安排，公开解释那些看起来不一致或隐秘的决策和行为，对目前的决策和未来的计划，强调其积极一面的同时，也指出其不利的一面，公开讨论事情可能的最差结局等活动，减少小道消息的消极后果。

7.3.2.2　按信息是否反馈分类

根据信息是否反馈，可把沟通分为单向沟通和双向沟通。

1. 单向沟通

信息沟通时，一方发出信息，另一方只接收信息，不反馈意见，这就是单向沟通。例如上级发文件，做报告，组织向外单位发信函等，即属此类。单向沟通一般比较适合下列情况：

① 沟通的内容简单，并要求迅速传递的信息；

② 下属易于接受和理解解决问题的方案；

③ 下属没有了解问题的足够信息，反馈不仅无助于澄清事实，反而容易出现沟通障碍；

④ 情况紧急而又必须坚决执行的工作和任务。

2. 双向沟通

信息沟通时，接收者接到信息后，再把自己的意见反馈给发送者，这就是双向沟通。双向沟通是发送者和接收者相互之间进行信息交流的过程。例如，讨论会、面谈等。双向沟通较之于单向沟通，对促进人际关系和加强双方紧密合作方面有更重要的作用，能更加准确地传递消息，有助于提高接收者的理解能力，提高信息沟通的质量。双向沟通比较适应于下列情况：

① 沟通时间充裕，沟通的内容复杂；

② 下属对解决问题的方案的接受程度对解决某个问题非常重要；

③ 上级希望下属能对管理中的问题提供有价值的信息和建议；

除了前述的一些原因外，领导个人的素质对单向沟通和双向沟通的选择也有影响。例如，比较擅长于双向沟通，并能够有建设性地处理负面反馈意见的上级，可能在管理工作中会多选择双向沟通；而缺乏处理下属负面反馈意见的能力，并容易感情用事的上级，可能在管理工作中会多选择单向沟通。

7.3.2.3　按传递信息的方式分类

为了有效地沟通，管理者（及其他组织成员）必须为他们要传递的信息选择一种适当的媒介。为了选择一个合适的沟通媒介，管理者需要考虑三个因素：第一个也是最重要的一个是需要的信息容量，它是指一种信息媒介包含的信息量，以及在多大程度上这种媒介能够使发送者和接收者达成共识；第二个要考虑的因素是沟通所需要的时间，因为管理者的时间是很宝贵的；第三个影响媒介选择的因素是传递信息时是否需要记录（纸张或电子版的）或书面档案。

按照所借助的媒介或手段，沟通可以分为：口头沟通、书面沟通、非语言沟通和电子媒体沟通。

1. 口头沟通

口头沟通是采用口头语言进行信息传递的沟通，也是最常见的交流方式，如会谈、会议、演说、电话、网络视频等。口头沟通的好处在于：它是一种比较快速传递和快速反馈且较灵活的方法，很少受时间、地点和场合的限制，信息可以在最短的时间里被传送，并在最短时间内得到对方的回复。当沟通双方对信息有所疑问时，迅速反馈可使发送者及时检查其中不够明确的地方并进行改正。口头沟通不适宜于需要经过多人传送的信息，在信息传递过程中，信息传递经过的人越多，信息失真的潜在可能性就越大。因此，组织中的重要决策如果通过口头方式在权力金字塔中上下传送，则信息失真的可能性相当大。

2. 书面沟通

书面沟通是指采用书面文字的形式进行沟通，如备忘录、报告、信函、文件、通知、电子邮件等。书面沟通传达的信息准确性高，沟通比较正式，信息权威性强，并可以长时间保存，接收者可以反复阅读。书面沟通的好处就来自其过程本身。除个别情况外（如一个正式演说），书面语言比口头考虑得更全面。把东西写下来促使人们对自己要表达的东西更认真地思考。因此书面沟通显得更为周密、逻辑性强、条理清楚。但书面沟通也存在不足：一是沟通周期比较长、缺乏亲近感；二是沟通双方的应变性比较差，难以得到即时反馈。有的心理学家曾对口头沟通和书面沟通的效果进行比较研究发现：口头与书面混合方式的沟通效果最好，口头沟通方式次之，书面沟通方式效果最差。

3. 非语言沟通

非语言沟通是指不通过口头或书面语言文字发送许多有意义信息的沟通方式。这种沟通方式是通过身体动作、语调或重音、面部表情，以及发送者和接收者之间的身体距离等来传递信息。我们必须认识到，身体动作是沟通过程中十分重要的一部分，但对于生活在不同地域、不同国家具有不同文化背景的人，它所传递信息的含义会有很大的差异，因此，对于那些有明确文化含义的身体语言的使用应十分慎重。比如，在美国，竖大拇指表示"干得好"，但在希腊、俄罗斯、撒丁岛或非洲西部，该手势含有"滚开"的意思。手势"V"，在美国，这个手势代表"胜利"或"和平"，也代表数字"2"，但在澳大利亚、爱尔兰或新西兰，这种手势无异于说脏话骂人。手势OK，在美国，该手势的含义是指一切没问题，但在俄罗斯、巴西、土耳其和地中海地区，这个手势是说"你是同性恋"，在法国、比利时，相当于说别人一文不值。因此，只有在正确的场合适当地使用身体语言，才能成为其他沟通方式，特别是口头语言沟通的补充，使得发送者所传递信息的意义更为生动丰富。但如果使用不当可能会适得其反。对接收者来说，留意沟通中的非语言信息十分重要。在倾听信息发送者发出语言意义的同时，还应该注意非语言线索，尤其要观察二者之间的矛盾之处。例如，无论一个人怎么说，但如果他不停地看表就意味着他希望结束交谈。如果人们通过语言表达一种信任的情感，而身体语言，比如眼神却传递了相互矛盾的信息，则无疑会使人产生误解。在这种情况下，身体语言显然传递了更为准确的信息。

值得注意的是，任何口头的沟通都包含有非语言信息。研究者曾发现，在口头交流中，信息的 55% 来自面部表情和身体姿态，38% 来自语调；而仅有 7% 来自真正的词汇。

4. 电子媒体沟通

电子媒体沟通是以电子符号的形式通过电子媒介而进行的沟通，如电报、电话、录音、录像、互联网社交平台。尤其是随着互联网信息技术时代的到来，众多的社交网络平台（如 QQ、微博、微信等）在当今世界信息传递过程中充当着越来越重要的角色。电子媒体创造了一种介于口头语言和书面语言之间的沟通方式。通过电子媒体可迅速提供准确的信息，计算机和数据存储卡还可以用很小的空间保存大量的信息。电子媒体的缺点是离不开电子设备，成本相对较高。另外，某些电子媒体（如数据存储卡）不能直接提供信息反馈。

表 7-2 表述了各种沟通方式的优缺点。

表 7-2　各种沟通方式的比较

沟通方式	举　例	优　点	缺　点
口头	交谈、座谈、讨论会、电话	快速传递、快速反馈、信息量大	传递中经过层次越多，信息失真越严重
书面	报告、备忘录、信件、内部期刊、布告	持久、有形、可核实	效率低、缺乏反馈
非语言	声、光信号、体态、语调	信息意义明确，内涵丰富，含义隐含灵活	传递距离有限，界限模糊，只能意会不能言传
电子媒体	传真、闭路电视、计算机网络、电子邮件（E-mail）	快速传递、信息容量大、一份信息可同时传递给多人、廉价	单向传递，电子邮件可以交流，但看不见表情

7.3.3　有效沟通的技巧

图 7-9 向我们展示了一个完整的信息沟通过程。在非常理想的状态下，发送者和接收者之间是可以实现完全信息沟通的。但遗憾的是，沟通过程中的大部分因素都有着造成信息失真的潜在可能性，并因此使完美精确的沟通目标受到冲击。

7.3.3.1　信息沟通的障碍及其排除

1. 信息沟通的障碍

信息沟通过程常易受到各种因素的干扰，使沟通受阻、失效。这些障碍因素大致可归纳

215

为以下五个方面。

（1）语言文字障碍。发送者表达能力欠佳，用词不当，文字不通，层次不清，逻辑混乱，乃至标点符号错误等，都会使接收者产生理解困难，理解错误，甚至无法理解。

（2）知识背景差异。每个人的教育程度、生活环境、工作经历都不尽相同，对同一信息的理解常常发生差异，所谓"仁者见仁、智者见智"即与此有关。发送者按自己的意思对信息进行编码，接收者按自己的理解进行解读，难免产生差异。双方知识背景差别越大，则理解的差异越大。

（3）信息"过滤"。信息"过滤"来自发送者和接收者两个方面。发送者在发送信息时会有意操纵信息，以使信息显得对接收者更为有利。通用电气公司的前任总裁曾说过，由于通用电气公司每个层级都对信息进行过滤，使得高层领导者不可能获得客观信息，因为"低层的管理者们以这种方式提供信息，他们就能获得自己想要的答案。这一点我很清楚，我曾经也在基层工作过，也曾使用过这种手段"。过滤的主要决定因素是组织结构中的层级数目。组织纵向上的层级越多，过滤的机会就越多。接收者在接受信息时，有时也会按照自己的需要对信息进行过滤，对有利于自己的信息大加渲染，对不利于自己的信息则轻描淡写。如果组织结构庞大，层次过多，信息层层传递，容易使信息漏损、歪曲。

（4）心理障碍。当人们对信息发送者怀有不信任感或敌意时，往往会拒绝信息或歪曲信息。例如，一个经常泡夜总会的人作廉政报告，大家只觉得可笑，不会认真听他讲些什么。同样的信息，由不同的人传达，效果大不一样，有时人们对"谁讲的"比"讲什么"更关心。当人们过于紧张或恐惧时，往往只关心与自己有关的信息，遗漏掉其他的信息，并对信息做出极端的理解。

（5）信息过量。文件堆积如山，电话铃声不断，会议接踵而至，凡此种种信息过量，令人应接不暇，无所适从，反而会遗漏掉有用的关键信息。"文山会海"并非沟通良策。

2. 如何排除

为达到信息沟通的目的，提高沟通效果，必须排除沟通障碍，下面是一些切实有效的方法。

（1）正确运用语言文字。要措词得当，意义明确，切忌模棱两可；要通俗易懂，不要使用生词、偏词；在非专业场合，少使用专业术语；要简单明了，切忌冗长累赘；要使用中性言词，避免使用评论性言词，让对方在感情上易于接受。

（2）充分考虑对方的知识和背景。要让对方接受、正确理解传递的信息，应充分考虑对方的知识和背景，针对对方的具体情况，精心选择沟通方式、措辞、时机和场合，才能取得良好的沟通效果。

【案例】诸葛亮巧辩联东吴

东汉末年，有一场著名的赤壁之战。曹操统率百万大军准备攻打吴国，当时吴国分为主战、主和两派。诸葛亮为了说服孙权和蜀汉联手抗曹，不远千里来到东吴，企图增加主战派的声势。这时，吴国的主战论者鲁肃对诸葛亮说："为了促使孙权下决心打仗，希望你能把曹操的实力说得弱一点。"可是，当孙权向诸葛亮询问曹操兵力时，诸葛亮却说："据说曹操有一百万的精锐兵力，可是实际上并不止这个数字。所以，在这个时候，求和是比较明智的。"孙权很惊讶地问道："那为什么兵力比吴国还弱的刘备，敢和曹操打仗呢？"诸葛亮说："我的主公为了要复兴大汉皇室，所以必须和曹操一战。所谓正义之战，兵力乃是次要的问题。为了吴国的安全着想，我劝你还是谋和。"听了孔明这番话，孙权也立志要和曹操决一胜负。于是蜀吴两国合力抗曹，终于在赤壁之战中取得胜利，从而在历史上写下辉煌的一页。诸葛亮知道孙权是一位英雄人物，所以如果把敌方的兵力说弱了，他不会因此而参加战争，反而因为敌人的强大，更容易激起他的斗志。从孔明游说孙权的例子中可以看出，诸葛亮"说话因人而异"是成功的。

☞ **启示**：如果有好的意见却不被人接受或采纳，那么就得想法说服对方。而说服力产生的最大要素，就是要因人而异，充分考虑对方的知识、背景，采用合适的说服方法。简单地说，就是因人而选择适宜的说辞。如果不管对方是谁，都用同一种方法去说服，就很难顺利达成目标。因为对某些人只要解说大意即可，而对某些人就要动之以情，晓之以理。要想说服人就必须巧妙妥善地运用各种方法才行。当然，要能适当地因人而异地选择说服的方法，自己也必须具备一定的知识和经验。

（3）言行一致。上级言行一致，"言必信、行必果"，才能博得下级的信任，说话才有人听，沟通才有效果。若上级"说一套，做一套"，下级也会"你说你的，我做我的"，沟通将达不到目的，失去意义。

（4）缩短信息传递链。信息传递链过长，将降慢信息传递速度，造成信息失真、漏损、扭曲，影响沟通效果。应通过组织结构改革，精简机构，减少层次，改善沟通效果。

（5）提倡双向沟通。如前所述，双向沟通传递信息准确，增进双方感情，应大加提倡。上下级之间的双向沟通尤为重要。为实现上下级的双向沟通，一是要消除心理差异，下级若持有"上级位高言重，下级位卑言轻"的心态，势必顾虑重重，难以畅所欲言；上级应礼贤下士，平易近人，创造一种平等和谐的气氛，鼓励下属坦诚进言。二是上级要有宽容气度，听得进逆耳忠言和不同意见，要多倾听，少评论，这是领导人的一项基本素养。

（6）实行例外原则和须知原则。这是防止信息过量的方法。所谓"例外原则"，是指只有例外的信息才予以上报，例行信息则不必上报，使上级只接受最必要的信息。所谓"须知原则"是指只有下级需要知晓的信息才予以下达，不需知晓的信息则不必下达，使下属只接受最必要的信息。

【案例】一则小故事
美国著名女主持人林克莱特有一次访问一名小朋友，问他说："你长大后想当什么呀？"

小朋友天真地回答："我要当飞机的驾驶员!"林克莱特接着问:"如果有一天,你的飞机飞到太平洋上空时所有引擎都熄火了,你会怎么办?"小朋友想了说:"我会先告诉坐在飞机上的人绑好安全带,然后我挂上我的降落伞跳出去。"当在现场的观众笑得东倒西歪时,林克莱特继续注视这孩子,想看他是不是一个自作聪明的家伙。没想到,孩子的两行热泪夺眶而出,这使林克莱特发觉这个孩子的悲悯之情远非笔墨所能形容。于是林克莱特问他说:"为什么要这么做?"小孩子的回答透露出一个孩子的真实想法:"我要去拿燃料,我还要回来!!"

☞**启示**:沟通过程最忌讳的就是过早地对所接收的信息做出自以为是的判断,这不仅会中断信息沟通过程,而且也不能对事件有全面完整的了解和掌握。沟通活动中,不仅"说"很重要的,"倾听"也同样甚至更重要。学习沟通首先要学会听,其次才是说。

7.3.3.2　作为信息发送者的管理者沟通技巧

管理者作为一个沟通者时,应该具有高超的传递信息的技能,可以从以下几方面来提高传递信息的技能:

1. 认清自己和他人"需要了解什么"

沟通最基本的原则是认识到组织中其他人需要了解什么并对此做出响应。所有其他原则都是次要的。人们之所以常常破坏这条原则是由于以自我为中心,再加上时间紧迫,以及不了解别人的需要等原因。另外,要认清自己需要什么并在周围环境中去寻找机会获取自己需要的信息。

2. 有效地发布信息

在信息沟通时,管理者要根据情况来发布信息,有时需要发布较多的信息,有时需要发布较少的信息,有时则需要把更完整的信息传递给对方。

3. 适当地使用符号

可以从以下几方面考虑:以另一种方法来说或写;重复说或写;使用接收者易懂的语言和术语;在传递信息时明确所用的符号。

4. 提高信任度

管理人员是否值得所属人员信任及信任程度如何,对于能否改善沟通有重要的作用。一个有效的管理者,不仅要取得下属对他的信任,而且必须保持这种信任,并提高这种信任程度。管理者在下属人员面前丧失了信任,那他的命令再正确也不会有人去执行,其任何沟通都会失灵。作为管理者要特别注意以行动加强言词,即口头上说明意图,不过是沟通过程的开始,只有在管理方面建立以行动支持语言的信誉之后,所阐述的政策和将要采取的行动才能取信于人。坚持按书面或口头所表达的信息采取相应的行动可以缩短"信任差距",并有助于建立相互信任的气氛。

5. 利用反馈

反馈对于有效的沟通来说是必要的,当发出信息时,管理者要在信息中建立一个反馈机制。沟通只有在发出信息的人收到对方表明信息已收到的反馈信号之后才算完结。管理者既可以在信息中提出反馈的要求，也可以表明何时或通过何种方式知道信息已收到或理解。当管理者通过写信、便条或发传真沟通时，可以要求接收者通过信件、便条或传真的方式回复，也可以电话回复。通过在信息中包含这些反馈机制，管理者才能确保自己的信息被听到和被理解。

6. 将信息编译成接收者易于理解的传输符号

管理者在将信息进行编码时，必须使用接收者能够理解的符号或语言，这一点要引起管理者的重视。例如，当用英语给母语非英语的接收者发送信息时，尽量用常见的词汇，避免用一些冷僻词汇，以免在翻译时不知所云，有时甚至可能显得滑稽可笑或者具有侮辱性。行话，是同一职业、群体或组织的成员方便沟通的特殊语言，不能用来与非同一职业、群体、组织的成员进行沟通。

发出的信息能否被接收信息的人所理解，在很大程度上取决于发出信息的人所用的语言是否通俗易懂。鉴于接收信息的人各不相同，所以发出信息的人所使用的语言也应因人而异。一句话，必须使用接收信息的人最易懂的语言才是正确的，最好采取面对面的直接沟通交换意见，这样双方可畅所欲言，避免语言上的含糊误解。

7. 选择接收者能监控的媒介

在选择媒介时，管理者要考虑的另一个因素是，这个媒介是否受到接收者的关注。许多管理者发送信息时，往往选择他们常用或最方便的媒介，但这样做常常会导致无效的沟通。一些不喜欢电话交谈和面对面沟通的管理者也许喜欢用电子邮件，他们每天发出许多电子邮件，每隔几个小时检查一下信箱。喜欢与人个别沟通或通过电话沟通的管理者，他们也许有电子邮件地址，但是很少用电子邮件，常常忘记检查电子邮件。因此，无论管理者多么喜欢电子邮件，如果将信息通过电子邮件的方式送给很少或从不检查电子邮件的人是无用的。知道哪个管理者喜欢书面沟通，哪个喜欢面对面沟通，然后选择合适的媒介，有助于接收者真正收到并注意这些信息。

另一点要考虑的是，接收者是否在某些方面有残疾，是否会限制他对一些信息的解码能力。例如，对于一个盲人来说，是无法阅读书面信息的。管理者应该确保残疾员工与他人有效沟通的渠道。

有时也可以选用多重媒介，必要时改变媒介，也可以增加媒介的量（如加大声音）。

8. 避免信息被过滤和曲解

当信息发送者错误地认为接收者不需要该信息或不想接收该信息时，发送者会保留部分信息，这样就会导致信息过滤。信息过滤会发生在组织的每个层次，以及垂直和水平沟通中。

当信息在经过一系列的发送者和接收者后，会产生意思的改变，即信息曲解。由于错误地编码和解码或缺乏反馈，一些信息扭曲是偶然的，一些信息扭曲则是故意的，发送者可能会选择一些信息，使他们自己或他们所在的群体看起来很好，以便得到特殊的对待。

管理者自身应该避免信息过滤和信息扭曲。但是怎样才能消除组织中的过滤障碍以达到有效沟通呢？应该在组织中建立信任：信任下属的管理者不会保留信息，会向下属提供清楚、完整的信息；信任管理者的下属相信自己不会因超出自己控制能力的事受到责备，也会受到公平的对待。

9. 掌握说的技巧

（1）换位思考：既要表达自己的思想，又要从对方的角度出发，顾及对方的需求，保护对方的自我意识。

（2）从积极的角度入手：避免用消极和否定的语气、字眼，实在要说也要将负面信息与多方的某个受益面结合起来讲。

（3）使用礼貌友善的语言：专业而不僵硬，友善而不虚伪，自信而不骄傲。真诚地赞美对方、处处表示对其尊重。

（4）回避忌讳的话题：保守别人的秘密，不揭别人隐私和伤疤，特别是不可涉及国家、民族、宗教等负面的禁忌。

（5）善于运用肢体语言：眼神、表情、手势、动作等。

（6）运用幽默：幽默可消除隔阂、排除尴尬、活跃气氛、拉近心理距离。

（7）合适的语言：清晰、简明，话不宜多，调不宜高，节奏要合适，巧用停顿。

7.3.3.3 作为信息接收者的管理者沟通技巧

管理者作为一个信息接收者时，应该具有高超的接受信息的技能。可以从以下几方面来提高接收信息的技能。

1. 集中注意力

因为充当多种角色和承担多种任务，管理者经常超负荷和被迫同时思考多个事情，所以有时对接收到的信息没有足够的注意，从而造成严重的沟通障碍。

要进行有效管理，管理者无论多忙，都要对收到的信息有足够的注意，即集中自己的注意力。当和下属讨论方案时，管理者的注意力应该放在方案上，而不是放在马上要与自己上司召开的会议上。同样，当管理者阅读书面材料时，应该集中注意力理解所读的东西，而不是分神考虑其他的事情。

2. 成为好的倾听者

要成为好的倾听者，管理者需要做到以下几件事情。

首先，管理者不要随便打断别人说话，这样讲话者不会被打乱思路，管理者也不会因为信息的不完全得出错误结论。

其次，管理者要与讲话者保持眼睛接触，并适时地运用体态和表情，使讲话者知道他在认真地听，这样做也有助于管理者关注所听的事情。

再次，在接收信息以后，管理者对模糊不清的或混淆的地方要提出疑问。

最后，管理者应该用自己的语言解释、重复信息内容，指出讲话者认为重要的、复杂的或者可以换一种解释的地方，这些反馈要素对成功的沟通是关键的。

通常来说，管理者像其他人一样，喜欢听自己讲，而不是听别人讲。然而，成为良好沟通者的一个部分是要成为好的倾听者，这也是作为信息接收者的管理者在面对面和电话沟通中的基本技巧。

3. 移情

当试图从信息发送者的感觉和描述中理解信息，而不是只从自己的观点理解信息时，接收者便做到了移情。

例如，越来越多的医生认识到，在与病人沟通的过程中，应该投入更多的感情。

此外，在使用符号、惯例、专业术语、俗语等方面，在沟通之前要清楚其真正含义，需要时应通过提问，要求沟通者重复以确定双方理解一致。

▶▶ 本章小结

领导是指拥有权力的人向他人施加影响，使之为实现预定目标而努力的过程。领导的主要功能在于能够给下属以有效的激励，表现出不同凡响的鼓舞能力，为下属设计和维持一个良好的工作环境，促进和提高组织的绩效水平。领导的实质是通过人与人之间的相互作用，使被领导者能义无反顾地追随他前进，自觉自愿而又充满信心地把自己的力量奉献给组织，促进组织目标更有效地实现。要达到这样的效果，领导者不仅要充分运用其职位所固有的权力，更重要的是要注意加强自身修养，提高业务能力和管理决策能力，发挥专家性和感召性的影响力。领导的效果不仅与领导者的素质能力等个性因素有关，而且受领导者的行为及领导者所面临的情境的影响。关于这些要素的研究形成了领导特质理论、领导行为理论和领导权变理论，这些理论对于当今组织的领导实践具有重要的指导意义。领导活动的目的在于激发和调动员工的工作积极性，鼓励员工为组织高水平地工作是领导者一项重要的职责。为此，作为领导者需要与员工进行有效的信息沟通，告诉员工组织期望于他们的是什么，需要了解员工有什么需要，了解员工对组织有什么期望，只有这样才能采取正确的激励手段，有效地满足员工的需要，实现组织的预期目标。

▶▶ 同步测试

一、单项选择

1. 民主式领导方式的特点之一是（ ）。

　A. 领导者预先安排一切工作的程序和方法，下属只能服从

　B. 分配工作时尽管照顾到个人的能力，兴趣和爱好

    C. 对工作事先无布置，事后无检查，权力完全给予个人，一切悉听尊便

    D. 领导方法的选择取决于环境和个性

2. 下列提出公平理论的管理学者是（　　　）。

    A. 麦格雷戈　　　　　B. 赫兹伯格　　　　　C. 弗鲁姆　　　　　D. 亚当斯

3. 在群体或组织中，沟通的主要功能是（　　　）。

    A. 实现目标　　　　　B. 提高效率　　　　　C. 团队合作　　　　　D. 传递信息

4. 依据领导生命周期理论，如果下属处于成熟度的较低阶段，比较适合的领导方式是（　　　）。

    A. 指示型领导　　　　B. 推销型领导　　　　C. 参与型领导　　　　D. 授权型领导

5. 在费德勒的领导权变模型中，如果领导者所面临的是不利的情境，（　　　）会取得较好的效果。

    A. 指示型领导　　　　B. 关系导向型领导　　C. 任务导向型领导　　D. 授权型领导

6. 当下属执行结构化任务时，（　　　）会带来员工的高绩效和高满意度。

    A. 支持型领导　　　　B. 参与型领导　　　　C. 成就取向型领导　　D. 指导型领导

7. 根据勒温的领导风格理论，导致员工在工作中满意度最低的领导行为是（　　　）。

    A. 放任式领导　　　　　　　　　　　　B. 独裁或专制式领导

    C. 民主式领导　　　　　　　　　　　　D. 推销式领导

8. 根据麦克莱兰的成就需要理论，最优秀的管理者一般是（　　　）。

    A. 高成就需要者　　　B. 高归属感需要者　　C. 高权力需要者　　　D. 低成就需要者

9. 假如有一家足球俱乐部，由于球队在超级联赛中成绩糟糕，高级管理层认为是球队教练的执教理念和执教能力造成的，因此，他们认为要改变现状，最好的途径就是更换球队教练，这种立场和观点体现了（　　　）的主张。

    A. 领导生命周期理论　　　　　　　　　B. 费德勒权变领导理论

    C. 里克特的领导行为理论　　　　　　　D. 路径—目标理论

10. 在每年新生入学的时候，学校都会给每个学生发一本入学手册，要求学生认真学习学校的各种规章制度，懂得什么是学校提倡和鼓励的行为，哪些行为又是学校禁止的。学校的这种对学生行为的强化属于（　　　）。

    A. 正强化　　　　　　B. 负强化　　　　　　C. 惩罚　　　　　　　D. 自然消退

11. 作为一种信息沟通方式，听广播或看电视是属于（　　　）。

    A. 正式沟通　　　　　B. 小道消息　　　　　C. 单向沟通　　　　　D. 双向沟通

12. 某人因为迟到被扣了当月的奖金，对他的同事来说，这种强化方式属于（　　　）。

    A. 正强化　　　　　　B. 负强化　　　　　　C. 惩罚　　　　　　　D. 自然消退

二、多项选择

1. 领导者对下属的影响力来源于（　　　）。

A. 职位权力　　B. 非职位权力　　C. 直线权力　　D. 参谋权力　　E. 职能权力

2. 保健因素主要包括（　　）等方面。

A. 工作本身　　B. 金钱　　　C. 监督　　　D. 地位　　　E. 成就

3. 根据传递信息的方式不同，沟通可分为（　　）。

A. 口头沟通　　B. 书面沟通　　C. 非语言沟通　　D. 定期沟通　　E. 临时沟通

4. 根据费德勒的领导权变模型，在（　　）的情境中，任务导向型的领导能够取得较好的效果。

A. 有利　　　B. 不利　　　C. 中等有利　　　D. 中等不利　　　E. 无所谓

5. 根据路径-目标理论，指导型领导风格在（　　）情境下将取得较好的效果。

A. 任务不明或压力过大

B. 工作群体内部存在激烈的冲突

C. 任务低结构化

D. 组织中的正式权力关系越明确、越官僚化

E. 下属能力强或经验丰富

6. 根据公平理论，如果一个人的报酬与付出之比大于参照对象的报酬与付出之比，那么，他可能会采取（　　）来恢复公平感。

A. 更加努力工作　　　　　　　B. 珍惜现有的工作

C. 减少工作中的付出　　　　　D. 重新评估自己与参照对象的付出

E. 离开工作岗位

7. 信息沟通必须具备（　　）等要素。

A. 发送者　　B. 接收者　　C. 信息　　　D. 媒介　　　E. 噪声

8. 语言沟通的形式有（　　）。

A. 表情　　　B. 语调　　　C. 口头沟通　　D. 书面沟通　　E. 动作

9. 在费德勒的领导权变理论中，情境条件由三个部分组成，它们是（　　）。

A. 领导者与成员的关系　　　　B. 任务结构

C. 领导者的职位权力　　　　　D. 领导者的风格

E. 下属的素质

10. 领导行为理论把领导者影响下属的行为划分为（　　）等基本方式。

A. 专制式领导　　　　　　　　B. 民主式领导

C. 放任式领导　　　　　　　　D. 关怀行为

E. 定规或创制行为

三、思考题

1. 你认为作为一个大学生，如何做才能使自己成为有效的领导者？

2. 你认为哪一种领导理论更适合于自己？

3. 信息沟通的障碍主要来自哪些方面？如何在沟通中提高沟通效果？

4. 根据所学的激励理论，你认为应该如何激励员工才会取得更好的效果？

5. 你认为强化理论在管理实践中的应用可能会产生什么潜在问题？

▶ 实践与训练

本章内容围绕领导力阐述领导理论，启迪如何成为一名成功的领导者。领导力及领导艺术的掌握和体会成为本章的重点。

实训内容：

1. 找出自己身边的"领导"，描述案例，分析"领导"在工作过程中的问题；

2. 分组进行一个小活动，如走到街头进行环保宣传工作等，在整个过程中，对组织者与组织方式进行记录与分析，并写出完整分析报告，活动至少持续三天；

3. 在模拟公司开始组建以来，经过前几个阶段的总结与整合，对模拟公司领导及其领导方式进行分析与总结；

4. 总结出"领导"素质模型，并针对自己的实际进行对比，确立学习目标。

▶ 讨论案例

兔子与胡萝卜的故事

1. 兔王遇到的难题

南山坡住着一群兔子。在蓝眼睛兔王的精心管理下，兔子们过得丰衣足食，其乐融融。可是最近一段时间，外出寻找食物的兔子带回来的食物越来越少。为什么呢？兔王发现，原来是一部分兔子在偷懒。

2. 奖励的必要性

兔王发现，那些偷懒的兔子不仅自己怠工，对其他的兔子也造成了消极影响。那些不偷懒的兔子认为，既然干多干少一个样，那还干个什么劲呢？因此也一个一个跟着偷起懒来。于是，兔王决心要改变这种状况，宣布谁表现好谁就可以得到特别奖励的胡萝卜。

3. 随意奖励，激起不满

一只小灰兔得到了兔王奖励的第一根胡萝卜，这件事在整个兔群中激起了轩然大波。兔王没想到反响如此强烈，而且居然是适得其反的效果。

有几只老兔子前来找兔王谈话，数落小灰兔的种种不是，质问兔王凭什么奖励小灰兔？兔王说："我认为小灰兔的工作表现不错。如果你们也能积极表现，自然也会得到奖励。"

4. 兔子们学会了变脸

于是，兔子们发现了获取奖励的秘诀。几乎所有的兔子都认为，只要善于在兔王面前表现自己，就能得到奖励的胡萝卜。那些老实的兔子因为不善于表现，总是吃闷亏。于是，日久天长，在兔群中竟然盛行起一种变脸式（当面一套背后一套）的工作作风。许多兔子都在想方设法地讨兔王的欢心，甚至不惜弄虚作假。兔子们勤劳朴实的优良传统遭到了严重打击。

5. 有规矩才能成方圆

为了改革兔子们弄虚作假的弊端，兔王在老兔子们的帮助下，制订了一套有据可依的奖励办法。这个办法规定，兔子们采集回来的食物必须经过验收，然后可以按照完成的数量得到奖励。

一时之间，兔子们的工作效率得到提高，食物的库存量大有提高。

6. 注意奖励制度的改革

但兔王没有得意多久，因为兔子们的工作效率在提高一段时间之后，很快又陷入了每况愈下的困境。兔王感到奇怪，仔细一调查，原来在兔群附近的食物源早已被过度开采，却没有谁愿意主动去寻找新的食物源。

有一只长耳朵的大白兔指责他唯数量论，助长了一种短期行为的功利主义思想，不利于培养那些真正有益于兔群长期发展的行为动机。

7. 当规矩被破坏之后

兔王觉得长耳兔说得很有道理，若有所思。有一天，小灰兔素素没能完成当天的任务，他的好朋友都都主动把自己采集的蘑菇送给他。兔王听说了这件事，对都都助人为乐的品德非常赞赏。

过了两天，兔王在仓库门口刚好碰到了都都，一高兴就给了都都双倍的奖励。此例一开，变脸游戏又重新风行起来。大家都变着法子讨好兔王，不会讨好的就找着兔王吵闹，弄得兔王坐卧不宁、烦躁不安。有的说："凭什么我干得多，得到的奖励却比都都少？"有的说："我这一次干得多，得到的却比上一次少，这也太不公平了吧？"

8. 胡萝卜也会失去激励作用

时间一长，情况愈演愈烈，如果没有高额的奖励，谁也不愿意去劳动。可是，如果没有人工作，大家的食物从哪里来呢？兔王万般无奈，宣布凡是愿意为兔群做贡献的志愿者，可以立即领到一大筐胡萝卜。布告一出，报名应征者好不踊跃。兔王心想，重赏之下，果然有勇夫。

根据以上资料分析：

1. 这个故事反映了管理中的哪些理论？
2. "胡萝卜"在企业管理中指什么？"胡萝卜"有哪些种类，分别会达到什么效果？

第8章 控制工作

本章穿针引线

控制是管理过程的最后一个阶段，控制的效果如何将对整个管理过程产生重要的影响。本章主要介绍控制的相关理论和常用方法。在概述中，将通过分析控制的含义来了解控制工作的基本理论，从而引导人们有效地进行控制。而控制工作的顺利开展必须建立在一定的基础和前提之上，忽视了这些基础和前提，控制工作将无法正常进行。除此之外，为了使控制取得预定的效果，还要遵循一系列的原则。根据组织实际情况，控制可以表现为多种形式。但无论哪一种形式的控制，它都要遵循三个基本步骤，即确定标准、衡量绩效和纠正偏差。控制的具体方法多种多样，每一种控制方法都有其适应的对象。管理者应根据控制对象的特点和控制的目的，选择适当的控制方法。

学习目标规划

1. 基本了解控制的含义、控制的基础与前提；
2. 重点掌握控制的原则、控制的分类、控制工作的步骤、控制的方式和技术方法；
3. 能够根据不同对象，在遵循各种控制原则的基础上，熟练运用合适的控制技术对活动实施控制。

课前热身随笔

1. 在实际生活工作中，常常有人把质量管理称为质量控制，把宏观经济管理称为宏观经济控制等。这是否意味着管理就是控制？你是如何理解控制与管理之间的关系的？

2. 你的问题

_____

_____

_____

引导案例

哈勃望远镜

经过长达 15 年的精心准备，耗资 15 亿美元的哈勃（Hubble）太空望远镜终于在 1990 年 1 月发射升空。但是，美国国家航天管理局（NASA）仍然发现望远镜主镜片存在缺陷。由于直径达 91.5 英寸的主镜片的中心过于平坦，导致成像模糊。望远镜对遥远的星体无法像预期的那样清晰地聚焦，结果造成一半以上的试验和许多的观察无法进行。

更可悲的是，如果事先有好一点的控制，这些是完全可以避免的。镜片的生产商 Perkings-Elmer 公司使用了一种有缺陷的光学模板来生产如此精密的镜片。具体原因是，在镜片生产过程中，进行检验的一种无反射校正装置没有设置好。校正装置上的 1.3 毫米的误差导致镜片被研磨、抛光成了错误的形状。但是没有人发现这个错误。具有讽刺意味的是，这个项目和许多其他的 NASA 项目不同的是，这一次并没有时间上的压力，有充分的时间发现镜片上的缺陷。事实上，镜片的粗磨早在 1978 年就开始了，直到 1981 年才抛光完成。由于"挑战者号"航天飞机的失事，完成后的望远镜又在地上待了两年。

8.1 控制工作概述

227

目标导引

1. 基本了解控制工作的定义、控制工作的基础与前提；
2. 重点掌握控制的原则。

在许多情况下，人们制定了良好的计划，也有了适当的组织，但由于没有把握住控制这一环节，最后还是达不到预期的目的。控制是一项重要的管理职能，也是常常容易出现问题的职能。所以，必须认真思考和研究如何有效地进行控制工作。有效的控制必须具备一定的条件并遵循科学的控制原则。

8.1.1 控制工作的定义

在管理研究中，控制工作是指为了实现组织目标，根据组织的计划和事先规定的标准，通过监督各项活动及其结果，并纠正各种重要偏差，以保证这些活动按计划进行的过程。

对这个定义还可以从以下几层含义进行理解。

8.1.1.1 控制有很强的目的性

控制是为了保证组织中的各项活动按计划进行，以维持组织活动正常运行。控制不仅要解决经常发生变化的迅速而又直接影响组织活动的"急性问题"，使组织内部系统活动趋于相对稳定，实现组织的既定目标；还要在维持组织活动正常运行的基础上，根据内外环境的变化对组织产生的新要求及组织不断发展的需求，打破现状，重新修订计划，确定新的控制标准，以解决长期存在着的影响组织素质的"慢性问题"。

8.1.1.2 控制是通过"监督"和"纠偏"来实现的

"监督"是指监督组织的各项活动是否按组织的既定计划进行，同时也检验计划的正确性和合理性。"纠偏"是指当偏差存在时，调整实际工作或计划，以保证目标的实现。组织的计划是对未来的预测，由于人的认识的局限性，未来的不确定性和不可预见性常导致实际工作与计划存在一定的偏差。有效的管理控制能及时地获取偏差信息，并能及时地采取纠偏措施，防止偏差的累积，从而保证组织目标的顺利实现。

8.1.1.3 控制是一个过程

控制绝不仅限于衡量计划执行中出现的偏差，控制的目的在于通过采取纠正和激励措施，把那些不符合要求的管理活动引回到正常的轨道上来。在较多的情况下，纠正措施可能涉及需要重新拟订目标、修订计划、改变组织机构、调整人员配备、调整流程，并对指导或领导方式做出重大的改变等。从这个意义上说，控制工作既是一个管理过程的终结，又是一个新的管理过程的开始。

8.1.2 控制的基础与前提

8.1.2.1 控制要有科学可行的计划

控制就是纠正偏离计划的偏差，以保证活动按既定方向进行。显然未经计划的活动是无法控制的，没有计划指导的控制是毫无意义的。因此，计划要为控制工作提供标准，有效控制则以科学的计划为前提。

8.1.2.2 控制要有明确的组织结构

控制工作主要是根据各种信息，纠正计划执行中出现的偏差。要做到这一点，就要有专门负责控制工作的组织机构，建立健全与控制工作有关的规章制度，明确由何部门、何人来负责何种控制工作。如果没有控制机构，而由各部门自行控制，就难以防止执行部门由于自己的切身利益而出现的掩盖真相、报喜不报忧等情况，或由于忙于贯彻指令，无暇顾及调查研究、分析评价，难以反映真实情况。

8.1.2.3 控制要有反馈渠道

控制工作中的一个重要步骤就是将计划执行后的信息反馈给管理者，以便使管理者对预期目标与达到的目标水平进行比较分析。这种信息反馈的速度、准确性如何，直接影响到控制指令的正确性和纠偏措施的有效性。因此，订好了计划，明确了各部门和个人在控制中的职责以后，还必须设计和维护畅通的信息反馈渠道。信息反馈渠道的设计要注意两个问题：一要注意与控制工作有关的人员在信息传递中的任务与变化；二要事先规定好信息的传递程度、收集方法和时间要求等事项。

8.1.3 控制的原则

在建立控制系统时必须遵循一些基本原则，才能使控制工作发挥应有的作用，这些原则如下所述。

8.1.3.1 未来导向原则

未来导向的原则是指控制工作应当着眼未来，而不是只有当出现了偏差才进行控制。由于在整个控制系统中存在着时滞，所以管理人员越是能够有效地预防偏差或及时地采取措施纠正偏差，越能收到好的效果。但是，这条原则往往被忽视，主要原因是现有的管理工作水平不太容易预测未来的不确定因素，管理人员一般仍依赖历史数据。因此，要投入更大的精力来从事面向未来的控制，这对于增强工作的主动性具有重要的意义。

8.1.3.2 及时性原则

控制的及时性是指在控制工作中及时发现偏差，并能及时采取措施加以纠正。要实现高效率的控制，要求能迅速发现问题并及时采取纠偏措施。这一方面要求及时准确地提供控制所需的信息，避免时过境迁，使控制失去应有的效果；另一方面要事先估计可能发生的变化，使采取的措施与已变化了的情况相适应，即纠偏措施的安排应有一定的预见性。

实际情况千变万化，控制不仅要准确，而且要及时，一旦丧失时机，即使提供再准确的信息也徒劳。当然及时不等于快速，及时是指当管理者需要时，控制系统能适时地提供必要的信息。组织环境越复杂、动荡，决策就越需要及时地控制信息。同时，要尽可能地采用前馈控制方式，一旦发生偏差，就对以后的情况进行预测，使控制措施能够针对未来，较好地避免时滞问题。

【案例】山西苯胺泄漏瞒报 5 天　晋冀豫被迫联动处理污染

2012 年 12 月 31 日 7 时 40 分，山西省长治市发生一起苯胺泄漏事故（山西天脊煤化工集团有限公司）。5 天之后，1 月 5 日下午，山西省政府才接到报告并对外通报。

经过初步核查，事故发生时苯胺泄漏总量约为 38.7 吨，其中有 8.7 吨苯胺排入浊漳河，造成山西省境内平顺县和潞城市 28 个村、2 万多人受影响。污染还远及河北、河南两省，并导致河北省邯郸市一度大面积停水。

5 日下午，邯郸市区突发大面积停水，有市民表示，停水面积大概占邯郸市总面积的 70%，包含主要的商业街，随即引发市民抢水、储水风潮，很多商店矿泉水、出现断货，有的价格上涨了两三倍。

苯胺泄漏事故同样影响到下游河南省安阳市的水质安全。1 月 6 日中午，安阳市政府发布消息称，1月5日12时许，接到山西省和河北省的通报后，安阳市环保局开展对红旗渠、漳河和岳城水库水质的应急监测，监测结果显示，该市境内岳城水库、红旗渠等部分水体有苯胺、挥发酚等因子检出和超标。安阳市政府提醒沿线群众应暂停将红旗渠、安阳河、岳城水库等水源用于人畜饮用和农田灌溉。

☞ 启示：由于信息传递延误，导致安全事故造成的危害不能得到及时控制，这样类似的安全事故在我们社会屡屡发生，并且故事版本都很相似。

8.1.3.3 关键点原则

所谓关键点原则，是指控制工作要针对重要的、关键的因素实施重点控制，不能只从某个局部利益出发。组织中的活动往往错综复杂，管理者根本无法对每一个方面实施完全地控制，因此，应该将注意力集中于计划执行中的一些关键影响因素上。而一旦出现问题时，控制工作也应当以这些关键点为着力点。控制住了关键点，也就基本上控制住了全局。可以说，选择关键控制点的能力是管理工作的一种艺术，管理者越是能够把握事物的关键点，控制工作就越有效。

8.1.3.4 例外原则

所谓例外原则，是指控制工作应着重于计划实施中的例外偏差（超出一般情况的特别好或特别坏的情况）。但是，对例外情况的重视程度不应仅仅依据偏差的大小而定，而应关注关键点的例外情况。在偏离标准的各种情况中，有一些是无关紧要的，而另一些则不然，某些微小的偏差可能比某些较大的偏差影响更大。因为在一个特定的组织中，不同工作的重要程度各不相同。例如，在某一企业中，对"合理化建议"的奖励超出20%可能无关紧要，而产品的合格率下降1%却可能使所有产品滞销。

因此，在实际工作中，控制的例外原则必须与关键点原则相结合，关键点原则强调选择控制点，而例外原则强调观察在这些控制点上所发生的异常偏差。

8.1.3.5 客观性原则

控制的客观性是指在控制工作中，管理者不能凭个人的主观经验或直觉判断，而应采用科学的方法，尊重客观事实。

在整个控制过程中，管理者难免有许多主观的因素在内，主观判断不仅可能使绩效的衡量得不出明确的结论，而且还会使纠正偏差的力度难以把握，从而使现实工作混乱。

为了保证控制的客观性，就要求尽可能提供和使用无偏见的、详细的、可以被证实和理解的信息。同时，还要求必须具有客观的、准确的和适当的控制标准。而控制标准量化程度越高，控制则越规范。虽然在诸多衡量标准中总有一些是定性的和难以量化的，但关键问题是使标准在任何情况下都是可测定和可考核的。

8.1.3.6 准确性原则

一个控制系统要想行之有效，必须具备准确性。现实中，由于各种因素的影响，常常将不准确性带入控制系统之中。有时可能是因为衡量绩效的工具精确度不够，使衡量结果的误差过大；有时则可能是工作人员出于个人利益，人为地虚报数据。一个提供不准确信息的控制系统将会导致管理者在应该行动的时候而没有行动，没有出现问题反而采取了行动，这会使整个组织蒙受损失。

因此，管理者需要选择适用的、精确的绩效衡量方法和工具来避免产生误差，同时还要采取预防措施，运用先进的管理技能避免出现弄虚作假行为。

【案例】山西承认对苯胺污染事故的危害性估计不足

中广网潞城 2013 年 1 月 7 日消息，山西潞安天脊"12·31"苯胺泄漏事故指挥部今天上午召开第三次新闻通气会。山西省长治市市长张保表示，2012 年 12 月 31 日事发后，企业上报的苯胺外泄量是 1~1.5 吨，数量比较小，认为这是一个一般的安全生产事故，企业完全能用自己的力量处置，不会形成大事故。没有想到事故出现是由于企业对自身设备设施管理不善引起的，造成苯胺通过雨水和污水管道泄入浊漳河造成污染。没想到一起当时认为一般的安全生产事故最后发展成环境污染的重大事故。因为这些原因，造成没有及时上报省政府，反映了对环保污染认识不够、警惕性不高，对苯胺进入浊漳河以后污染危害性估计不足。

☞ **启示**：这是传递的信息不准确（瞒报）造成安全事故危害不能得到及时控制的典型例子。

231

8.1.3.7 经济性原则

控制活动需要经费。是否进行控制，控制到什么程度，都要考虑费用问题。应将控制所需的费用同控制所产生的结果进行比较。当通过控制所获得的价值大于它所需费用时，才有必要实施控制。如果控制能够以最小的费用或其他代价来实现预期的控制目的，那么这种控制系统就是最有成效的。所以，从经济性的角度考虑，控制系统并不是越复杂越好，控制力度也不是越大越好。控制系统越复杂，控制工作力度越大，意味着控制的投入也越大。而且在许多情况下，这种投入的增加并不一定会导致计划能更顺利地实现。

【案例】不要忘记你的原始目标

有一家公司，准备淘汰一批落后的设备。董事会决定：这些设备不能扔，找个地方放起来。于是专门为这批设备修建了一间仓库。这时董事会中有人说："防火防盗不是小事，找个看门人。"于是又找了个看门人看管仓库。

这时，新问题出现了：看门人没有约束，玩忽职守怎么办？于是又派了两个人过去，成立了计划部，一个人负责下达任务，一个人负责制订计划。

董事会中有人说："我们必须随时了解工作的绩效。"于是又派了两个人过去，成立了监督部，一个人负责绩效考核，一个人负责写总结报告。董事会中又有人说："不能搞平均主义，收入应拉开差距。"全体董事都认为这是对的，于是又派了两个人过去，成立了财务部，一个人负责计算工时，一个人负责发放工资。

接着又有新问题出现了：管理没有层次，出了岔子谁负责？于是又派了四个人过去，成立了管理部，一个人负责计划部工作，一个人负责监督部工作，一个人负责财务部工作，一个总经理，管理部总经理对董事会负责。

年终时，董事会一致认为：去年仓库的管理成本为 35 万元，这个数字太大了，一周内必须想出解决办法。于是，一周之后，看门人被解雇了。

☞ **启示**：人们在生活中也会经常碰到用旧了的家具、电器之类的东西，如何处理这些物品往往会成为我们的棘手问题，其中最根本的原因就是人们忘记了生活的本质不是拥有多少物品，而是物品对我们的生活有什么价值。企业管理也不要忘记这一点。

▶▶ 8.2 控制工作的类型

目标导引

1. 基本了解控制工作的分类依据、各类控制工作的概念；
2. 重点掌握各类控制的特点与适用条件；
3. 能够结合实际条件，熟练运用事前控制、事中控制、事后控制理论指导学习、生活中遇到的管理问题。

8.2.1 事前控制、事中控制和事后控制

按照控制活动发生的阶段不同，可以将控制划分为事前控制、事中控制和事后控制。

8.2.1.1 事前控制

事前控制，也称前馈控制、预先控制，是在一项活动正式开始之前所进行的管理上的努力。这种控制主要通过在活动开始之前对工作中可能产生的偏差进行预测和估计，并提前采取措施预防问题的发生，是一种"未雨绸缪"的管理思路。

事前控制适用于一切领域的所有工作，例如：为了防止疾病而进行的卫生、防疫工作；企业购买的材料和设备进厂时的检查、验收；企业招聘新员工时所进行的招聘考核；等等。计划也可以说是一种典型的事前控制。

事前控制是控制的最高境界，是管理者最渴望采取的控制类型。它不仅能防患于未然，最大限度地降低管理成本，提高管理效益；并且是在工作开始之前针对某项计划行动所依赖的条件进行控制，而不是不针对具体人员，因而不易造成面对面的冲突，易于被员工接受并付诸实施。

但是，事前控制需要有一种超前的思维和科学的预测方法，要注意避免单凭主观意志进行工作，其准确性也因此受到了主客观因素的影响。同时，进行预先控制需要掌握大量的信息、足够的经验和科学的方法，因此，一般来说实施的难度也相对较大。

8. 2. 1. 2　事中控制

事中控制，也称现场控制、过程控制、同步控制，是在一项活动或工作过程中进行的控制。这种控制主要通过对正在进行的活动或行为给予必要的监督、指导，发现偏差时立即采取纠正措施，以保证活动和行为按照规定的程序和要求进行。监督是指按照预定的标准检查正在进行的工作，以保证目标的实现。指导是指管理者针对工作中出现的问题，根据自己的经验指导下属改进工作，或与下属共同商讨纠正偏差的措施，使工作人员能够顺利地完成所规定的任务。

传统的事中控制主要表现为管理者亲临工作现场进行巡查、抽查、指导等。例如，生产制造活动的生产进度控制、每日情况的统计报表；每日对住院病人进行临床检查等。在信息技术的发展和普及下，事中控制的形式也发生了改变。管理者可以不必亲临现场，只要通过各种信息传输仪器和监控设备就获得现场信息。

由于事中控制可以直接地对被管理者进行监督和指导，因此，对于约束被管理者的不良行为、提高其工作能力及自我控制能力、减少事后控制可能造成的损失等具有重要的意义。但是，现场控制也存在着难以克服的缺点，主要表现在：受管理者时间、精力、能力的制约较大；比较适用于简单劳动，而对设计、创作等复杂劳动，就难以运用；容易在控制者和被控制者之间形成对立情绪，使控制者或被控制者受到伤害。

8. 2. 1. 3　事后控制

事后控制，又称反馈控制，是工作结束或行为发生之后进行的控制，这种控制把注意力主要集中于工作或行为的结果上，将其与控制标准相比较，发现已经发生或即将出现的偏差，分析其原因和对未来的可能影响，及时拟定纠正措施并予以实施，以防止偏差继续扩大或防止其今后再度发生。

反馈控制是一种最常见的控制方法，它广泛运用于标准成本分析、财务报告分析、质量控制分析、工作人员和部门的业绩评定等。例如，企业发现不合格产品后追究当事人的责任且制订防范再次出现质量事故的新规章，发现产品销路不畅而相应做出减产、转产或加强促销的决定，以及学校对违纪学生进行处罚等。

反馈控制位于活动过程的终点，把好这最后一关，可使错误的态势不致扩大，有助于保证系统的稳定性，并为组织员工的奖惩提供依据；在周期性重复活动中，它还可以总结经验，为进一步实施创造条件，实现良性循环，提高效率。

但反馈控制有一个致命的缺陷，即整个活动已经结束，活动中出现的偏差已在系统内部造成损害，并且无法补偿。就好比"亡羊补牢"，只能在以后的工作中加以改进，是被动选择的一种控制方式。

需要强调的是，在连续性的管理活动中，事前控制、事中控制和事后控制并没有绝对的界限，而是一个循环往复的整体控制过程。任何一个环节的控制工作做得好，都将为其他环节创造良好的条件和基础。

【案例】扁鹊的医术

魏文王问名医扁鹊说："你们家兄弟三人，都精于医术，到底哪一位最好呢？"

扁鹊答说："长兄最好，中兄次之，我最差。"

文王再问："那么为什么你最出名呢？"

扁鹊答说："我长兄治病，是治病于病情发作之前。由于一般人不知道他事先能铲除病因，所以他的名气无法传出去，只有我们家的人才知道。我中兄治病，是治病于病情初起之时。一般人以为他只能治轻微的小病，所以他的名气只及于本乡里。而我扁鹊治病，是治病于病情严重之时。一般人都看到我在经脉上穿针管来放血、在皮肤上敷药等大手术，所以以为我的医术高明，名气因此响遍全国。"

☞ 启示：事后控制不如事中控制，事中控制不如事前控制。

8.2.2 集中控制、分散控制和分级控制

按照采取控制的组织结构不同，可将控制划分为集中控制、分散控制和分级控制。

8.2.2.1 集中控制

集中控制是指全系统的控制活动由一个集中的控制机构来完成，这种形式的特点是：所有信息（包括内部、外部）都流入控制中心，由控制中心集中加工处理，并且所有的控制指令也全部由控制中心统一下达。

如果组织的规模和信息量不大，且控制中心对信息量的获取、存储、加工效率及可靠性都很高时，采用集中控制的方式有利于实现整体的优化控制。例如，生产指挥部、中央调度室。

当组织十分庞大，规模和信息量极大时，就难以在一个控制中心进行信息存储和处理。在这种情况下，集中控制会拉长信息传递时间，造成反馈时滞，使组织反应迟钝、决策延误时机，并且一旦控制中心发生故障或失误，整个组织就会陷于瘫痪，由于无其他替代系统存在，风险很大，此时就不宜采用集中控制方式。

8.2.2.2 分散控制

分散控制是指系统中的控制部分表现为若干个分散的、有一定相对独立性的子控制机构，这些机构在各自的职责范围内各司其职，各负其责，互不干涉，各自完成自己的目标。当然，这些目标是整个目标体系中的分目标。

分散控制的特点与集中控制相反，不同的信息流入不同的控制中心，不同的控制指令由不同的控制中心发出。分散控制适应于结构较松散的组织系统，如城市各交叉路口的交通管理，企业集团公司对其下属企业的管理等。

分散控制的优点有：针对性强，信息传递效率高，控制效率高；操作简单，系统适应性强。但分散控制可能会带来一个严重后果，即难以取得各分散系统的相互协调，难以保证各分散系统的目标与总体目标的一致性，从而会危及整体的优化，严重的甚至会导致失控。

8.2.2.3　分级控制

分级控制又称等级控制，是指系统的控制中心分解成多层次、分等级的控制体系，一般呈宝塔型，同系统的管理层次相呼应。

分级控制的特点是：综合了集中控制和分散控制的优点，其控制指令由上往下传，越往下越详细，反馈信息由下往上传，越往上越精练，各层次的监控机构有隶属关系，分级控制的职责分明，分工明确；分级控制中心传递的信息有详有略，使各级部门能快速了解情况，迅速做出反应；整体目标易协调；系统组织适应性强。但要特别注意预防由于缺乏间接控制、自觉不自觉地滥用并多层次地向下重叠实施直接控制的弊病。

8.2.3　正式组织控制、群体控制和自我控制

按照控制来源的不同，可把控制划分为正式组织控制、群体控制和自我控制。

235

8.2.3.1　正式组织控制

正式组织控制是由管理人员设计和建立起来的一些正式机构或规定来进行控制，它是确保组织生存、发展的重要手段。例如，规划、预算和审计等部门的正式组织控制活动，组织可以通过规划指导组织成员的活动，通过预算来控制消费，通过审计来检查各部门或个人是否按照规定进行活动，并提出更正措施。例如，按照规定对在禁止吸烟的地方抽烟的职工进行罚款，以及对违反操作规程者给予纪律处分等，都属于正式组织控制的范围。

8.2.3.2　群体控制

群体控制又称非正式组织控制，它是基于群体成员们的价值观念和行为准则，由非正式组织发展和维持的。非正式组织通常有自己的一套行为规范，尽管这些规范并没有明文规定，但对其成员却有很大的约束力和控制力。遵循非正式组织的规范，就会得到奖励，这种奖励可能是其他成员的认可，也可能是强化了自己在非正式组织的地位。如果违反则可能遭到惩罚，这种惩罚可能是遭受排挤、讽刺、甚至是被驱逐出该组织。例如，建议一个新来的职工自动把产量限制在一个群体可接受的水平，就是群体控制的一个例子。群体控制在某种程度上左右着成员的行为，处理得好，有利于达成组织目标；如果处理得不好，将会给组织带来很大危害。关键在于如何加以正确引导。

8.2.3.3 自我控制

自我控制是个人有意识地去按某一行为规范进行的控制活动。自我控制能力取决于个人本身的素质。例如，一个职工不愿意把单位的东西据为己有，可能是由于他具有诚实、廉洁的品质，而不单单是怕被抓住遭惩罚。一般来说，具有良好修养的人自我控制能力较强，顾全大局的人比仅看重自己局部利益的人有较强的自我控制能力；具有较高层次需求的人比具有较低层次需求的人有较强的自我控制能力。这种控制成本低，效果好。但它要求上级对下级充分的信任和授权，还要把个人绩效与奖惩、薪酬和提升联系起来。

以上三种控制有时是相互一致的，有时又是相互抵触的。这取决于组织对其成员的教育和吸引力，或者说取决于组织文化。因此，有效的管理控制系统应该综合利用这三种控制类型并使它们尽可能和谐，防止它们之间相互冲突。

8.2.4 直接控制和间接控制

按照控制的手段的不同，可将控制分为直接控制和间接控制。

8.2.4.1 直接控制

直接控制是指通过直接接触控制对象进行的控制，即从事具体工作的操作者在工作过程中进行的控制。例如，在企业中从事生产的工作，操作者一边观察机械运行状态与产品质量变化，一边调整作业程序就是直接控制。

直接控制的有效性依赖于以下假设条件。

① 合格人才所犯的错误较少。所谓"合格"，就是指他们能熟练地应用管理的概念、原理及技术，能以系统的观点来进行管理工作。

② 管理工作的成效是可以计量的。

③ 在计量管理工作的绩效时，管理的概念、原理和方法是有用的判断标准。

④ 管理基本原理的应用情况是可以评价的。

因此采用直接控制时，管理者及其下属的素质越高，管理控制过程中差错就出现越少。

8.2.4.2 间接控制

间接控制又称为影响控制，是指不对运行过程直接干预，而是通过间接的手段来引导和影响运行过程，从而达到控制的目的。

运用这种控制方式需要明确几个前提条件。

① 工作成效可以相互比较，并且也可以计量。

② 员工对工作任务负有明确的、可以分割的责任，这种责任和员工之间的尽责程度可以相互比较。

③ 分析偏差和追究责任所需的时间、费用等是有充分保证的。

④ 出现的偏差可以预料并能及时发现。

⑤ 有关责任单位和责任人对出现的偏差会采取纠正措施。

但这些假设在实际中有时是不能完全满足的，所以间接控制并非普遍有效的控制方法，它尚存在着许多局限性，需要和其他控制方法结合起来运用。

8.3 控制工作的步骤

目标导引

1. 基本了解控制工作的三步骤；
2. 重点掌握实施控制过程中每个步骤的具体要求；
3. 能够根据实际情况，熟练运用纠正偏差的相关理论分析偏差产生的原因并采取正确的纠正措施。

如前所述，控制就是按照既定的目标和标准，对组织的生产经营活动进行监督、检查，发现偏差并及时采取纠正措施，使工作能够按原定计划进行或适当调整计划，以确保组织目标的实现。因此，控制流程可以分为以下三大部分。

8.3.1 确定控制标准

控制主要是对组织活动加以监督和约束，以求实现所期望的目标，为此必须首先确定一些标准，作为共同遵守的衡量尺度和比较的基础。没有科学合理的控制标准，就无法对管理活动进行控制。控制标准的确定要以计划和组织目标为依据，综合考虑控制对象的特点等多种因素，找到关键的控制环节，同时，也离不开制订标准的科学方法。

8.3.1.1 选择控制目标

进行控制首先遇到的问题是"控制什么"，这是在决定控制标准之前首先需要解决的问题。组织活动的成果应该优先作为管理控制工作必须考虑的重点对象。对此，管理者需要明确分析组织活动想要实现什么样的目标，详细规定组织中各层次、各部门人员应取得什么样的工作成果。按照该目标体系的要求，管理者就可以对有关成果指标的完成情况进行考核和控制。

1. 确定控制对象

从理论上讲，管理者应对影响组织目标实现的所有因素加以控制，但受时间、资源、管理者能力等方面的约束，以及考虑到投入与产出的效率问题，比较现实的做法是，对影响组织目标实现的主要因素加以控制。一般来说，影响组织目标实现的主要因素有以下几方面。

（1）环境特点及其发展趋势。组织在特定时期的管理活动是根据决策者对经营环境的认识和预测来计划和安排的。如果预期的环境变化没有出现，或者外部环境发生了某种无法预料和无法抗拒的变化，那么，原来计划好的活动可能就无法正常进行，从而难以为组织带来预期的结果。因此，确定控制对象时应将环境因素作为首要因素来考虑。根据环境的不确定性和可能出现的情况制订几套相应的标准，并列出"正常"与"非正常"环境下的具体测量指标和标准。

（2）资源投入。目标的实现需要一系列的资源投入，没有或缺乏这些资源，组织经营就会成为无源之水、无本之木。投入的资源，不仅在数量和质量上影响着组织经营活动的进行，从而影响最终物质产品，而且获取资源的费用也会直接影响产品生产成本，从而影响组织的绩效。因此，组织必须对资源投入进行有效控制，使之在数量、质量及价格等方面符合预期经营成果的要求。

（3）活动过程。各种资源投入到组织生产经营中后，还需要通过全体员工在不同时间和空间上利用一定的技术和设备进一步加工才会转化成产品。因此，员工的工作质量和数量成为决定经营成果的重要因素。组织必须使员工的活动符合计划和预期结果的要求，如建立员工工作规范，明确各部门、各岗位人员在各个时期的工作任务等，以便对他们的活动进行有效的控制。

2. 选择关键控制点

关键控制点，是指在组织系统的运行中受限制的那些因素，或是对计划的完成更具有影响力的因素。在实际工作中，组织不可能也没有必要对所有成员的所有的活动进行控制，而只要从影响目标实现的众多因素中选择若干个关键环节作为重点控制的对象。抓住这些关键环节，管理者不必了解所有的细节就可实施有效的控制。例如，对于生产工作，生产管理人员的控制重点应是产品的产量、质量、交货期及生产成本等。

对关键控制点的选择，一般应统筹考虑以下几个方面。

首先，选择的关键控制点应能及时反映并发现问题，也就是说，通过关键控制点应能在严重损害发生前就能显示出差异现象。

其次，关键控制点应能全面反映并发现问题。

再次，选择关键控制点应是会影响整个工作运行过程的重要操作与事项。

最后，关键控制点的选择应注意平衡，也就是反映组织绩效水平的时间与空间分布均匀的控制点。

8.3.1.2 制订控制标准

合理、恰当的标准有利于保证控制系统的有效性，促进实际工作能力不断提高；反之，则可能使控制系统流于形式，收不到预想的效果。由于控制的对象不同，控制标准的类型很多。一般来说，控制标准应满足以下几方面的要求。

（1）简明性。即对标准的量值、单位和可允许的偏差范围要有明确说明，对标准的表述要通俗易懂，便于理解和把握。

（2）适用性。建立的标准要有利于组织目标的实现，对每一项工作的衡量都要有具体的时间范畴和具体的衡量内容与要求，以便反映组织活动的状态。

（3）一致性。建立的标准应尽可能体现协调一致、公平合理的原则。管理控制工作覆盖组织活动的各个方面，制定出来的各项控制标准应该彼此协调，不可相互冲突。同时，控制标准应保持公平性。

（4）可行性。控制标准的制订必须考虑到工作人员的实际能力水平和资源条件等因素，不可过高，也不能过低，理想的控制标准应是大多数人通过努力可以达到的。

（5）操作性。建立的标准要便于管理人员对实际工作的衡量、比较，容易收集到相关信息，当出现偏差时，能够找到相应的责任单位。

（6）稳定性。建立的标准既要在一定的时期内保持不变，又要具有一定的弹性和灵活性，能够适应环境的变化，出现特殊情况能够特殊处理。

（7）前瞻性。建立的标准既要符合目前的需要，又要与未来的发展相结合。

【案例】中外小学生行为准则比较
中国小学生守则

（1）热爱祖国，热爱人民，热爱中国共产党。

（2）遵守法律法规，增强法律意识。遵守校规校纪，遵守社会公德。

（3）热爱科学，努力学习，勤思好问，乐于探究，积极参加社会实践和有益的活动。

（4）珍爱生命，注意安全，锻炼身体，讲究卫生。

（5）自尊自爱，自信自强，生活习惯文明健康。

（6）积极参加劳动，勤俭朴素，自己能做的事自己做。

（7）孝敬父母，尊敬师长，礼貌待人。

（8）热爱集体，团结同学，互相帮助，关心他人。

（9）诚实守信，言行一致，知错就改，有责任心。

（10）热爱大自然，爱护自然环境。
英国小学生守则

（1）平安成长比成功更重要。

（2）背心、裤衩覆盖的地方不许别人摸。

（3）生命第一，财产第二。

（4）小秘密要告诉妈妈。

（5）不喝陌生人的饮料，不吃陌生人的糖果。

（6）不与陌生人说话。

（7）遇到危险可以打破玻璃，破坏家具。

（8）遇到危险可以自己先跑。

239

（9）不保守坏人的秘密。

（10）坏人可以骗。

日本小学生守则

（1）不迟到；进校后不随便外出。

（2）听到集合信号时，迅速在指定场所列队；进教室开门窗要轻；在走廊和楼梯上保持安静，靠右行。

（3）上课铃一响即坐好，静等老师来；听课时姿势端正，不讲闲话，勤奋学习。

（4）遇迟到、早退、因故未到等情况，必须向老师申明理由，有事事先请假。

（5）严格遵守规定的放学时间，延长留校时间要经老师许可。

（6）上学放学时走规定的路线，靠右行，不要绕道和买零食。

（7）遇地震、火灾等紧急情况时不惊慌，按老师指示迅速行动。

美国小学生守则

（1）称呼老师职位或尊姓。

（2）按时或稍提前到课堂。

（3）提问时举手。

（4）可以在你的座位上与老师讲话。

（5）缺席时必须补上所缺的课业。向老师或同学请教。

（6）如果因紧急事情离开学校，事先告诉你的老师并索取耽误的功课。

（7）所有作业必须是你自己完成的。

（8）考试不许作弊。

（9）如果你听课有困难，可以约见老师寻求帮助，老师会高兴地帮你。

（10）任何缺勤或迟到，需要出示家长的请假条。

（11）唯一可以允许的缺勤理由是个人生病、家人亡故或宗教节日。其他原因待在家里不上课都是违规。

（12）当老师提问且没有指定某一学生回答时，知道答案的都应该举手回答。

☞ 启示：中国的小学生守则的要求比较宏观；英国的小学生守则更关注人性、关注生命安全；日本的小学生守则从细节上给孩子们制订了行为标准；美国的小学生守则尊重儿童的人权，关注孩子们真实、诚实的成长。综合来看，中国的小学生守则内容太空泛，缺乏可操作性，而其他国家的小学生守则对学生行为的要求具体、明确，针对性和适用性强，具有更强的可操作性。

8.3.1.3 制订标准的方法

控制的对象不同，为它们建立控制标准的方法也不一样。控制标准一般有以下三种制订方法。

1. 统计分析法

统计分析法是指以分析反映组织在历史上各个时期状况的数据为基础，为未来活动建立标准的一种方法。利用组织的历史性统计资料为某项工作确定标准，具有简便易行的好处。但是，这些数据可能来自其他组织的经验，据此建立的标准，可能是历史数据的平均数，也可能高于或低于平均水平。当所采用数据低于平均水平时，即使组织的各项工作都达到了标准的要求，但也可能造成劳动生产率的相对低下，制造成本的相对高昂，从而造成经营成果和竞争能力劣于竞争对手的情况。为了克服这种局限性，在根据历史统计数据制订未来工作标准时，应充分考虑行业的平均水平，并研究竞争企业的经验。

2. 技术分析法

技术分析法是指在客观分析工作状况的基础上，利用准确的技术参数和实测数据来制订工作标准的一种方法。技术分析法主要应用于测量生产者个人或群体的产出定额是否达到标准。在组织中一般都采用标准文件的形式把它规范化，如产品质量标准、材料消耗定额、工时定额等。一般来说，这种方法比较科学，测定的标准也较为可靠，但需要的工作量较大，也比较复杂，而且现在的情况又难以反映未来可能的变化。

3. 经验估计法

经验估计法是指在缺乏统计资料和客观依据的情况下，根据管理者的经验，通过判断、评估等来确定标准的一种方法。实际上，并不是所有工作的质量和成果都能用统计数据来表示，也不是所有的企业活动都保存着历史统计数据。对于新从事的工作，或对于统计资料缺乏的工作，可以根据管理人员的经验、判断和评估来为之建立标准。显然，采用这种方法来建立控制标准时，会带有较大的主观性。因此，要注意利用各方面管理人员的知识和经验，综合大家的意见，给出一个相对先进合理的标准。相对于统计分析法，这种方法的不足之处是缺乏一些关于历史状况或趋势的精确分析，但它更重视新的情况，有利于发挥管理人员的潜能。

【案例】逃离高笼的袋鼠

有一天，动物园的管理员们发现袋鼠从笼子里跑出来了，于是开会讨论，一致认为是笼子的高度过低，从而导致袋鼠从笼子里跳了出来。所以他们决定将笼子的高度由原来的十米加高到二十米。谁知第二天，他们发现袋鼠依旧能够跑到外面来，所以，他们又决定再将高度加高到三十米。

然而，没料到第三天居然又看到袋鼠全跑出来了，于是管理员们大为紧张，决定一不做二不休，索性将笼子的高度加高到一百米："嘿嘿，这下子看你还能不能跳出如来佛的神掌？"

第四天，神了，袋鼠还是从笼子里跑了出来，而且，还在与它们的好朋友长颈鹿聊天呢。"你看，这些人会不会再继续加高你们的笼子呢？"长颈鹿问。"很难说，"袋鼠说："如果他们再继续忘记关门的话！"

☞ **启示**：管理者如果能准确抓住问题的关键点，那问题就会变得简单起来，从而容易控制和评价。

8.3.2　绩效衡量

绩效衡量，就是用预定标准对实际活动的成效和进度进行检查、比较，找出实际活动与控制标准的差异，并以此对实际活动做出评估。绩效衡量实际上就是获取实际工作绩效信息的过程，并通过将实际工作绩效与标准进行比较来确定是否存在偏差。在这个阶段，控制工作的主要内容包括如何获取实际工作绩效信息及将绩效信息与标准比较两个部分。

8.3.2.1　如何衡量

用什么方法衡量，不同的管理者有不同的偏好，同时应根据具体情况具体分析。要获得实际工作绩效方面的资料和信息，管理者可通过个人的观察、统计报告、口头汇报、书面报告、抽样调查、召开会议等方式了解所需要的信息。这些方式各有优缺点，最好能把它们进行综合使用。这样，既能增加输入信息来源的数量，又能提高获得可靠信息的可能性。同时，管理者还需要考虑隔多长时间对实际工作绩效进行衡量，即衡量频率。

为了获得关于实际工作最深入的第一手资料，管理者可以使用个人观察的方法。这种方法提供的是原始的第一手信息，而不是过滤后的信息。通过这种方式，管理者可以到达工作现场，直接与员工交流，交换关于工作进度的信息，可以获取可能被其他方式遗漏的事实、面部表情、语调等信息。当然，个人观察确实也存在一些缺点，包括受个人主观认识的局限、耗费大量时间，以及员工可能将管理者的个人观察解释为对他们缺乏信心或不信任的迹象。

实际工作绩效还可以通过统计报告、口头汇报等方式来衡量。由于计算机的广泛使用使管理者越来越多地依靠统计报告及其他报表来获取绩效信息。统计报告及其他报表不仅有文字，还包括多种图形、表格和数据等信息。虽然统计报告可以清楚地显示数据之间的关系，但它对工作活动提供的信息是有限的。它虽然能在少数可以用数值衡量的领域提供数据，但忽略了其他许多重要因素，如员工的情绪、态度、满意度等。信息还可以通过口头汇报的形式获得，包括会议、聚会、个别交谈或电话交谈等。这些方式衡量绩效的优点在于快捷和有反馈，同时可以通过语言语调和词汇本身来传达各种信息。书面报告也是获得实际工作绩效的重要方式。书面报告的优点是显得更正式一些，相比口头汇报可以提供更精确和全面的信息，并且易于存档和查找。

衡量频率是指一段时间内对同一控制对象衡量的次数。衡量频率过大或者过小都会影响衡量的有效性，这种影响不仅体现在控制对象上和需要衡量的标准数目的选择上，而且表现在对同一标准的衡量次数或频率上。对影响某种结果的要素或活动过于频繁的衡量，不仅会增加控制的费用，而且可能引起有关人员的不满，从而影响他们的工作态度；

而检查和衡量的次数过少，则可能使许多重大的偏差不能及时发现，从而不能及时采取有效的纠偏措施。

以什么样的频率，在什么时候对某种活动的绩效进行衡量，取决于被控制活动的性质。例如，对产品的质量控制常常需要以小时或工作日为单位进行；而对于新产品开发的控制则可能需要以月为单位进行控制。一般来说，控制对象处于不稳定状态，或者控制要求较高，衡量频率就应该大一些；反之，就应该小一些。

为了能够及时、准确、全面地获得实际工作绩效的信息，同时又符合控制工作在其他方面的要求，管理控制工作的有效性对绩效信息有如下要求。

① 信息的及时性。一是对那些事过境迁后不能追忆和不能再现的重要信息要及时记录；二是信息的加工、检索和传递要快。

② 信息的可靠性。它除了与信息的精确程度有关外，还与信息的完整性成正比关系。通常要求在信息的可靠性与及时性之间做出折中选择。

③ 信息的适用性。应提供尽量精练而又能满足控制要求的有用信息。

8.3.2.2 工作绩效与标准比较

工作绩效与标准比较，是指根据所收集到的绩效信息，将实际工作成绩和标准进行对比，确定偏差，以便进一步采取修正措施，这是控制过程的核心部分。

将实际绩效与标准进行比较的结果有两种可能：一种是存在偏差，另一种是不存在偏差。偏差不存在，这固然是一件令人高兴的事情，但也要注意分析控制标准是否有足够的先进性或在一个合适的水平上，在此基础上，把它作为成功经验用于今后的工作。

偏差的存在有两种情况，一种是存在正偏差，一种是存在负偏差。正偏差是指实际工作绩效优于控制标准，负偏差则是指实际工作绩效劣于控制标准。出现正偏差，表明实际工作取得了良好的绩效，但也有必要对这种情况中标准的准确性和恰当性进行检查，然后及时总结经验，肯定成绩。出现负偏差，表明实际工作绩效不理想，应迅速准确地分析其中的原因，为纠正偏差提供依据。

8.3.3 纠正偏差

纠正偏差就是在发现实际工作绩效与控制标准存在偏差的基础上，分析偏差产生的原因，制订并实施必要的纠正措施，以使管理回到正确轨道上来，从而保证预期目标的实现。

8.3.3.1 分析偏差产生的主要原因

在实际中，同一偏差可能是由不同的原因造成的。例如，企业的销售利润下降既可能是因为销售量的降低，也可能是因为生产成本的提高。前者既可能是因为市场上出现了技术更加先进的新产品或替代品，也可能是由于市场竞争对手采取了某种竞争策略，或是企业产品质量下降了；而后者既可能是原材料、劳动力消耗和占用数量的增加，也可能是由于购买价

243

格的提高。

另外，实际上并非所有的偏差都会影响组织的最终成果，有些偏差可能是由于计划本身和执行过程中的问题造成的，而另一些偏差则可能是由于某些偶然、暂时、局部性的因素引起的，从而不一定会对组织活动的最终结果产生重要影响。

因此，在采取纠偏措施之前，首先，要判断偏差的严重程度，是否构成对组织活动效率的威胁，从而值得去分析原因，采取纠正措施，即要判断偏差是否在标准允许的范围之内。若偏差在允许的范围之内，则工作继续进行，但也要分析偏差产生的原因，以便下一步改进工作，做到精益求精；若差异在允许的范围之外，特别是有较大的偏差时，则要及时深入地分析造成偏差的原因并采取纠正措施。在管理工作中，绩效偏离标准的原因是多种多样的，归纳起来主要有以下几个方面。

① 组织内部人为的主观因素。例如工作积极性不高、能力有限及工作方法不科学等都可能导致无法完成业绩指标。

② 客观环境发生了重大变化。这种变化使得原来正确的计划和标准不再适应新形势、新环境的需要，并且事先无法准确估计。这些因素大多是不可控制的，例如国内外经济、政治环境的变化，高级管理层突然集体辞职，某个大客户或大供应商突然破产等。

③ 原计划或标准本身制定得不科学。在实际中，如果只有一两个人达到某一原定标准，这可能并不是由于全体员工的抵制造成的，而可能是这个标准定得太高了的缘故；相反，如果绝大多数工人大大超过了某一原定的生产标准，那么这个标准可能是定得太低了。因此，在制定目标时，不能不切合实际，好高骛远，盲目地把目标定得太高；也不能过于保守，低估自己的能力，把目标定得太低。

8.3.3.2 采取纠偏措施

根据对偏差产生原因的分析，会发现需要纠正的不仅可能是组织的实际活动，也可能是组织这些活动的计划或衡量这些活动的标准。因此，主要的纠偏措施有以下两种。

1. 改进工作

如果衡量的结果表明，计划是可行的，标准也是切合实际的，问题出在工作本身，就应该根据存在问题的症结或制约因素有针对性地改进工作，提高绩效。例如，当偏差的产生是由于组织结构或人员配备不合理时，可以通过重新选拔人员、分派任务及明确职责来纠正偏差，改善实际工作的绩效。如果偏差的产生是由于对组织成员的激励不够，协调不善，可以采取重申规章制度、明确激励措施及惩罚条例，加强人员培训等措施，或者更高明的领导方法来对其下属进行有效的管理。

2. 修订标准

如前所述，如果偏差的产生是是由于制定了不切实际的标准，或客观环境发生了重大变化，使得原来正确的计划和标准不再适应新形势、新环境的需要，且事先无法估计准确。此时组织只能采取某些措施，尽量消除不利影响，并修正原有的目标和计划，使其更加切合实际。而不是一意孤行地继续追求原定目标的实现，那样做不仅是徒劳的甚至还会带来意想不到的严重后果。当然，采取修订标准的行动之前，应非常慎重。因为在一般情况下，当某部门或员工的实际工作与控制标准之间差距很大时，对偏差的抱怨大多会转到标准上。此时，管理者应客观地进行判断，如果认为标准是合理的，就应该坚持并向他人解释相关的标准。

▶▶ 8.4 控制的方式及技术方法

目标导引

1. 基本了解控制的方式及技术方法；
2. 重点掌握各种控制的方式、控制技术的内容及要求；
3. 能够根据实际情况，运用合适的控制技术方法解决日常工作学习中遇到的管理问题。

8.4.1 控制的方式

组织的管理者主要通过三种控制方式来管理和规范组织的行为，确保实现组织的发展目标。这三种方式是成果控制、行为控制和文化控制，如表 8-1 所示。

表 8-1 控制的方式

控制方式	控制机制
成果控制	财务成果 业务目标 运营预算
行为控制	现场监督 规则控制
文化控制	创始人价值观 新员工培训 仪式和典礼 故事和语言

8.4.1.1 成果控制

成果控制是以最终成果为控制对象。这种控制方式客观明确，易于量化，在组织整体、事业部、职能部门及员工个人层次上都能得到广泛运用。管理者在成果控制上可以采用三种标准，即财务成果标准、业务成果标准和运营预算标准。

1. 财务成果标准

组织经营的业绩最终会反映到财务成果上来。因此，组织管理者最为关注财务目标，并且使用各种财务指标来衡量组织业绩。常用的财务指标包括财务安全指标、偿债能力指标、盈利能力指标、经营效益指标。这些财物指标有助于管理者衡量组织是否实现了低债务水平、高偿债能力、高盈利能力、高经营效益的财务目标，如表8-2所示。

表8-2　四种财务指标

财务安全指标	资产负债率	负债总额/总资产	管理人员应采用多大的负债来为投资筹措资金
	已获利息倍数	息前税前利润/利息费用	衡量组织称其偿债能力如何
	有形净值债务率	负债/(股东权益-无形资产净值)	计量债权人在组织处于破产清算时能获得多少有形财产保障
偿债能力指标	流动比率	流动资产/流动负债	管理人员是否有足够资源以应付到期的短期债务
	速动比率	(流动资产-存货)/流动负债	在不动用存货小时及应收款时，支付当前债务的能力
	现金比率	现金净额/流动负债	公司不依靠存货销售及应收款，支付当前债务的能力
盈利能力指标	销售净利润率	税后利润/销售收入	每一元钱的销售收入能带来多少净利润
	资产净利润率	税后利润/资产总额	每一元钱的资产能带来多少净利润
	盈利现金比率	现金净额/流动负债	利润是否与现金流量脱节
经营效益指标	应收账款周转率	赊销收入净额/应收款静余额	销售回款的快慢
	存货周转率	销货成本/存货平均余额	资金积压在存货上的时间长短
	流动资产周转率	销售收入净额/流动资产平均余额	资金周转的速度

2. 业务成果标准

为实现组织的整体战略目标，组织管理者必须把组织战略目标分解为各职能部门具体的业务成果目标，并通过业务目标对下级进行领导和控制。这些业务目标明确地告诉各职能部门或事业部员工，要达成组织战略目标，其必须实现的业务成果。

例如，公司层次的管理者为事业部设定业务目标，以实现公司业务目标；事业部经理为每个职能部门设定业务目标，以实现事业部业务目标；各职能部门为部门员工设定业务目标，以实现职能部门的业务目标。这样，总目标层层分解、细分，各层级目标相协调、补充，进而实现总目标。在具体制订业务目标时要量化，且目标要合适，才能更好地激发员工的积极性，同时要做好业务目标的控制，注重及时反馈。把目标的设置、目标实施情况不断反馈给目标设置和实施的参与者，让员工时时知道组织对自己的要求，自己的贡献情况，这样才有利于业务目标的实现。

3. 运营预算标准

当管理者知道自己要去实现什么目标后，接下来就是要控制运营预算，即制订为完成目标所需各种资源的财务计划。预算是计划的工具，也是实际工作的控制基准。组织按照预算为每个层级的管理者分配一定数量的资源用于在生产产品和服务。比如，组织销售部经理获得一笔 100 万元的预算，用于在全国市场推广某种新产品。他必须决定分给各个区域经理多少资金，以获得最大的销售收入和利润。

预算控制就是通过编制和执行各种工作的预算来实现对工作控制的控制方法。这种方法可以有效地控制企业经营活动的费用支出，从而控制工作的各个方面，实现企业的经营目标，是企业中高层管理人员常用的一种重要控制方法。

（1）预算的种类主要有以下五种。

① 销售预算。这是用货币来表示组织的收入和经营费用支出的计划。由于企业主要是依靠产品销售或提供服务所获得的收入来支付经营管理费用并获取利润的，因此，销售预算是预算控制的基础，是销售预测的详细的、正式的说明。

② 时间、空间、原材料和产品产量预算。这是一种以实物单位来表示的预算。常用的实物预算单位有：直接工时数、台时数、原材料的数量、占用的平方米面积和生产量等。在计划和控制的一定阶段采用实物数量单位比采用货币单位更有意义。

③ 资本支出预算。资本支出预算概括专门用于厂房、机器、设备、库存和其他一些类目的资本支出。由于企业所拥有的资本通常是有限的，并且要花费很长的时间才能收回厂房、机器设备等方面的投资，因此，对这部分资金的投入一定要慎重地进行预算，并且应尽量与长期计划结合在一起。

④ 现金预算。实际上这是对现金收支的一种预测，它既可以衡量实际的现金使用情况，还可以显示可用的超额现金量。从某种意义上来说，这种预算是组织中最重要的一种控制。

⑤ 总预算。这种预算主要通过编制预算汇总表，对组织的全面业绩进行控制。它把各部门的预算集中起来，反映了组织的各项计划，从中可以看出销售额、成本、利润、资本的运用、投资利润率及其相互关系，从而向最高管理层反映出各个部门运行的具体情况。

（2）预算方法包括增量预算和零基预算。

① 增量预算法。增量预算法简称增量预算，又称为调整预算法，一般是以基期的各项费用项目的实际开支数为基础，然后再根据计划期间业务量水平和各种影响成本因素的变化情况，通过调整有关原有费用项目来编制预算的一种方法。如编制费用预算是在现有基础上增加一定的比率，就叫增量预算法；相反，则称为减量预算法。

② 零基预算法。零基预算法与传统的增量或减量预算法截然不同，它的基本原理是：对于任何一个预算期，任何一种费用项目的开支数，无论是原有项目还是新项目，不是从原有的基础出发，即根本不考虑基期费用的开支水平，而是一切以零为起点，从根本上考虑各个费用项目的必要性和水平。

总而言之，有效的成果控制包括了三项标准，即财务成果标准、业务成果标准和运营预算标准。这些标准客观明确，易于量化，使管理者能够迅速了解目标与现实的差距，并快速采取纠正措施以缩小偏差，从而实现有效的管理控制。但成果预算同样存在缺陷，由于成果控制采用的是量化指标，因此各层级管理者都有很强的动力去完成既定的成果标准。但成果控制使用得不适当会带来负面作用，如量化指标不切实际，会使管理者行为扭曲。同时，成果控制存在滞后性。

8.4.1.2 行为控制

理想的结果产生于正确的行为。管理者对员工的行为进行控制，有助于减少行为偏差，进而获得较为理想的结果。

1. 现场监督

现场监督是行为控制最直接、有效的控制机制。管理者在工作现场观察和监督员工的行为，找出不合理的行为，并及时纠正。这样既能及时发现并解决问题，又能言传身教。

现场监督这种控制也有一些缺点。首先，这种机制成本昂贵，要做到对每位员工的现场监督，需要大量的管理者，成本过高。其次，严密的现场监督让下属丧失工作积极性，使其工作缺乏主动性和创造性。另外，对于脑力劳动等复杂劳动，比如广告创作或产品研发工作，现场监督难以发挥作用。

2. 规则控制

没有规矩，不成方圆，是我们熟知的一句话，引申为行为举止要符合一定的标准和规则。在组织运营活动中，管理者通过制订规则和标准操作程序来控制员工日常的工作行为，而对那些超过常规或标准的所有例外情况进行管理。

当员工遵循规则和标准操作程序时，他们的工作行为是标准化的，即按相同的方式一遍遍地重复行为，工作结果也是可以预测的。

规则，如"欢迎顾客时必须面露微笑……"

考勤制度，如"上班时间，员工不允许外出。"

操作程序，如"接待顾客的程序如下……"

规则控制有很多好处，如能够建立工作的纪律和秩序，有效地提高工作效率；促进各部门及各岗位的相互了解和沟通，避免不必要的争议；易于提高组织形象，吸引人才；促进组织文化建设；等等。但同时，强化规则控制也会给组织带来一些问题，如降低了组织活力。

首先，强化规则控制会使得组织官僚主义化。规则控制强调要按照规则手册来做事。而建立规则容易，废除规则难。刚开始组织规则较少，随着时间流逝，规则会越积越多，管的事越来越具体，导致官僚者事事都要按规则来，难以对变化的内外环境做出及时的决策调整。

其次，强化规则控制会使人头脑僵化。规则控制要求人们按规则行事，排斥人们的创新行为。久而久之，人们会习惯于遵守规则而停止创新性的思考，头脑日趋僵化，而不是与时俱进，从而降低了组织对环境变化的适用能力。

因此，管理者必须学会扬长避短。规则控制只适用于组织程序化决策，而不适用于非程序化决策，以及需要对环境变化进行快速反应的场合。

8.4.1.3　文化控制

当今的世界日新月异。面对快速变迁的环境，有的规范已不再适用，而新的规范又未确定，此时的管理控制运用现场监督的作用不大，也难以制订规则约束员工的行为，而且成果目标也无法确定和衡量，或者要经过较长时间才能有效衡量。在这种情况下，管理者要想有效控制下属的行为，需要采用另一种控制系统，即组织文化控制。组织文化是指组织在运营中逐步形成的，成为全体成员所认同并遵守的，控制个人与群体相互作用和影响方式的价值观、规范、行为标准和共同愿景的总和。组织文化不是依靠现场监督或规则程序这样的外部强制方式来发挥作用的，而是使价值观、信仰等这些具有强大动力的因素成为人们主观意识的一部分，进而成为人们考虑问题、进行决策的直接影响因素。

组织文化是一种"软约束"。它能够使价值观和行为标准在员工的心理深层形成一种定势，构造出一种响应机制。只要外部诱导信号发生，就能得到积极的响应，并迅速转化为预期的行为。这种软约束大大减弱了员工的抵触行为，并且能使员工主动选择最有利于组织长期利益的决策和行动。

管理者能够影响组织内形成的文化类型。有些组织面临着激烈的市场竞争，把创新作为竞争优势的来源，因此组织鼓励员工具有创新精神并进行创造性工作，组织愿意尝试并承担由此带来的风险。相反，另外一些组织追求保守而谨慎的工作方式，如保险公司、化工厂、炼油厂、金融机构，等等。组织要求员工在工作中抱谨慎态度，尽量减少风险，并接受高水平的监督。由此可见，不同类型组织的管理者，会根据组织内外环境及组织战略，来发展适应组织特点的组织文化。这种文化通过创始人价值观、社会化、仪式和典礼，以及故事和语言等形式，传递给组织成员。

1. 创始人对于组织文化类型的影响

组织创立之初，人数还少，其创始人自然拥有最大的影响力。早期员工耳濡目染，模仿创始人的工作风格，观念不和的则另寻出路。同时，创始人会有意识地挑选并提拔与自己价值观类似的组织管理者，而具有这种价值观的管理者又会影响到自己的下属。价值观层层相传，从而使创始人的价值观日益成为组织文化观念的基础。

中国房地产行业的龙头企业——万科的创始人王石从 1988 年进入房地产行业就开始坚持的核心价值观是"创造健康丰富的人生"。他倡导企业应该持续提供超越客户期望的产品和服务，让客户满意；持续提供超越投资者期望的回报，让投资者满意；持续提供超越员工期望的发展空间和报酬，让员工自豪。万科始终不渝地坚持这种价值观，使企业从一个小企业发展成上市企业。一位管理专家对此有评论，认为万科与同时代深圳的无数企业一样，只是一颗小的种子，但这不是一个草种子，而是一颗树种子。两类种子的外观差别不大，内在基因却截然不同，这个决定性的基因就是领导者价值观。

249

2. 新员工培训

组织的员工是流动的，为保证进入组织的每位员工都能够接受企业文化，组织对新员工应进行职前培训，使新员工学习组织价值观，掌握正确的行为规范。例如，军队通过新兵训练使新兵迅速从平民转变为合格的军人。很多企业也有着严格的新员工培训计划，不仅让新员工学习业务知识，还向新员工传递组织价值观，塑造新员工的正确行为。

3. 仪式和典礼

组织可以通过组织仪式和典礼之类的正式活动，让员工了解组织重视哪些事件。常见的组织仪式和典礼有过程仪式、一体化仪式和强化仪式。

过程仪式是关于员工个体如何加入组织、在组织中晋升和离开组织的仪式。新兵训练、升职典礼、退休典礼等是常见的过程仪式。一体化仪式的目的是建立和强化组织成员间的共同约束，如企业经常通过企业运动会、员工旅游活动、企业年度大会等形式开展一体化仪式，从而使员工对组织有强烈的认同感和内聚力。强化仪式是组织公开承认和奖励员工成就的仪式，从而对员工的贡献行为进行强化激励。强化仪式包括颁奖大会、新闻发布会和员工晋升等形式。

4. 故事和语言

组织运用故事和语言使员工在潜移默化中加深对组织文化的理解和接受。组织发展过程中传颂的一些故事揭示了组织所赞赏和反对的行为类型，深入地表达了组织文化的内涵。

比如，海尔公司广泛传播着一个企业故事。1996 年，一位四川农民投诉海尔洗衣机排水管老是堵塞，服务人员并不推卸自己的责任，帮助顾客加粗了排水管。顾客感激之余，埋怨自己给海尔人添了麻烦，说如果能有洗红薯的洗衣机，就不用烦劳海尔人了。

农民一句话，海尔人记在了心上。经过调查，他们发现原来这位农民生活在一个"红薯之乡"。红薯喜获丰收，卖不出去的红薯需要加工成薯条。在加工前要把红薯洗净，但红薯上粘带泥土洗起来费时费力，于是农民就动用了洗衣机，但不少洗衣机用过一段时间后，电机转速减弱、电机壳体发烫。

这令张瑞敏萌生一个大胆的想法：发明一种洗红薯的洗衣机。1997 年海尔为该洗衣机立项，成立以工程师李崇正为组长的 4 人课题组，1998 年 4 月投入批量生产。洗衣机型号为 XPB40-DS，不仅具有一般双桶洗衣机的全部功能，还可以洗地瓜、水果甚至蛤蜊，价格仅为 848 元。首批生产了 1 万台投放农村，立刻被一抢而空。

这个故事生动地描述了海尔文化中的"服务意识"和"创新意识"。对海尔文化的传播起到了积极的推动作用。

组织还会运用一些专用语言来表达自己的组织文化。迪士尼公司运用的口头语言就有其鲜明的特色。

迪士尼对员工的培训首先不是着眼于其素质和水平的提高，而是把它作为企业价值观和企业精神教育的一种重要手段。培训中，所有新聘员工需要马上学会下列新的迪士尼语言：

员工是"演员";顾客是"客人";一群人是"观众";一班工作是一场"表演";一个职位是一个"角色";一个工作说明是一个"脚本";一套制服是一套"表演服装";人事部是"制作部";上班是"上台表演";下班是"下台休息"等。培训导师经常跟员工说:我们给人们带来欢乐。不管他们是谁,说什么语言,干什么工作,从哪里来,什么肤色,都要在此让他们高兴。你们不是被请来做工的,你们每一个都是来我们节目中扮演一个角色的。在这种反复强化的训练中,迪士尼的宗旨——迪士尼给人们带来欢乐已经被灌输进每个被培训者的脑海里,并融化到血液中。

组织语言的概念既包括口头语言,还包括人们的外在穿着、办公室布置、员工礼节等形式。同样是 IT 业巨头,IBM 公司是家长作风式文化,作风严谨,要求员工要有纪律性,具有对公司、对顾客、对社会的责任感;在衣着上,多年以来都要求员工穿白衬衫、红色领带和蓝色西装。而微软公司则是一种个性化的文化,强调独立性和思想性,给予员工充分的空间;在衣着上,鼓励随意穿着。

8.4.2 常见的控制技术方法

随着竞争的加剧和经营环境的日益复杂,现代企业需要进行控制的组织层面越来越多,活动范围越来越广,因此,需要企业采用综合的技术方法对组织的运行过程加以控制。

8.4.2.1 标杆管理

标杆管理(Benchmarking),也叫作基准管理或参照管理,是指一个组织瞄准一个比其绩效更高的组织进行比较,以便取得更好的绩效,不断超越自己,超越标杆,追求卓越,组织创新和流程再造的过程。这种管理方法在 20 世纪 70 年代末由 Xerox 公司首创,后经美国生产力与质量中心系统化和规范化。

据美国 1997 年的一项研究表明,1996 年世界 500 强企业中有近 90%的企业在日常管理中应用了标杆管理,其中包括 AT&T、Kodak、Ford、IBM、Xerox 等。标杆管理的基本思想是以最强的竞争企业或那些在行业中领先和最有名望的企业在产品、服务或流程方面的绩效及实践措施为基准,树立学习和追赶的目标。通过资料收集、比较分析、跟踪学习、重新设计并付诸实施等一系列规范化的程序,将本企业的实际情况与这些基准进行定量化的比较和评价,在此基础上选取改进本企业绩效的最佳策略,争取赶上或超过竞争对手。

中国海洋石油总公司(简称中海油),为了进一步增强企业的核心竞争力,选择了挪威国家石油公司作为基准,进行了标杆管理。这是我国企业第一次选取国外的大公司全方位的进行标杆管理。挪威国家石油公司成立于 1972 年,在世界石油公司中排名第 14 位,而中海油排名 50 位左右。挪威国家石油公司在发展历史上跟中海油有很多相似之处,而中海油跟它的差距又很大,有一定的可比性。这也是中海油选取挪威国家石油公司作为基准对象的原因之一。通过标杆管理,中海油的管理水平和核心竞争力有了较大的提高。标杆管理为企业分析竞争对手的内部业务流程，找出与竞争对手的差距提供了一个很好的途径和方法。

8.4.2.2　六西格玛

六西格玛（6σ）概念作为品质管理概念，最早是由摩托罗拉公司的比尔·史密斯于1986 年提出的，其目标是在生产过程中降低产品及流程的缺陷次数，防止产品变异，提升品质。到了 20 世纪 90 年代，通过通用电气公司的实践，在总结了全面质量管理的成功经验，提炼了其中流程管理技巧的精华和行之有效的方法的基础上，6σ 才得以流行并发展起来，成为一种提高企业业绩与竞争力的管理模式。

6σ 管理法是一种统计评估法，核心是追求零缺陷生产，防范产品责任风险，降低成本，提高生产率和市场占有率，提高顾客满意度和忠诚度。

σ 是希腊文的一个字母，在统计学上用来表示标准偏差值，用以描述总体中的个体离均值的偏离程度，测量出的 σ 表征着诸如单位缺陷、百万缺陷或错误的概率性，σ 值越大，缺陷或错误就越少。6σ 是一个目标，这个质量水平意味的是所有的过程和结果中，99.999 66% 是无缺陷的，也就是说，做 100 万件事情，其中只有 3.4 件是有缺陷的，这几乎趋近于人类能够达到的最为完美的境界，如表 8-3 所示。

表 8-3　西格玛水平与绩效表现

西格玛水平	管理绩效
6 个西格玛＝3.4 失误/百万机会	卓越的管理，强大的竞争力和忠诚的客户
5 个西格玛＝230 失误/百万机会	优秀的管理、很强的竞争力和比较忠诚的客户
4 个西格玛＝6 210 失误/百万机会	较好的管理和运营能力，满意的客户
3 个西格玛＝66 800 失误/百万机会	平平常常的管理，缺乏竞争力
2 个西格玛＝308 000 失误/百万机会	企业资源每天都有三分之一的浪费
1 个西格玛＝690 000 失误/百万机会	每天有三分之二的事情做错的企业无法生存

6σ 管理关注过程，特别是企业为市场和顾客提供价值的核心过程。因为过程能力用 σ 来度量后，σ 越大，过程的波动越小，过程以最低的成本损失、最短的时间周期、满足顾客要求的能力就越强。

为了达到 6σ，首先要制订标准，在管理中随时跟踪考核操作与标准的偏差，不断改进，最终达到 6σ。现已形成一套使每个环节不断改进的、简单的流程模式：界定、测量、分析、改进、控制。

（1）界定：确定需要改进的目标及其进度，企业高层领导就是确定企业的战略目标，中层营运目标可能是提高制造部门的生产量，项目层的目标可能是减少次品和提高效率。界定前，需要辨析并绘制出流程。

（2）测量：以灵活有效的衡量标准测量和权衡现存的系统与数据，了解现有质量水平。

（3）分析：利用统计学工具对整个系统进行分析，找到影响质量的少数几个关键因素。

（4）改进：运用项目管理和其他管理工具，针对关键因素确立最佳改进方案。

（5）控制：监控新的系统流程，采取措施以维持改进的结果，以期整个流程充分发挥功效。

8.4.2.3　平衡计分卡

平衡计分卡（balanced score card，BSC）于 1992 年由哈佛大学名师罗伯·卡普兰及大卫·诺顿（David Norton）首度提出，其最早的用意在于解决传统的绩效评核制度过于偏重财务方面的问题，但在实际运用后又发现平衡计分卡要与企业的营运策略相互结合，才能发挥企业绩效衡量的真正效益与目的，因此平衡计分卡不仅是一个绩效衡量系统，更是一个企业营运策略的管理工具。平衡计分卡的内容包括财务、客户、内部流程、学习与成长四个方面，如图 8-1 所示。

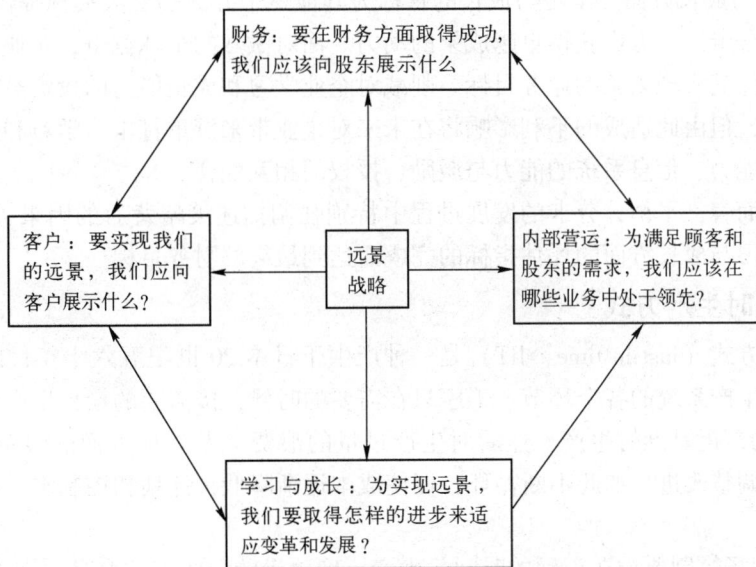

图 8-1　平衡计分卡基本框架

（1）财务方面。财务性指标是一般企业常用于绩效评估的传统指标。财务性绩效指标可显示出企业的战略及其实施和执行是否正在为最终经营结果（如利润）的改善做出贡献。但是，不是所有的长期策略都能很快产生短期的财务盈利。非财务性绩效指标（如质量、生产时间、生产率和新产品等）的改善和提高是实现目的的手段，而不是目的本身。财务方面的指标衡量的主要内容有收入的增长、收入的结构、降低成本、提高生产率、资产的利用和投资战略等。

253

（2）客户方面。平衡计分卡要求企业将使命和策略诠释为具体的与客户相关的目标和要求。企业应以目标顾客和目标市场为导向，应当专注于是否满足核心顾客需求，而不是企图满足所有客户的偏好。客户最关心的不外于五个方面：时间、质量、性能、服务和成本。企业必须为这五个方面树立清晰的目标，然后将这些目标细化为具体的指标。客户面指标衡量的主要内容：市场份额、老客户挽留率、新客户获得率、顾客满意度、从客户处获得的利润率。

（3）内部营运方面。建立平衡计分卡的顺序，通常是在先制订财务和客户方面的目标与指标后，才制订企业内部流程面的目标与指标，这个顺序使企业能够抓住重点，专心衡量那些与股东和客户目标息息相关的流程。内部运营绩效考核应以对客户满意度和实现财务目标影响最大的业务流程为核心。内部运营指标既包括短期的现有业务的改善，又涉及长远的产品和服务的革新。内部运营面指标涉及企业的改良/创新过程、经营过程和售后服务过程。

（4）学习与成长方面。学习与成长的目标为其他三个方面的宏大目标提供了基础架构，是驱使上述计分卡三个方面获得卓越成果的动力。面对激烈的全球竞争，企业今天的技术和能力已无法确保其实现未来的业务目标。削减对企业学习和成长能力的投资虽然能在短期内增加财务收入，但由此造成的不利影响将在未来对企业带来沉重打击。学习和成长方面的指标涉及员工的能力、信息系统的能力与激励、授权的相互配合。

更进一步而言，平衡计分卡的发展过程中特别强调描述策略背后的因果关系，借客户、内部营运、学习与成长方面的评估指标的完成而达到最终的财务目标。

8.4.2.4 准时生产方式

准时生产方式（just in time，JIT）是一种产生于日本 20 世纪五六十年代的生产管理方式，是指企业生产系统的各个环节、工序只在需要的时候，按需要的量，生产出所需要的产品。JIT 系统的前提是准时生产，然后对生产过量的浪费（及其他方面的浪费）、设备、人员等资源进行调整改进。如此不断循环，促使成本逐渐降低，计划和控制水平也随之不断简化与提高。

JIT 生产现场控制要求在正确的时间，生产正确数量的、所需的产品，即准时生产。JIT 的产品仅当后续工序提出要求时才生产，它是一种"拉动"式的生产方式，后工序需要多少，前工序就生产或供应多少。它改变了传统生产过程中前道工序向后工序送货的方式，反其道而行，后道工序根据"看板"向前道工序提取产品。前道工序按"看板"要求只生产后道工序取走的数量的工件作为补充，现场操作人员根据"看板"进行生产作业。看板系统是 JIT 生产现场控制技术的核心。利用看板技术控制生产和物流，以达到准时生产的目的。JIT 生产现场控制系统使用的看板卡是 JIT 的表现形式。

JIT 的目标是彻底消除浪费及无效劳动。具体来说就是：零废品，零准结时间，零库存，最低搬运批量，最低机器损坏率，短生产提前期，低生产批量等。

▶▶本章小结

在现代管理活动中，控制既是一次管理循环的终点，又是新一轮管理循环的起点，要保证组织活动按照计划进行，控制是必不可少的。控制有很强的目的性，它是通过"监督"和"纠偏"来保证组织实际运行状况与计划保持动态适应的一个过程。要进行有效的控制，必须要有科学可行的计划、明确的组织结构，以及通畅的信息反馈渠道，这是进行控制的前提与基础。控制工作要遵循未来导向原则、及时性原则、关键点原则、例外原则、客观性原则、准确性原则、经济性原则等。组织还需要根据自身的业务及其条件的差异选择不同的控制类型，或综合采用各种控制类型。完整的控制过程一般包括确定标准、衡量绩效、纠正偏差三个步骤。管理者需要通过一定的控制方式，采用具体的控制方法实现对组织的控制，常见的控制方式有成果控制、行为控制和文化控制，采用的控制方法包括标杆管理、6σ、平衡计分卡和准时生产方式等。第二章介绍的全面质量管理和第 5 章介绍的计划技术方法等也是有用的控制方法。不同的控制方式和方法有各自的特点及适用范围。

▶▶同步测试

一、单项选择

1. 管理控制要达到的基本目标是（　　）。

   A. 纠正偏差　　　　B. 确保组织运转正常　　C. 寻找偏差及原因　　　D. 实现创新

2. 为了预防腐败，廉洁为政，某部门除了大力提倡工作人员要求严格自律之外，还一直实行着一种岗位轮换制度，规定处级以上干部在同一岗位工作的时间不得超过 5 年。这种做法可以认为是一种（　　）。

   A. 事后控制　　　B. 事前控制　　　　C. 事中控制　　　　　D. 间接控制

3. 下述属于前馈控制的活动是（　　）

   A. 审查账目　　　B. 年终总结　　　　C. 产品质量检验　　　D. 原材料质量检验

4. 现场控制方法主要适用于（　　）。

   A. 高层主管人员　　　　　　　　B. 中层主管人员

   C. 基层主管人员　　　　　　　　D. 非主管人员

5. 就客观条件，尤其是对管理者需要的信息量和可靠性而言，要求最高的控制类型是（　　）。

   A. 预先控制　　　B. 现场控制　　　　C. 事后控制　　　　　D. 反馈控制

6. 控制工作的第一步是（　　）。

   A. 衡量成效　　　B. 拟定标准　　　　C. 纠正偏差　　　　　D. 查明原因

7. 在企业经营管理活动中，属于软约束的管理控制是（　　）。

    A. 成果控制　　　B. 行为控制　　　　　C. 规则控制　　　　　D. 文化控制

8. 在每个预算年度开始时，把所有还将继续开展的活动预算都归零，重新评价活动的必要性并编制预算，这种预算方法被称作（　　）。

    A. 减量预算　　　B. 过程预算　　　　　C. 零基预算　　　　D. 年度预算

9. 平衡计分卡是由（　　）于1992年首度提出。

    A. 比尔·史密斯　　　　　　　　　　B. 费根堡姆

    C. 朱兰　　　　　　　　　　　　　　D. 罗伯·卡普兰及大卫·诺顿

10. 6σ的质量水平意味着所有的过程和结果中，（　　）是无缺陷的。

    A. 99.379%　　　B. 99.977%　　　　C. 99.999 66%　　　D. 93.32%

11. 准时生产是一种（　　）的生产方式。

    A. 送货式　　　　B. 拉动式　　　　　C. 平行式　　　　　D. 推动式

二、多项选择

1. 下列属于反馈控制的有（　　）。

    A. 产成品的质检　　　　　　　　　　B. 年终的人事考评

    C. 预计公司产品需求量下降之前就开始准备开发新产品

    D. 现场的监督　　　　　　　　　　　E. 对各类财务报表的分析稽查

2. 为了保证纠偏措施的针对性和有效性，必须在制订和实施纠偏措施的过程中注意（　　）。

    A. 找出偏差产生的主要原因　　　　　B. 确定纠偏措施的实施对象

    C. 消除人们对纠偏措施的疑虑　　　　D. 选择恰当的纠偏措施

    E. 赏罚分明

3. 预定计划或标准的调整一般是由于（　　）。

    A. 原先的计划或标准制订得不科学，在执行中发现了问题

    B. 由于客观环境发生异常变化，原先的计划或标准不再适应新形势的需要

    C. 受到员工的抵制，不被接受

    D. 某些管理者的要求

    E. 由于执行不力导致目标不能实现

4. 平衡计分卡的内容包括（　　）等几个方面。

    A. 财务　　　B. 客户　　　C. 内部营运　　　D. 学习与成长　　　E. 文化

5. 控制费用与控制收益的关系是（　　）。

    A. 控制费用基本上随着控制程度的提高而增加

    B. 较小范围和较低程度的控制不足以发现和纠正偏差，费用会高于收益

    C. 随着控制范围和控制程度的提高，控制收益会补偿甚至超过控制费用

D. 控制收益随着控制费用的增加而减少

6. 控制的例外原则要求管理者（　　　）。

    A. 关注活动的关键环节　　　　　　　B. 关注关键环节的偏差

    C. 关注关键环节的异常偏差　　　　　D. 关注所有活动环节的异常偏差

    E. 以上都不正确

7. 现场控制的缺点是（　　　）。

    A. 受管理者时间、精力、业务水平的制约

    B. 应用范围较小

    C. 控制与被控制双方易形成心理上的对立

    D. 控制存在时间滞后问题

    E. 需要具备独特的技术条件

8. 通过持续改进组织运营的每个环节，从而达到 6σ 质量水平的简单流程模式包括（　　　）等环节。

    A. 界定　　　　B. 测量　　　　C. 分析　　　　D. 改进　　　　　E. 控制

9. 文化作为一种软约束，它通过（　　　）等形式影响组织成员的行为。

    A. 创始人的价值观　　　　　　　　　B. 员工培训

    C. 仪式和典礼　　　　　　　　　　　D. 故事和语言　　　E. 组织制度

10. 准时生产方式的基本目标有（　　　）。

    A. 零库存　　　　　　　　　　　　　B. 产品质量零缺陷

    C. 小生产批量　　　　　　　　　　　D. 低运输批量　　　E. 零准结时间

11. 种庄稼需要水，但某地区近年干旱。一种办法是引水灌溉，预防雨水不足带来的干旱；另一种办法是改种耐旱作物，使作物与环境相适应。这两种措施分别是（　　　）。

    A. 矫正偏差　　　　　　　　　　　　B. 调整计划

    C. 前馈控制　　　　　　　　　　　　D. 反馈控制　　　　E. 直接控制

三、思考题

1. 每一个单位都有一系列的规章制度，如何看待规章制度的控制作用？

2. 控制是否越全面、越严格越好？为什么？

3. 请列举一个控制失效的例子，并分析原因。

4. 你是如何运用控制理论管理你的个人生活的？

5. 对于考试作弊现象有没有比较好的控制方法？谈谈你的想法。

▶ 实践与训练

1. 收集"企业最高安全长官"的相关信息；

2. 模拟一个制造产品的过程，讨论其生产过程中的"控制"环节，有条件的学校组织对工厂的参观，根据参观的情况，分析产品研发、生产、销售中的控制环节与方法；

3. 企业控制方法的罗列，针对模拟公司前期出现的问题，找出哪些是"失控"的案例和哪些是"控制内"的案例。

教师评分：

1. 根据各组模拟公司的进展进行点评；

2. 主要依据是模拟公司的资料完整性，分析报告数量和有效性。

▶ 讨论案例

星龙湾大酒店的采购悲剧

200×年×月×日，星龙湾大酒店在鲜花的簇拥和鞭炮的喧嚣中正式对外营业了。这是由某集团公司投资成立的一家涉外星级酒店。该酒店不仅拥有装饰豪华、设施一流的套房和标准客房，下设的老宁波餐厅更是特色经营，专做传统宁波菜和海派家常菜肴，为中外客商提供各式专业和体贴的服务。由于该集团公司资金雄厚、实力强大，因此在开业当天，不仅许多社会各界知名人士到场剪彩庆祝，而且吸引了大批新闻媒体竞相采访报道。一时之间，星龙湾大酒店门前人头攒动、星光熠熠。

最让星龙湾人感到骄傲的是酒店大堂里的一盏绚丽夺目、熠熠生辉的水晶灯。这盏水晶灯是由公司王副总经理亲自组织货源，从奥地利某珠宝公司花了120万美元高价购回的。这样超级豪华的水晶灯不仅在全国罕见，即使是国外，也只有在少数几家五星级大酒店才能见到。开业当天，来往宾客无不对这盏豪华的水晶灯赞不绝口，称羡不已。尤其是经过媒体前期的报道，星龙湾大酒店的水晶灯成为当天的头条新闻，酒店也在这一天像那盏水晶灯一样，一举成名，当天客房入住率就达到了80%以上。王副总经理也因此受到了公司领导的高度赞扬，一连几天，他的脸上都洋溢着快乐而满足的笑容。

然而，好景不长。两个月后，这盏高规格、高价值的水晶灯就出了状况。首先是失去了原来的光泽，变得灰蒙蒙的，即使用清洁布使劲擦拭也不复往日光彩。其次，部分金属灯杆都出现了锈斑，还有一些灯珠破裂甚至脱落。人们看到这破了相的水晶灯，议论纷纷：这就是花费120万美元买回的高档水晶灯吗？鉴于情况严重，公司领导责令王副总经理在限期内对此事做出合理解释，并停止了他的一切职务。这个时候，王副总经理是再也笑不出来了。

事件真相很快就水落石出，原来这盏价值近千万元人民币的水晶灯根本不是从奥地利某珠宝公司购得的，而是通过南方某地的 W 公司代理购入的赝品水晶灯。这笔交易完全由王副总经理一人操纵，从签订合同、验收入库到支付货款等都是由他说了算。之所以他会这样做，正是因为在该笔交易过程中王副总经理收受了 W 公司的巨额好处费。虽然出事之后王副总经理受到了法律的严惩，但是星龙湾大酒店不仅遭受了近千万元的巨额经济损失，更为严重的是酒店名誉蒙受重创，成为同行的笑柄。这对于一个新开业不久的酒店而言，无疑是个致命的打击。

　　根据上述材料分析：

　　1. 星龙湾大酒店这场采购悲剧是如何发生的？

　　2. 星龙湾大酒店为什么会发生这样的悲剧？在以后的企业经营中又如何防范类似的事况呢？

参 考 文 献

[1] 王凤彬，李东．管理学 ［M］．北京：中国人民大学出版社，2003．

[2] 李军．管理学 ［M］．北京：清华大学出版社，2006．

[3] 梁栩凌，张虹．管理学：实务与案例 ［M］．北京：中国铁道出版社，2006．

[4] 李国政，吴会杰．管理学原理 ［M］．天津：南开大学出版社，2010．

[5] 章月萍．管理学基础 ［M］．北京：北京理工大学出版社，2008．

[6] 迟艳琴，郭景婷．管理学基础 ［M］．天津：南开大学出版社，2010．

[7] 王宏宝，张美清．管理学原理与实务 ［M］．北京：清华大学出版社，2009．

[8] 王凤彬，刘松博，朱克强．管理学教学案例精选 ［M］．上海：复旦大学出版社，2009．

[9] 陈鹏飞．关于管理学的 100 个故事 ［M］．南京：南京大学出版社，2009．

[10] 夏沃海恩，弗里曼．布莱克韦尔商业伦理学百科辞典 ［M］．中文版．北京：对外贸易大学出版社，2002．

[11] 琼斯，乔治．管理学基础 ［M］．北京：人民邮电出版社，2004．

[12] 罗宾斯，库尔特．管理学 ［M］．7 版．北京：中国人民大学出版社，2004．

[13] 罗宾斯．管理学 ［M］．4 版．北京：中国人民大学出版社，1997．

[14] 周三多．管理学：原理与方法 ［M］．上海：复旦大学出版社，1999．

[15] 孙耀君．西方管理学名著提要 ［M］．南昌：江西人民出版社，2002．

[16] 蒋永忠，张颖．管理学基础 ［M］．北京：清华大学出版社，2007．

[17] 倪杰，许芳，胡圣洁．管理学原理 ［M］．北京：清华大学出版社，2006．

[18] 王俊柳，邓二林．管理学教程 ［M］．北京：清华大学出版社，2003．

[19] 崔生祥，周鸿，魏想明，等．管理学 ［M］．武汉：武汉理工大学出版社，2005．

[20] 郑立梅，陈晓东．管理学基础 ［M］．北京：清华大学出版社，2006．

[21] 罗昌宏，喻红阳．管理学 ［M］．上海：上海财经大学出版社，2006．

[22] 曾坤生，李军．管理学 ［M］．北京：清华大学出版社，2009．

[23] 波特．国家竞争优势 ［M］．北京：中信出版社，2007．

[24] 哈佛管理全集编委会．哈佛经典案例全集 ［M］．北京：中国标准出版社，2004．

[25] 圣丁．哈佛商学院 MBA 案例教程 ［M］．北京：经济日报出版社，1997．

[26] 圣丁．哈佛商学院 MBA 教程 ［M］．北京：经济日报出版社，1997．

[27] 于建．杰克·韦尔奇经验谋略 ［M］．西安：西北大学出版社，2002．

[28] 柯清芳．管理学基础 ［M］．2 版．北京：清华大学出版社，2015．